“十四五”法律职业教育新编系列教材

司法职业教育新“双高”精品教材

司法部信息安全与智能装备实验室丛书

XINXI ANQUAN BIAOZHUN
YU FALÜ FAGUI

信息安全标准与法律法规

主　编◎刘　念　陈雪松　张　俊

副主编◎陈妮丽　陈　昊　陈　莉　明慧芳

参　编◎冯　平　曾　斌　刘立男　乐　佳
王　堃　刘长久　姚　玺　郝庆强
孙　婷　张　怡

中国政法大学出版社

2025・北京

图书在版编目（CIP）数据

信息安全标准与法律法规 / 刘念，陈雪松，张俊主编. -- 北京 : 中国政法大学出版社，2025. 6. -- ISBN 978-7-5764-2140-8

Ⅰ. G203-65；D922.17

中国国家版本馆CIP数据核字第20253TZ683号

出版者	中国政法大学出版社
地　址	北京市海淀区西土城路 25 号
邮　箱	fadapress@163.com
网　址	http://www.cuplpress.com (网络实名：中国政法大学出版社)
电　话	010-58908435(第一编辑部) 58908334(邮购部)
承　印	北京中科印刷有限公司
开　本	787mm×1092mm　1/16
印　张	14.5
字　数	326 千字
版　次	2025 年 6 月第 1 版
印　次	2025 年 6 月第 1 次印刷
印　数	1~3000 册
定　价	59.00 元

前言

党的十八大以来，以习近平同志为核心的党中央牢牢把握全球信息化发展大势，立足中国互联网发展实践，将依法治网作为全面依法治国和网络强国建设重要内容，提出一系列原创性新理念新思想新战略，对推进依法管网治网作出一系列重要部署、提出一系列重大举措。

在习近平法治思想和习近平总书记关于网络强国的重要思想科学指引下，我国依法治网深入推进，加快构建完备的网络法律规范体系、高效的网络法治实施体系、严密的网络法治监督体系、有力的网络法治保障体系，网络法治建设取得历史性成就，走出了一条既符合国际通行做法，又有中国特色的依法治网之路，有力提升了我国互联网治理能力，也为全球互联网发展治理贡献了中国智慧和中国方案。

近年来，随着网络信息技术快速发展应用，网络安全形势日趋复杂严峻。我国网络安全法律立法步伐逐步加快，特别是制定了《中华人民共和国网络安全法》《中华人民共和国数据安全法》《中华人民共和国个人信息保护法》《中华人民共和国反电信网络诈骗法》《关键信息基础设施安全保护条例》等法律法规，逐步完善了我国网络安全法律体系，从而保障我国的网络空间安全，最终目标是维护国家网络空间主权、安全和发展利益。

我们组织专家教授对教材内容进行了梳理论证，使之更具时代特色，更便于读者学习理解，更具实际操作性。全书内容广泛，注重理论联系实际。

本书旨在系统地介绍和分析信息安全领域的主要标准与法律法规，帮助读者全面了解信息安全的基本原则、法律要求和实际应用。通过对国内外信息安全标准和法律法规的对比研究，揭示其在不同背景下的适用性和有效性，为信息安全从业人员、法律工作者和研究人员提供参考和指导。

全书共分为三个学习领域，共计五个学习模块。学习领域一概述信息安全的基本概念和重要性，计算机犯罪涉及的法律问题以及立法、司法和执法组织；学习领域二详细解读我国的信息安全法律法规；学习领域三介绍国内外信息安全标准及其实施情况。

本书由武汉警官职业学院刘念、陈雪松、湖北警官学院张俊担任主编，并设计总体框架。

武汉警官职业学院陈妮丽、陈昊、陈莉、司法部信息安全与智能装备重点实验室明慧芳任副主编。参加编写的人员还有武汉警官职业学院冯平、曾斌、刘立男、乐佳、湖北省公安厅网络安全保卫总队刘长久、湖北省监狱局王堃、蔡甸监狱姚玺、汉口监狱郝庆强、深圳职业技术大学孙婷、杭州市人民职业学校张怡。

其中，学习领域一模块一由刘念、陈昊、冯平、刘立男编写，学习领域一模块二由陈妮丽编写，学习领域二模块一由刘念、陈雪松、曾斌编写，学习领域二模块二由刘念、陈莉、乐佳编写，学习领域三模块一由刘念、陈雪松、张俊、明慧芳编写。张俊、明慧芳对全书进行统稿并校对。王堃、刘长久、姚玺、郝庆强、孙婷、张怡提供了全书的案例和相关资料。

在此，我们要感谢那些在本书写作过程中给予帮助和支持的专家和朋友们，特别是那些提供宝贵意见和建议的专家学者。本书在编写和出版过程中，得到了湖北省公安厅网络安全保卫总队刘长久处长、湖北省监狱局王堃、蔡甸监狱姚玺、汉口监狱郝庆强的大力支持和指导。感谢各位同仁的智慧和辛勤付出，使本书得以顺利完成。

由于信息安全标准与法律法规发展迅速，时间仓促，编者水平有限，不足之处在所难免。为便于以后的修订工作，恳请专家、教师及读者朋友们批评、斧正。

本书还有在线开放课程教学资源在职教云 MOOC 学院上线，可以辅助学习。

刘念

2025 年 1 月

目 录

学习领域一

信息安全概述及相关法律问题

学习模块一　信息安全概述

没有网络安全就没有国家安全，就没有经济社会稳定运行，广大人民群众利益也难以得到保障。[1]

——习近平

模块背景

2014 年 4 月 15 日，在中央国家安全委员会第一次会议上，习近平总书记站在新时代坚持和发展中国特色社会主义的战略高度，创造性提出总体国家安全观，为新时代国家安全工作提供了强大思想武器。

习近平总书记指出："要准确把握国家安全形势变化新特点新趋势，坚持总体国家安全观，走出一条中国特色国家安全道路。"[2]

坚持总体国家安全观，是习近平新时代中国特色社会主义思想的重要内容。翻开党的二十大报告，"推进国家安全体系和能力现代化，坚决维护国家安全和社会稳定"的要求格外醒目，这是党的全国代表大会报告首次对国家安全进行专章部署。"必须坚定不移贯彻总体国家安全观，把维护国家安全贯穿党和国家工作各方面全过程，确保国家安全和社会稳定。"

习近平总书记深刻指出："网络安全和信息化是事关国家安全和国家发展、事关广大人民群众工作生活的重大战略问题，要从国际国内大势出发，总体布局，统筹各方，

---

〔1〕《习近平出席全国网络安全和信息化工作会议并发表重要讲话》，载中华人民共和国中央人民政府网，https：//www. gov. cn/xinwen/2018-04/21/content_5284783. htm，最后访问日期：2025 年 1 月 6 日。

〔2〕《为强国建设民族复兴提供国家安全坚强保障——写在总体国家安全观提出十周年之际》，载中华人民共和国中央人民政府网，https：//www. gov. cn/yaowen/liebiao/202404/content_6945217. htm，最后访问日期：2025 年 1 月 6 日。

创新发展，努力把我国建设成为网络强国。”[1]

当前，世界百年未有之大变局加速演进，中华民族伟大复兴进入关键时期，战略机遇和风险挑战并存、不确定难预料因素增多，各种事件随时可能发生，各类风险挑战前所未有。实现中华民族伟大复兴的中国梦，保证人民安居乐业，国家安全是头等大事。

在习近平新时代中国特色社会主义思想特别是习近平总书记关于网络强国的重要思想指引下，我国网信事业取得历史性成就、发生历史性变革，探索走出了一条中国特色治网之道。网络大国阔步迈向网络强国。

学习目标

知识目标

- 了解信息安全概念
- 熟悉信息安全事件
- 掌握信息安全涉及的法律问题

能力目标

- 能够判断计算机犯罪类型
- 能够分析信息安全威胁
- 能够践行信息安全道德规范

素养目标

- 增强信息安全意识
- 团结协作、弘扬团结奋斗的精神
- 自学探索关于信息安全的相关技术
- 提升信息安全法治素养，培养信息安全法治思维
- 文武兼备、追求卓越
- 创新方式方法、坚持知行合一
- 提高学生正确认识问题、分析问题和解决问题的能力

思政目标

- 将马克思主义立场观点方法的教育与科学精神的培养结合起来，提高学生正确认识问题、分析问题和解决问题的能力。
- 以爱党、爱国、爱社会主义、爱人民、爱集体为主线，培养学生探索未知、追求真理、勇攀科学高峰的责任感和使命感。
- 学思践悟习近平全面依法治国新理念新思想新战略，牢固树立法治观念，坚定走中国特色社会主义法治道路的理想和信念。

---

[1] 《建设网络强国 助力民族复兴——以习近平同志为核心的党中央引领网信事业发展述评》，载中华人民共和国中央人民政府网，https：//www. gov. cn/yaowen/liebiao/202307/content_6891738. htm，最后访问日期：2025年1月6日。

重点内容

本模块的重点是熟悉信息安全概念、掌握计算机犯罪涉及的法律问题、能够分析信息安全威胁。难点是如何通过学习分析相关案例，增强信息安全意识，践行信息安全道德规范，提升信息安全法治素养，培养信息安全法治思维。

在学习过程中，必须结合实践多思考，学思践悟习近平全面依法治国新理念新思想新战略，牢固树立法治观念，坚定走中国特色社会主义法治道路的理想和信念。培育学生经世济民、诚信服务、德法兼修的职业素养。

知识图谱

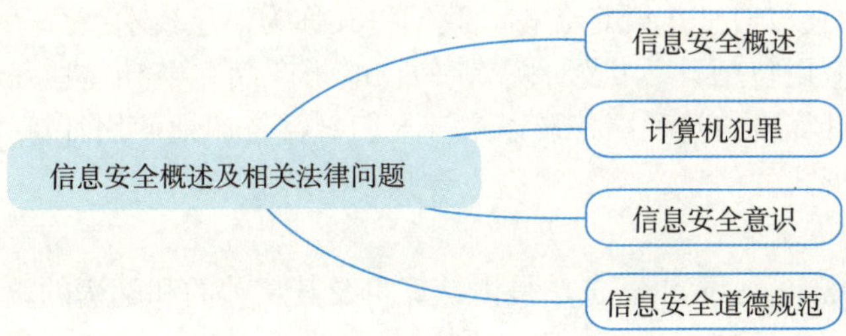

学习单元一　信息安全概述

学习目的

1. 了解信息、信息技术、信息安全、信息安全三要素的概念。
2. 掌握《信息安全等级保护管理办法》相关规定及其案例分析方法。

知识要点

一、什么是信息

（一）信息

信息（Information）是对事物运动状态和特征的描述。信息是有用的消息，能减少不确定性的任何事物都可称为信息。

通常情况下，可以把信息理解为消息、信号、数据、情报和知识。信息是一种资产，其具体形式包括数据、专利、标准、文件、图纸、秘密、书籍等。

控制论（Cybernetics）的创始人美国电子工程专家诺伯特·维纳认为：信息就是信息，它既不是物质也不是能量。

被誉为信息论（Information Theory）之父的美国数学家和密码学家克劳德·艾尔伍德·香农提出了信息熵的概念，用于衡量消息的不确定性。熵是信息的一个关键度量，通常用一条消息中需要存储或传输一个符号的平均比特数来表示。

同时，信息是有生命周期的。信息生命周期（Information Life Cycle）是指信息从产生到最终处置的整个过程，包括信息的产生、传播，使用、维护和归宿等阶段。

（二）信息技术

信息技术（Information Technology，IT）是使用计算机来创建、处理、存储、检索和交换各种数据和信息。

广义的信息技术是信息和通信技术（Information and Communications Technology，ICT）的一部分，是用于管理和处理信息所采用的各种技术总称，主要是应用计算机科学和通信技术来设计、开发、安装和部署信息系统及应用软件。

自从最早的书写系统被开发以来，人类就一直在存储、检索、操作和交流信息。现代意义上的信息技术一词首次出现在 1958 年发表于《哈佛商业评论》上的一篇文章中。作者哈罗德·莱维特（Harold J. Leavitt）和托马斯·惠斯勒（Thomas L. Whisler）评论说："新技术还没有一个既定名称。我们将其称为信息技术。"

信息技术的应用包括计算机硬件、软件、电子产品、半导体、互联网、电信设备和电子商务等。计算机与互联网普及以来，人们日益普遍地使用计算机来生产、处理、交换与传播各种形式的信息，例如视频、音频、图形等。

（三）信息系统

信息系统（Information System）是由计算机及其相关的和配套的设备、设施（含网络）构成的，按照一定的应用目标和规则对信息进行采集、加工、存储、传输、检索等处理的人机系统。

二、什么是信息安全

（一）信息安全

信息安全（Information Security）是指信息系统（包括硬件、软件、数据、人、物理环境及其基础设施）受到保护，不受偶然的或者恶意的原因而遭到破坏、更改、泄露，系统连续可靠正常地运行，信息服务不中断，最终实现业务连续性。具体来说，信息安全是一组安全流程和工具技术，用于保护信息免遭滥用、未经授权的访问、中断或销毁。

信息安全学科可分为狭义安全与广义安全两个层次。狭义的信息安全是建立在以密码论为基础的计算机安全领域，涉及计算机科学、网络技术、通信技术、密码技术、信息安全技术、应用数学、数论、信息论等多种学科的综合性学科。

广义的信息安全极具综合性，是指信息在采集、加工、传递、存储和应用等过程中的完整性、机密性、可用性、可控性和不可否认性以及相关意识形态的内容安全，是将管理、技术、法律等问题相结合的产物。现如今，广义的信息安全通常指的是网络安全。

（二）网络安全

根据国家标准《信息安全技术 网络安全事件分类分级指南》（GB/T 20986-2023）中对网络安全的定义，网络安全（Cybersecurity）是通过采取必要措施，防范对网络的攻击、侵入、干扰、破坏和非法使用以及意外事故，使网络处于稳定可靠运行的状态，以及保障数据的完整性、保密性、可用性的能力。

三、信息安全的三要素

信息安全的三要素构成了信息保护的基石，为打造一个强大的信息安全基础结构奠定了基础。

信息安全的三要素分别是保密性（Confidentiality）、完整性（Integrity）、可用性（Availability），通常取英文首字母简称为信息安全的 CIA 三要素。它还可拓展两个元素，即可控性（Controllability）和不可否认性（Non-repudiation）。

（一）保密性

用于防止向未授权的人员、资源或进程披露信息，非授权人员、实体或过程不能访问信息，信息数据只能被授权用户和实体利用的特性。

（二）完整性

信息数据的准确性、一致性和可信度，未经授权不能更改数据的特性。完整性指的是信息在存储或传输的过程中没有被修改、破坏，没有发生丢失的特性。

（三）可用性

可被授权实体访问和使用的特性，确保授权用户可以在需要的时候访问信息。

（四）可控性

对信息的内容及传播具有控制能力，对信息和信息系统可实施安全监控管理，防止非法利用信息和信息系统的特性。

（五）不可否认性

在信息交互过程中，信息交互的双方不能否认其在交互过程中发送信息或接收信息的行为的特性。在一定程度上杜绝信息交互各方的相互欺骗行为，并通过提供证据来防止这样的行为。

四、信息安全的四个层次

信息系统安全可以划分为设备安全、数据安全、内容安全以及行为安全四个层次。具体内容包括：

（一）设备安全

设备安全包括三个方面，分别是设备的稳定性、设备的可靠性以及设备的可用性。

（二）数据安全

数据安全包括秘密性、完整性和可用性。

（三）内容安全

内容安全是信息安全在政治、法律、道德层次上的要求。主要包括三个方面，一是信息内容在政治上是健康的；二是信息内容符合国家的法律法规；三是信息内容符合中华民族优良的道德规范。

除此之外，广义的内容安全还包括信息内容保密、知识产权保护、信息隐藏和隐私保护等诸多方面。如果数据中充斥着不健康的、违法的、违背道德的内容，即使它是保密的、未被篡改的，也不能说是安全的。

（四）行为安全

数据安全本质上是一种静态安全，而行为安全是一种动态安全。主要包括以下三个方面。

1. 行为的秘密性：行为的过程和结果不能危害数据的秘密性。必要时，行为的过程和结果也应是秘密的。

2. 行为的完整性：行为的过程和结果不能危害数据的完整性，行为的过程和结果是符合预期的。

3. 行为的可控性：当行为的过程偏离预期时，能够发现、控制或纠正。

五、信息系统的安全保护等级

2007 年 6 月 22 日，公安部、国家保密局、国家密码管理局和国信办四部委联合下发了《信息安全等级保护管理办法》（公通字〔2007〕43 号），对等级划分、保护、实施与管理、涉密信息系统分级保护管理、密码管理、法制责任等问题做了相关规定。

根据《信息安全等级保护管理办法》第 6 条规定，国家信息安全等级保护坚持自主定级、自主保护的原则。信息系统的安全保护等级应当根据信息系统在国家安全、经济建设、社会生活中的重要程度，信息系统遭到破坏后对国家安全、社会秩序、公共利益以及公民、法人和其他组织的合法权益的危害程度等因素确定。

根据《信息安全等级保护管理办法》第 7 条规定，信息系统的安全保护等级分为以下五级：

第一级，信息系统受到破坏后，会对公民、法人和其他组织的合法权益造成损害，但不损害国家安全、社会秩序和公共利益。

第二级，信息系统受到破坏后，会对公民、法人和其他组织的合法权益产生严重损害，或者对社会秩序和公共利益造成损害，但不损害国家安全。

第三级，信息系统受到破坏后，会对社会秩序和公共利益造成严重损害，或者对国家安全造成损害。

第四级，信息系统受到破坏后，会对社会秩序和公共利益造成特别严重损害，或者对国家安全造成严重损害。

第五级，信息系统受到破坏后，会对国家安全造成特别严重损害。

《信息安全等级保护管理办法》第七条 信息系统的安全保护等级分为以下五级：

第一级，信息系统受到破坏后，会对公民、法人和其他组织的合法权益造成损害，但不损害国家安全、社会秩序和公共利益。

第二级，信息系统受到破坏后，会对公民、法人和其他组织的合法权益产生严重损害，或者对社会秩序和公共利益造成损害，但不损害国家安全。

第三级，信息系统受到破坏后，会对社会秩序和公共利益造成严重损害，或者对国家安全造成损害。

第四级，信息系统受到破坏后，会对社会秩序和公共利益造成特别严重损害，或者对国家安全造成严重损害。

第五级，信息系统受到破坏后，会对国家安全造成特别严重损害。

六、国家网络空间安全战略

我国高度重视网络安全和信息化工作，在新的网络强国战略思想指引下，信息安全事业取得了积极进展和瞩目成就。

着眼国家安全和长远发展，统筹协调涉及经济、政治、文化、社会及军事等各个领域的网络安全和信息化重大问题，研究制定网络安全和信息化发展战略、宏观规划和重大政策，推动国家网络安全和信息化法治建设，不断增强安全保障能力。

2014 年，中国互联网发展进入第 20 个年头。当年 2 月，中央网络安全和信息化领导小组第一次会议召开，习近平总书记亲自担任组长。

2016 年 12 月 27 日，经中央网络安全和信息化领导小组批准，国家互联网信息办公室发布《国家网络空间安全战略》，贯彻落实习近平总书记关于网络强国的重要思想，阐明了中国关于网络空间发展和安全的重大立场和主张，明确了战略方针和主要任务，切实维护国家在网络空间的主权、安全、发展利益，是指导国家网络安全工作的纲领性文件。

《国家网络空间安全战略》强调：网络安全人才满足需求，全社会的网络安全意识、基本防护技能和利用网络的信心大幅提升。增强全社会网络安全意识和防护技能，提高广大网民对网络违法有害信息、网络欺诈等违法犯罪活动的辨识和抵御能力。进一步明确增强全社会网络安全意识的举措。增强全社会网络安全意识，应特别重视风险意识、全局意识、责任意识的提升。

《国家网络空间安全战略》指出：信息技术广泛应用和网络空间兴起发展，极大促进了经济社会繁荣进步，同时也带来了新的安全风险和挑战。网络空间安全事关人类共同利益，事关世界和平与发展，事关各国国家安全。维护我国网络安全是协调推进全面建成小康社会、全面深化改革、全面依法治国、全面从严治党战略布局的重要举措，是实现“两个一百年”奋斗目标、实现中华民族伟大复兴中国梦的重要保障。为贯彻落实习近平主席关于推进全球互联网治理体系变革的“四项原则”和构建网络空间命运共同体的“五点主张”，阐明中国关于网络空间发展和安全的重大立场，指导中国网络安全工作，维护国家在网络空间的主权、安全、发展利益，制定本战略。

思考练习

问题一：信息安全的三大要素构成了信息保护的基石。从而打造了一个强大的信息安全基础结构。信息安全的三大要素分别是什么？

问题二：信息系统的安全保护等级分为几级？

参考答案

拓展学习

拓展学习

学习单元二　计算机犯罪

学习目的

1. 了解犯罪的概念，犯罪的基本特征，犯罪的分类以及犯罪构成理论。
2. 掌握计算机犯罪的概念，计算机犯罪的特点以及计算机犯罪类型。

知识要点

一、犯罪

（一）犯罪的概念

根据《中华人民共和国刑法》第 13 条规定："一切危害国家主权、领土完整和安全，分裂国家、颠覆人民民主专政的政权和推翻社会主义制度，破坏社会秩序和经济秩序，侵犯国有财产或者劳动群众集体所有的财产，侵犯公民私人所有的财产，侵犯公民的人身权利、民主权利和其他权利，以及其他危害社会的行为，依照法律应当受刑罚处罚的，都是犯罪，但是情节显著轻微危害不大的，不认为是犯罪。"

（二）犯罪的基本特征

按照通说的观点，犯罪的基本特征包括：严重的社会危害性、刑事违法性、应受刑罚惩罚性。具体特征如下。

1. 严重的社会危害性：犯罪是严重危害社会的行为，具有严重的社会危害性。严重的社会危害性是指对我国刑法所保护的重要利益的侵害，它是犯罪的首要特征，也是犯罪的本质特征。

犯罪必须是人的具体行为，不能把人的道德、思想观念作为犯罪。犯罪不是一般意义上的行为，而是必须具有严重社会危害性的行为。如果，某种行为不具有社会危害性或者即使具有一定的社会危害性，但是情节显著轻微危害不大的，也不认为是犯罪。

2. 刑事违法性：犯罪是违反刑事法律规范的行为，具有刑事违法性。刑事违法性是指某种行为违反刑事法律所具有的特性。在严重的社会危害性前提和基础之下，刑事违法性是犯罪不可或缺的又一重要的基本特征。

3. 应受刑罚惩罚性：犯罪是应受刑罚处罚的行为，具有应受刑罚惩罚性。某种危害社会的行为同时又触犯刑法，就应承担受刑罚处罚的法律后果。马克思指出："如果犯罪的概念要有惩罚，那么实际的罪行就要有一定的惩罚尺度。"有犯罪就有惩罚，犯罪与刑罚是形影相随，密切联系在一起的。

犯罪的三个基本特征是紧密结合不可分割的。严重的社会危害性是犯罪最本质的具有决定意义的特征，而其他两个特征是由严重的社会危害性派生出来的。正由于三者存在着这样的关系，所以它们都是犯罪的基本特征。

（三）犯罪的分类[1]

1. 犯罪的理论分类。

（1）重罪与轻罪。一般将最低刑为 3 年以上有期徒刑的犯罪称为重罪，其他犯罪为轻罪。

（2）自然犯与法定犯。自然犯实质违反了公共秩序与善良风俗，侵害了传统的伦理道德观念；法定犯的实质是因行政需要而设，没有违反公共秩序与善良风俗。

（3）隔隙犯与非隔隙犯。隔隙犯是指在实行行为与犯罪结果之间存在时间、场所间隔的犯罪；非隔隙犯是指在实行行为与犯罪结果之间没有时间、场所间隔的犯罪。

2. 犯罪的法定分类。我国刑法分则根据犯罪所侵犯的法益性质，将犯罪分为：危害国家安全罪，危害公共安全罪，破坏社会主义市场经济秩序罪，侵犯公民人身权利、民主权利罪，侵犯财产罪，妨害社会管理秩序罪，危害国防利益罪，贪污贿赂罪，渎职罪，军人违反职责罪。

（1）身份犯与非身份犯。身份犯是以特殊身份作为客观构成要件要素的犯罪；非身份犯是不以特殊身份作为客观构成要件要素的犯罪。

（2）亲告罪与非亲告罪。亲告罪是告诉才处理的犯罪。非亲告罪是指是否提起公诉不取决于被害人个人意思的犯罪。在我国刑法中，绝大多数犯罪都是非亲告罪。

（3）基本犯、加重犯与减轻犯。基本犯是指刑法分则条文规定的不具有法定加重或减轻情节的犯罪。加重犯是指刑法分则条文以基本犯为基准规定了加重情节与较重法定刑的犯罪。加重犯又分为结果加重犯和情节加重犯等。结果加重犯是指实施基本犯罪行为却发生了基本结果以外的更严重结果，且刑法加重了法定刑的犯罪；情节加重犯是指实施基本犯罪行为因具有其他严重情节，且刑法加重了法定刑的犯罪。减轻犯是指刑法分则条文以基本犯为基准规定了减轻情节与较轻法定刑的犯罪。

（四）犯罪构成理论

犯罪构成是决定某一行为的社会危害性及其程度而为该行为构成犯罪所必需的一切主观要件和客观要件的有机统一。也就是说犯罪构成是成立犯罪一切主观条件和客观条件的总和。

阶层论（三阶层）犯罪构成理论认为犯罪论体系是递进式的，而不再是平面式的，就像三个台阶，要走上第三个台阶才叫犯罪。它的构成要件包括该当性、违法性、有责性。

第一个台阶是该当性，有主观有客观，走上这个台阶就推定具有违法性。犯罪构成该当性也称构成要件符合性，是指构成要件的实现，即所发生的事实与刑法条文规定的内容要相一致。

第二个台阶是违法性，违法性是从反面来看，有没有违法阻却事由，有没有正当防卫、紧急避险，如果有的话，第二个台阶就没走上去，如果没有就具备违法性，那就推定具有有责性。违法性要求犯罪行为不仅是符合构成要件的行为，而且实质上是法律所不允许的行为，即必须是违法的行为。

---

[1] 参见张明楷主编：《刑法学》，中国政法大学出版社 2024 年版，第七章。

第三个台阶是有责性，有责性同样从反面来看，有没有责任阻却事由。有责性指能够就满足该当性和违法性条件的行为对行为人进行非难和谴责。

二、计算机犯罪

（一）计算机犯罪的概念

计算机犯罪（Computer Crime）是指行为人通过计算机操作所实施的，危害计算机信息系统安全或危害社会安全的，应该处以刑罚的行为。

中国公安部计算机管理监察司给出的定义是："所谓计算机犯罪，就是在信息活动领域中，利用计算机信息系统或计算机信息知识作为手段，或者针对计算机信息系统，对国家、团体或个人造成危害，依据法律规定，应当予以刑罚处罚的行为。""以计算机为工具或以计算机资产为对象实施的犯罪行为。"

美国司法部把计算机犯罪定义为："在导致成功起诉的非法行为中计算机技术和知识起了基本作用的非法行为。"

刘广三在《计算机犯罪论》一书中认为："计算机犯罪是指行为人以计算机为工具或以计算机资产为对象实施的严重危害社会的行为。"这种对于计算机的定义是比较广泛的，计算机犯罪客体范围也比较大。笔者认为，对计算机犯罪的定义应该相对广泛一些，但是单纯对计算机资产进行的纯物理性破坏应该排除在计算机犯罪之外。

《中华人民共和国刑法》第 285 条、第 286 条、第 287 条规定了关于计算机系列的犯罪。

计算机犯罪的三个实质特征包括：计算机本身的不可或缺性和不可替代性；在某种意义上作为犯罪对象出现的特性；明确了计算机犯罪侵犯的客体。

（二）计算机犯罪的特点

计算机犯罪作为一种新的独立的犯罪类型存在，与传统犯罪相比，犯罪后果严重，社会危害性大。具体来说包括以下几个特点：

1. 犯罪主体的高智能性。计算机犯罪是科技发展所带来的负面产物，属于一种高智能性犯罪。犯罪主体具有专业的计算机知识，并且犯罪前经过精心的策划和周密的安排。

2. 较强的隐蔽性。这种隐蔽性不但体现在犯罪行为本身，还体现在犯罪结果上。计算机犯罪侵害的多是无形的目标，很难判断犯罪分子具体的作案时间和地点。

3. 巨大的危害性。计算机犯罪社会危害性的大小，取决于计算机信息系统的社会作用，取决于社会资产计算机化的程度和计算机普及应用的程度，其作用越大，计算机犯罪的社会危害性也越大。涉及财产的计算机犯罪，动辄就会造成上百万、上千万甚至上亿元的损失。

4. 侦查取证困难，破案难度大。由于计算机的技术特点使得对计算机犯罪的侦查取证非常困难。在受理的这类案件时，侦查工作和犯罪证据的采集相当困难，导致破案难度大。

5. 目的的明确性。计算机犯罪的目的非常明确，即通过对计算机所存储的数据进行未经许可的处理从而达到某种不利他人的结果。

（三）计算机犯罪类型

计算机犯罪现在已经成了一种被大众熟知的犯罪方式，计算机网络犯罪，主要是运用计算机技术、借助于网络实施的犯罪行为。目前计算机犯罪类型比较多，最常见的包括以下四种：

1. 危害计算机信息网络运行安全的犯罪。主要是非法侵入计算机信息系统的行为，包括侵入国家事务、国防建设、尖端科学技术的计算机信息系统；故意制造传播计算机病毒、攻击计算机网络系统，造成计算机网络不能正常运行，提供侵入计算机信息系统的一些工具等。

2. 利用计算机网络危害国家安全和社会稳定的犯罪。包括利用互联网造谣、诽谤或发表、传播其他有害信息，煽动颠覆国家政权、破坏国家统一；通过互联网窃取、泄露国家秘密、情报；利用互联网煽动民族仇恨、破坏民族团结，组织邪教、联络邪教成员举行非法活动等。

3. 利用计算机网络系统危害社会经济秩序和管理的犯罪。包括利用互联网销售假冒伪劣产品，对商品、服务作虚假宣传，在网上损害他人商业信誉和商品声誉，侵犯他人知识产权；利用互联网编造并传播影响证券期货交易或其他扰乱金融秩序的虚假信息，在网上建立淫秽网站、网页，传播淫秽书刊、影片和图片等。

4. 利用计算机网络危害自然人、法人及其他组织的人身、财产合法权益的犯罪。包括在网上侮辱他人或捏造事实诽谤他人；非法截取、篡改、删除他人电子邮件或其他数据资料，侵犯公民通信自由，或利用互联网进行盗窃、诈骗、敲诈勒索等。

计算机犯罪可以说是比较新兴的犯罪类型，当然就目前的情况来看，未来这一类犯罪也可能成为比较主流的犯罪，发案率也有可能会上升。

(四)《中华人民共和国刑法》关于计算机犯罪的相关规定

《中华人民共和国刑法》第二百八十五条【非法侵入计算机信息系统罪】违反国家规定，侵入国家事务、国防建设、尖端科学技术领域的计算机信息系统的，处三年以下有期徒刑或者拘役。

【非法获取计算机信息系统数据、非法控制计算机信息系统罪】违反国家规定，侵入前款规定以外的计算机信息系统或者采用其他技术手段，获取该计算机信息系统中存储、处理或者传输的数据，或者对该计算机信息系统实施非法控制，情节严重的，处三年以下有期徒刑或者拘役，并处或者单处罚金；情节特别严重的，处三年以上七年以下有期徒刑，并处罚金。

【提供侵入、非法控制计算机信息系统程序、工具罪】提供专门用于侵入、非法控制计算机信息系统的程序、工具，或者明知他人实施侵入、非法控制计算机信息系统的违法犯罪行为而为其提供程序、工具，情节严重的，依照前款的规定处罚。

单位犯前三款罪的，对单位判处罚金，并对其直接负责的主管人员和其他直接责任人员，依照各该款的规定处罚。

第二百八十六条【破坏计算机信息系统罪】违反国家规定，对计算机信息系统功能进行删除、修改、增加、干扰，造成计算机信息系统不能正常运行，后果严重的，处五年以下有期徒刑或者拘役；后果特别严重的，处五年以上有期徒刑。

违反国家规定，对计算机信息系统中存储、处理或者传输的数据和应用程序进行删除、修改、增加的操作，后果严重的，依照前款的规定处罚。

故意制作、传播计算机病毒等破坏性程序，影响计算机系统正常运行，后果严重的，依照第一款的规定处罚。

单位犯前三款罪的，对单位判处罚金，并对其直接负责的主管人员和其他直接责任人员，依照第一款的规定处罚。

第二百八十六条之一【拒不履行信息网络安全管理义务罪】网络服务提供者不履行法律、行政法规规定的信息网络安全管理义务，经监管部门责令采取改正措施而拒不改正，有下列情形之一的，处三年以下有期徒刑、拘役或者管制，并处或者单处罚金：

（一）致使违法信息大量传播的；

（二）致使用户信息泄露，造成严重后果的；

（三）致使刑事案件证据灭失，情节严重的；

（四）有其他严重情节的。

单位犯前款罪的，对单位判处罚金，并对其直接负责的主管人员和其他直接责任人员，依照前款的规定处罚。

有前两款行为，同时构成其他犯罪的，依照处罚较重的规定定罪处罚。

第二百八十七条【利用计算机实施犯罪的提示性规定】利用计算机实施金融诈骗、盗窃、贪污、挪用公款、窃取国家秘密或者其他犯罪的，依照本法有关规定定罪处罚。

第二百八十七条之一【非法利用信息网络罪】利用信息网络实施下列行为之一，情节严重的，处三年以下有期徒刑或者拘役，并处或者单处罚金：

（一）设立用于实施诈骗、传授犯罪方法、制作或者销售违禁物品、管制物品等违法犯罪活动的网站、通讯群组的；

（二）发布有关制作或者销售毒品、枪支、淫秽物品等违禁物品、管制物品或者其他违法犯罪信息的；

（三）为实施诈骗等违法犯罪活动发布信息的。

单位犯前款罪的，对单位判处罚金，并对其直接负责的主管人员和其他直接责任人员，依照第一款的规定处罚。

有前两款行为，同时构成其他犯罪的，依照处罚较重的规定定罪处罚。

第二百八十七条之二【帮助信息网络犯罪活动罪】明知他人利用信息网络实施犯罪，为其犯罪提供互联网接入、服务器托管、网络存储、通讯传输等技术支持，或者提供广告推广、支付结算等帮助，情节严重的，处三年以下有期徒刑或者拘役，并处或者单处罚金。

单位犯前款罪的，对单位判处罚金，并对其直接负责的主管人员和其他直接责任人员，依照第一款的规定处罚。

有前两款行为，同时构成其他犯罪的，依照处罚较重的规定定罪处罚。

三、网络犯罪

2024 年 3 月 22 日，中国互联网络信息中心（CNNIC）在京发布第 53 次《中国互联网络发展状况统计报告》。报告显示，截至 2023 年 12 月，我国网民规模达 10.92 亿人，较 2022 年 12 月新增网民 2480 万人，互联网普及率达 77.5%。

随着我国互联网应用持续发展，互联网普及率再创新高，各种传统犯罪、计算机犯罪将逐步向网络犯罪转化。因此，网络犯罪已经包含狭义的计算机犯罪。

2021 年 1 月 22 日，最高检印发《人民检察院办理网络犯罪案件规定》第 2 条明确了网络犯罪的定义："本规定所称网络犯罪是指针对信息网络实施的犯罪，利用信息网络实施的犯罪，以及其他上下游关联犯罪。"[1]

思考练习

问题一：简要描述犯罪的理论分类。

问题二：什么是计算机犯罪？

参考答案

拓展学习

拓展学习

学习单元三　信息安全意识

学习目的

1. 了解安全意识和风险意识的概念与基本原则。
2. 掌握增强信息安全意识的方法。

知识要点

一、信息安全意识与网络安全意识

信息安全意识（Information Security Awareness）是指能够认知可能存在的安全问

〔1〕《最高检印发〈人民检察院办理网络犯罪案件规定〉（全文）》，载中华人民共和国最高人民检察院网，https：//www. spp. gov. cn/spp/xwfbh/wsfbh/202101/t20210125_507446. shtml，最后访问日期：2025 年 1 月 6 日。

题，明白安全事故对组织的危害，恪守正确的行为方式，并且清楚在安全事故发生时所应采取的措施。

网络安全意识（Cybersecurity Awareness）是指对人的心理免受网络脆弱性影响所持有的心理状态的总和，是通过采取必要措施，防范对网络的攻击、侵入、干扰、破坏和非法使用以及意外事故，使网络处于稳定可靠运行的状态，以及保障网络数据的完整性、保密性、可用性的能力。

从《中华人民共和国国家安全法》明确提出维护网络空间安全，到《中华人民共和国网络安全法》明确规定相关主体的法律责任，再到《国家网络空间安全战略》明确指出网络安全的战略任务，在实现建设网络强国的道路上，我们迈出了坚实的步伐。网络空间正在深刻影响人类社会历史发展的进程，网络安全形势也日益严峻，全力保障网络安全是建设网络强国的核心任务。人是网络安全保障体系的重要一环，提升人们网络安全意识至关重要。

《中华人民共和国网络安全法》第 6 条规定："国家倡导诚实守信、健康文明的网络行为，推动传播社会主义核心价值观，采取措施提高全社会的网络安全意识和水平，形成全社会共同参与促进网络安全的良好环境。"明确要求采取措施增强全社会网络安全意识和水平。全民普及并提升网络安全意识。企业和组织管理好网络并规范上网行为，净化网络环境。个人用户依法上网，加强自我网络安全防范意识。

《中华人民共和国网络安全法》第六条　国家倡导诚实守信、健康文明的网络行为，推动传播社会主义核心价值观，采取措施提高全社会的网络安全意识和水平，形成全社会共同参与促进网络安全的良好环境。

二、风险意识

在网络空间的国际竞争方兴未艾、网络渗透和网络恐怖不断加剧、网络攻击和网络犯罪日益严重的复杂形势下，我们面临的内外部威胁也在不断增加。增强用户的网络安全风险意识已经迫在眉睫。

国家标准《信息安全技术 信息安全风险评估方法》（GB/T 20984-2022）将信息安全风险定义为："特定威胁利用单个或一组资产脆弱性的可能性以及由此可能给组织带来的损害。"

当前，普通用户的网络安全风险意识还很薄弱，具体表现为：不清楚安全威胁的类型，没有基本的安全风险常识，不知道如何应对常见的安全风险。没有意识到安全风险才是最大的安全风险。

国家标准《信息安全技术 网络安全事件分类分级指南》（GB/T 20986-2023）指出："综合考虑网络安全事件的起因、威胁、攻击方式、损害后果等因素，对网络安全事件进行分类，分为恶意程序事件、网络攻击事件、数据安全事件、信息内容安全事件、设备设施故障事件、违规操作事件、安全隐患事件、异常行为事件、不可抗力事件和其他事件等 10 类。"

在所有这些类型的网络安全事件中，只有 20%～30%是由于黑客入侵或其他外部因素造成的，而 70%～80%是由于用户的疏忽大意或者泄密造成的。

著名黑客凯文·米特尼克（Kevin Mitnick）在《反欺骗的艺术》一中书中描述道：

"人是最薄弱的环节。你可能拥有最好的技术、防火墙、入侵检测系统、生物鉴别设备，可只要有人给毫无戒心的用户打个电话，信息就有可能被无意泄露。"[1]

增强风险意识的关键在于定期对信息系统进行风险评估，对关键信息基础设施尤其要重视，让用户清楚知道风险在哪里，出现问题应该如何应对风险。

《中华人民共和国网络安全法》第 53 条第 1 款明确规定，"国家网信部门协调有关部门建立健全网络安全风险评估和应急工作机制，制定网络安全事件应急预案，并定期组织演练"。

《中华人民共和国网络安全法》第五十三条　国家网信部门协调有关部门建立健全网络安全风险评估和应急工作机制，制定网络安全事件应急预案，并定期组织演练。

负责关键信息基础设施安全保护工作的部门应当制定本行业、本领域的网络安全事件应急预案，并定期组织演练。

网络安全事件应急预案应当按照事件发生后的危害程度、影响范围等因素对网络安全事件进行分级，并规定相应的应急处置措施。

三、增强信息安全意识

（一）基于零信任安全模型的信息安全原则

零信任（zero-trust）安全模型建立在一系列关键原则之上，以可靠的方式识别用户身份及其意图。零信任安全模型的信息安全原则包括：

1. 攻击者无处不在。假设网络内外都存在黑客，于是任何设备或用户都被默认为不可信。

2. 端点不可信。如果设备执行充分的安全控制措施，则端点管理将对这些措施进行验证。端点安全也应扩展到认证程序，以确保只使用经批准的设备，并且私钥材料得到妥当保管。

3. 用户应获得最低访问权限。通过只授予用户需要的访问权限，您可以最大限度地减少用户与网络敏感部分之间的交互。这与"信任内部的每个人"或"信任但验证"方法相反。

4. 使用微分段来维护安全。微分段是根据数据分类，将安全参数划分成网络不同部分上的较小区域，并要求单独的访问权限。这确保了用户在没有通过进一步身份验证的情况下无法访问不同的区域。

5. 访问控制将网络攻击面最小化。通过对用户访问和设备访问执行严格控制，组织可以最大限度地减少网络攻击面。重要的是监控设备访问网络的方式，确保每个设备都获得了授权。访问控制应提供完成任务所需的最低权限，从而保护关键系统的安全。

6. 多重身份验证（MFA）必不可少。在授予访问权限之前，通过强身份验证措施来确认用户的身份。双重身份验证（2FA，Two-factor authentication）的安全防御能力不及多重身份验证（MFA，Multi-factor Authentication），并且可能因为对用户身份验证的

---

〔1〕［美］米特尼克（Kevin D. Mitnick）、西蒙（William L. Simon）：《反欺骗的艺术——世界传奇黑客的经历分享》，潘爱民译，清华大学出版社 2014 年版。

错误而破坏零信任安全模型。

7. 强身份验证必须满足三个条件。其一，它不应该只依赖共享密钥或对称密钥，例如代码、密码和找回密码的安全问题。其二，它应该使用硬件来阻止凭证网络钓鱼和冒充行为。其三，它应该是可扩展的且使用方便。

（二）信息安全意识培训

1. 验证与授权。为了保护信息安全，用户在接受操作请求或提供敏感信息之前，必须确认请求者的身份并验证他的权限。通过验证身份和验证权限，核验请求者的合法身份，确认请求者已被授权访问所请求的信息，或者已被授权拥有计算机相关设备的操作权限。

2. 数据分类。数据分类策略是保护信息资产、管理敏感信息存取的基础。所有用户了解每一种信息的敏感等级，从而提供了保护信息的框架。通过数据分类，用户就可以通过一套数据处理程序保护数据安全，避免因疏忽而泄露敏感信息，这些程序降低了用户将敏感信息交给未授权者的可能性。

3. 安全意识培训。安全意识培训包括安全策略培训、安全程序培训和安全知识培训。第一步是让每一个用户都认识到那些能操纵他们心理的人的存在，用户必须了解信息需要哪些保护等级与如何保护。第二步是制定安全规范策略手册，让用户知道网络安全策略，确保在规定时间内所有用户都了解安全策略和程序。第三步是将安全意识融入日常工作中并成为规则的一部分。把安全技术和安全策略结合起来，规范用户行为。实施持续的培训计划以确保安全意识已根植于每位用户心中并成为组织流程的一部分。

个人用户还需要做到在所有计算机及终端设备上安装杀毒软件与防火墙；定期更新操作系统版本和软件的补丁程序；设置高复杂度的密码，并且定期更换密码；实施多重身份验证；注意个人安全及防范，避免泄露手机号码、个人证件号码、银行账户信息、地理位置定位、个人及家人照片信息、火车飞机票凭证、车牌号，防止社会工程学攻击和电信网络诈骗。

思考练习

问题一：描述基于零信任安全模型的信息安全原则。

问题二：如何提升信息安全意识？

参考答案

拓展学习

拓展学习

学习单元四　信息安全道德规范

学习目的

1. 了解网络文明新风尚的内涵与意义。
2. 掌握信息安全道德规范的具体内容和要求。

知识要点

一、共建共享网络文明新风尚

道德是一种社会意识形态，是人们共同生活及其行为的准则与规范。网络文明是新形势下社会文明的重要内容，是建设网络强国的重要领域。

网络文明是伴随互联网发展而产生的新的文明形态，是现代社会文明进步的重要标志。加强网络文明建设，成为加快建设网络强国、全面建设社会主义现代化国家的重要任务。

网络空间是亿万民众共同的精神家园。网络空间天朗气清、生态良好，符合人民利益；网络空间乌烟瘴气、生态恶化，则不符合人民利益。

党的十八大以来，以习近平新时代中国特色社会主义思想为指导，我国网络文明建设顶层设计和总体布局日益完善，法治根基不断夯实。有关部门积极开拓创新，培育网络文化新风尚，拓展道德建设新空间，构建网络行为新秩序，打造文明创建新品牌，广泛凝聚起网络文明向上向善的社会共识。

让网络文明理念深入人心，争做中国好网民工程深入实施，引导亿万网民弘扬爱国主义精神、增强网络法治观念、培育文明用网习惯、提升网络安全技能。

党的十九届五中全会作出了“加强网络文明建设，发展积极健康的网络文化”的重要部署，为“十四五”时期网络文明建设搭建制度框架。

2006 年 4 月 19 日，中国互联网协会发布《文明上网自律公约》，号召广大网民和互联网从业者行动起来，从我做起，自觉抵制网络有害信息和低俗之风，大兴网络文明之风，共同维护文明网络环境。

2021 年 9 月 1 日，中央网信办违法和不良信息举报中心、中国文明网、中国互联网发展基金会和中国互联网联合辟谣平台联合发布《“抵制网络谣言 共建网络文明”倡议书》，倡导全社会共管共治网络谣言，共建共享网络文明。

2021 年，《关于加强网络文明建设的意见》印发，进一步明确了加强网络文明建设的总体要求、工作目标、主要任务、保障措施，为新时代网络文明建设提供有力指导。

《关于加强网络文明建设的意见》指出，加强网络文明建设，是推进社会主义精神文明建设、提高社会文明程度的必然要求，是适应社会主要矛盾变化、满足人民对美好生活向往的迫切需要，是加快建设网络强国、全面建设社会主义现代化国家的重要任务。

《关于加强网络文明建设的意见》强调，加强网络文明建设要坚持以习近平新时代中国特色社会主义思想为指导，贯彻落实习近平总书记关于网络强国的重要思想和关于精神文明建设的重要论述，大力弘扬社会主义核心价值观，全面推进文明办网、文明用网、文明上网、文明兴网，推动形成适应新时代网络文明建设要求的思想观念、文化风尚、道德追求、行为规范、法治环境、创建机制，实现网上网下文明建设有机融合、互相促进，为全面建设社会主义现代化国家、实现第二个百年奋斗目标提供坚强思想保证、强大精神动力、有力舆论支持、良好文化条件。

《关于加强网络文明建设的意见》指出，要加强网络空间文明创建。推动群众性精神文明创建活动向网上延伸，充分发挥新时代文明实践中心和县级融媒体中心作用，加强网民网络文明素养实践教育基地建设，推动基层开展网络文明建设活动。开展军民共建网络文明活动，促进军政军民团结。积极打造中国网络文明理念宣介平台、经验交流平台、成果展示平台和国际网络文明互鉴平台。深入实施争做中国好网民工程，引导广大网民尊德守法、文明互动、理性表达，引导全社会提升网络文明素养，净化网络环境。

《中华人民共和国网络安全法》《中华人民共和国数据安全法》《中华人民共和国个人信息保护法》《网络信息内容生态治理规定》等法律法规陆续出台，确保互联网在法治轨道上健康运行。

《中华人民共和国网络安全法》规定："国家倡导诚实守信、健康文明的网络行为，推动传播社会主义核心价值观，采取措施提高全社会的网络安全意识和水平，形成全社会共同参与促进网络安全的良好环境。"

《网络信息内容生态治理规定》规定："政府、企业、社会、网民等主体，以培育和践行社会主义核心价值观为根本，以网络信息内容为主要治理对象，以建立健全网络综合治理体系、营造清朗的网络空间、建设良好的网络生态为目标，开展的弘扬正能量、处置违法和不良信息等相关活动。"

制定发布《互联网用户公众账号信息服务管理规定》《关于加强网络直播规范管理工作的指导意见》《互联网群组信息服务管理规定》《互联网弹窗信息推送服务管理规定》《互联网跟帖评论服务管理规定》等网络治理系列政策法规，促进形成良好网络舆论生态，"互联网不是法外之地"的观念深入人心。同时为依法依规管网、治网、用网提供依据。

近年来，有关部门深入贯彻落实习近平总书记关于网络强国的重要思想，推进互联网内容建设，深化网络生态治理，全社会共建共享网上美好精神家园的氛围日渐浓厚，网络文明建设取得一系列新进展、新成效。

网络文明建设是一项系统工程，需要社会各界的共同努力。在社会各界的共同努力下，网络道德建设持续拓展，精神文明创建更加有效，网络文明理念深入人心，一幅欣欣向荣的网络文明新画卷徐徐铺展。

全面推进文明办网、文明用网、文明上网、文明兴网，激荡思想，汇聚共识。这场网络文明领域的盛会，将为全面建设社会主义现代化国家、实现第二个百年奋斗目标凝聚起强大的精神力量。

二、黑客伦理

1984 年，《新闻周刊》的记者史蒂文·利维（Steven Levy）出版了历史上第一本介绍黑客的著作《黑客：计算机革命的英雄》（Hackers：Heroes of the Computer Revolution）。在该书中，他将黑客的价值观概括总结为六条黑客伦理（Hacker Ethic），直到今天这些黑客伦理都被视为最佳的经典论述。黑客伦理具体内容如下：

1. 任何事情都应该亲自动手去尝试。
2. 所有的信息都应该自由获取和传播。
3. 不要迷信权威，打破集权，提倡去中心化。
4. 评判一名黑客水平的标准应该是不看学历，看能力。
5. 用计算机创造艺术和美。
6. 计算机使生活更加美好。

根据这六条黑客伦理，黑客价值观的核心原则可以概括为：共享、开放、民主、自由地使用计算机去创造美好和改变生活。

“黑客（Hacker）”这个词的原始含义就是指那些信奉黑客伦理而且能力高超的程序员。黑客伦理的一个必然推论就是，黑客具有叛逆精神。黑客相信只要有助于改进现状、探索未知，人们就应该被允许自由地使用各种工具和信息。

哈佛大学计算机博士保罗·格雷厄姆（Paul Graham）在所著的《黑客与画家》一书中描述道：“编程是一种艺术创作，黑客就是艺术家，开发软件与画家作画、雕塑家雕刻、建筑师设计房屋并没有本质不同。”

通常按照黑客的动机和行动方式将其分为：白帽黑客、黑帽黑客和灰帽黑客三类。其中，白帽黑客是正义的黑客，他们以提高系统安全性为目的，保障信息网络安全。

“我们要坚守正义，秉持正直善良的价值观，遵法守纪、严守法律底线和道德底线。这是你作为一名白帽黑客务必要遵守的规则，为你的职业生涯保驾护航。”

历史上一些惊才绝艳的程序员都是白帽黑客。例如，Unix 操作系统开发者丹尼斯·里奇（Dennis MacAlistair Ritchie）和肯·汤普森（Ken Thompson）；计算机科学家、《计算机程序设计艺术》的作者、斯坦福大学计算机教授高德纳（Donald E. Knuth）；Linux 操作系统开发者林纳斯·托瓦兹（Linus Benedict Torvalds）；开源运动创始人、著名的计算机程序员埃里克·雷蒙德（Eric Steven Raymond）；微软公司创始人、世界的计算机操作系统领导者、美国工程院院士、中国工程院外籍院士比尔·盖茨（Bill Gates）；中国年轻一代顶级黑客、阿里云前首席安全科学家吴翰清；小米公司创始人雷军等。正是这些白帽黑客把计算机工业推向了更高的高度。

三、CISP 职业准则

在中国信息安全测评中心注册的 CISP（注册信息安全专业人员，Certified Information Security Professional）必须保证严格履行职责并承诺完全遵守以下道德准则：

（一）维护国家、社会和公众的信息安全

1. 拥护中国共产党领导，拥护中国特色社会主义制度，坚决维护习近平总书记党中央的核心、全党的核心地位，坚决维护党中央权威和集中统一领导。

2. 自觉维护国家信息安全，拒绝并抵制泄露国家秘密和破坏国家信息基础设施的行为。

3. 自觉维护网络社会安全，拒绝并抵制通过计算机网络系统谋取非法利益和破坏社会和谐的行为。

4. 自觉维护公众信息安全，拒绝并抵制通过计算机网络系统侵犯公众合法权益和泄露个人隐私的行为。

（二）诚实守信，遵纪守法

1. 不通过计算机网络系统进行造谣、欺诈、诽谤、弄虚作假等违反诚信原则的行为。

2. 不利用个人的信息安全技术能力实施或组织各种违法犯罪行为。

3. 不在公众网络传播反动、暴力、黄色、低俗信息及非法软件。

（三）努力工作，尽职尽责

1. 热爱信息安全工作岗位，充分认识信息安全专业工作的责任和使命。

2. 为发现和消除本单位、机构或组织的信息系统安全风险做出应有的努力和贡献。

3. 帮助和指导信息安全同行提升信息安全保障知识和能力，为有需要的人谨慎负责地提出应对信息安全问题的建议和帮助。

（四）发展自身，维护荣誉

1. 通过持续学习保持并提升自身的信息安全知识。

2. 利用日常工作、学术交流等各种方式保持和提升信息安全实践能力。

3. 以 CISP 身份为荣，积极参与各种证后活动，避免任何损害 CISP 声誉形象的行为。

思考练习

问题一：什么是黑客伦理？

问题二：什么是 CISP 职业准则？

参考答案

拓展学习

拓展学习

思政园地

没有网络安全就没有国家安全，就没有经济社会稳定运行，广大群众利益也难以得到保障。[1]

互联网加快了社会发展步伐，也给各行各业带来越来越多新的安全问题。面对复杂严峻的网络安全形势，以习近平同志为核心的党中央坚持从发展中国特色社会主义、实现中华民族伟大复兴中国梦的战略高度，系统部署和全面推进网络安全和信息化工作，为推动我国网络安全体系的建立，树立正确的网络安全观指明了方向。从信息网络专项立法规划、《中华人民共和国电信条例》《计算机软件保护条例》《信息网络传播权保护条例》到网络安全法正式施行，相关法律、法规、规章和司法解释的相继出台将网络安全各项工作带入法制化轨道；网络安全审查、数据处境安全评估、个人信息保护等重要制度的逐步建立，为网络安全织就"牢不可破"的制度防线；通过对微信、微博、淘宝等10款网络产品和服务的隐私条款进行评审，有效整改了企业违法违规收集用户隐私信息的行为……党的十八大以来，各方面齐抓共管的良好局面已经形成，网络安全的共治共建渐入佳境。

聪者听于无声，明者见于未形。筑牢网络安全屏障，首先要树立正确的网络安全观，深入开展网络安全知识技能宣传普及，提高广大人民群众网络安全意识和防护技能。"网络空间安全"成为一级学科、"网络空间安全学院"在多所大学落地、中国网络空间安全协会等各类新型网络社会组织纷纷成立、连续四年举办的国家网络安全宣传周走入社区……近年来，对网络安全的重视被提上前所未有的高度，产生了积极而正面的影响。

筑牢网络安全屏障，要以钉钉子的精神把各项工作抓实抓到位。为此，要加强信息基础设施网络安全防护，加强网络安全信息统筹机制、手段、平台建设，加强网络安全事件应急指挥能力建设，积极发展网络安全产业，做到关口前移，防患于未然。要落实关键信息基础设施防护责任。要依法严厉打击网络黑客、电信网络诈骗、侵犯公民个人隐私等违法犯罪行为，切断网络犯罪利益链条，持续形成高压态势，维护人民群众合法权益。

---

〔1〕《光明日报评论员：没有网络安全就没有国家安全——三论学习贯彻习近平总书记全国网信工作会议重要讲话》，载中华人民共和国中央人民政府网，https：//www.gov.cn/xinwen/2018-04/24/content_5285309.htm，最后访问日期：2025年1月6日。

安全是发展的前提，发展是安全的保障。网络安全和信息化是一体之两翼、驱动之双轮，处理好安全和发展的关系对当下网信工作具有深远意义。我们要认真学习领会习近平总书记全国网信工作会议重要讲话精神，进一步提高政治站位，从党长期执政和国家长治久安的高度，切实增强责任感和使命感，推动网络安全和信息化工作再上台阶。

模块小结

“没有网络安全就没有国家安全，没有信息化就没有现代化。”习近平总书记的这一重要论断，把网络安全上升到了国家安全的层面，为推动我国网络安全体系的建立，树立正确的网络安全观指明了方向。

信息安全本质是围绕与人相关的攻防对抗模型构建起来的应用型学科。有人的地方就有江湖，有人的地方就有信息安全（网络安全）问题。本模块阐述了信息安全的相关概念，分析了信息安全威胁，探讨了计算机犯罪涉及的法律问题，同时提出了如何增强信息安全意识、提升的法治素养，培养法治思维的途径。主要内容。包括：

- 信息安全概述
- 计算机犯罪
- 信息安全意识
- 信息安全道德规范

拓展思考

1. 如何更加有效地应对信息安全事件及威胁？
2. 如何提升信息安全意识？
3. 作为一名新时代的大学生，如何学深悟透做实习近平法治思想？

学习模块二　立法、司法和执法组织

要坚持全面推进科学立法、严格执法、公正司法、全民守法。[1]

——习近平

模块背景[2]

2020年11月16日至17日，中央全面依法治国工作会议在北京召开。中共中央总书记、国家主席、中央军委主席习近平出席会议并发表重要讲话。

习近平指出，要坚持建设中国特色社会主义法治体系。中国特色社会主义法治体

[1]《习近平在中央全面依法治国工作会议上发表重要讲话》，载中华人民共和国中央人民政府网，https：//www.gov.cn/xinwen/2020-11/17/content_5562085.htm，最后访问日期：2025年1月6日。

[2]《习近平在中央全面依法治国工作会议上发表重要讲话》，载中华人民共和国中央人民政府网，https：//www.gov.cn/xinwen/2020-11/17/content_5562085.htm，最后访问日期：2025年1月6日。

系是推进全面依法治国的总抓手。要加快形成完备的法律规范体系、高效的法治实施体系、严密的法治监督体系、有力的法治保障体系，形成完善的党内法规体系。要坚持依法治国和以德治国相结合，实现法治和德治相辅相成、相得益彰。要积极推进国家安全、科技创新、公共卫生、生物安全、生态文明、防范风险、涉外法治等重要领域立法，健全国家治理急需的法律制度、满足人民日益增长的美好生活需要必备的法律制度，以良法善治保障新业态新模式健康发展。

习近平指出，要坚持全面推进科学立法、严格执法、公正司法、全民守法。要继续推进法治领域改革，解决好立法、执法、司法、守法等领域的突出矛盾和问题。公平正义是司法的灵魂和生命。要深化司法责任制综合配套改革，加强司法制约监督，健全社会公平正义法治保障制度，努力让人民群众在每一个司法案件中感受到公平正义。要加快构建规范高效的制约监督体系。要推动扫黑除恶常态化，坚决打击黑恶势力及其“保护伞”，让城乡更安宁、群众更安乐。

习近平强调，要坚持统筹推进国内法治和涉外法治。要加快涉外法治工作战略布局，协调推进国内治理和国际治理，更好维护国家主权、安全、发展利益。要强化法治思维，运用法治方式，有效应对挑战、防范风险，综合利用立法、执法、司法等手段开展斗争，坚决维护国家主权、尊严和核心利益。要推动全球治理变革，推动构建人类命运共同体。

学习目标

知识目标

●了解我国立法、司法和执法组织

●熟悉立法、司法和执法结构

能力目标

●能够区别我国享有立法权主体和形式的不同

●能够掌握全国人大的立法程序

●能够掌握我国的执法组织主要包括的部门和它们各自行使的职权

素养目标

●科学立法、严格执法、公正司法、全民守法

●文武兼备、追求卓越

●创新方式方法、坚持知行合一

●团结协作、弘扬团结奋斗的精神

●提高正确认识问题、分析问题和解决问题的能力

●提升信息安全法治素养，培养信息安全法治思维

思政目标

●将马克思主义立场观点方法的教育与科学精神的培养结合起来，提高学生正确认识问题、分析问题和解决问题的能力。

●以爱党、爱国、爱社会主义、爱人民、爱集体为主线，培养学生探索未知、追

求真理、勇攀科学高峰的责任感和使命感。

●学思践悟习近平全面依法治国新理念新思想新战略，牢固树立法治观念，坚定走中国特色社会主义法治道路的理想和信念。

重点内容

本模块的重点是我国的立法、司法和执法组织，通过对比学习我国和其他国家的立法、司法和执法组织，提升法治素养，培养法治思维。

在学习过程中，必须结合实践多思考，学思践悟习近平全面依法治国新理念新思想新战略，牢固树立法治观念，坚定走中国特色社会主义法治道路的理想和信念。培育学生经世济民、诚信服务、德法兼修的职业素养。

知识图谱

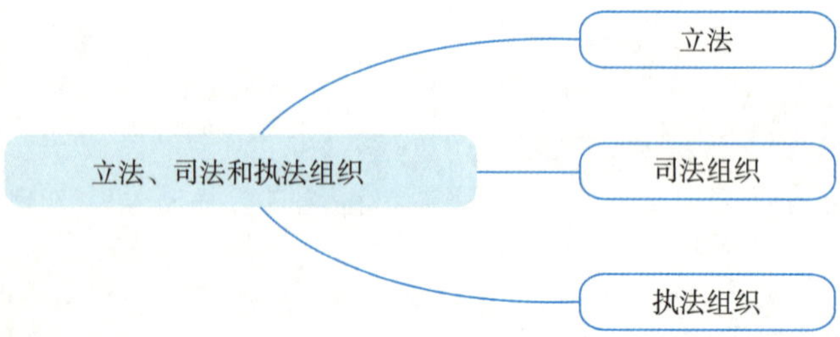

学习单元一　立法、司法和执法组织

学习目的

1. 了解立法、司法和执法组织的概念。
2. 掌握在我国根据享有立法权主体和形式的不同。
3. 熟悉全国人大的立法程序。
4. 掌握我国的执法组织主要部门，它们各自行使的职权。

知识要点

一、立法

（一）立法权

立法权是一定的国家机关依法享有的制定、修改、废止法律等规范性文件的权力，是国家权力体系中最重要的核心的权力。

我国的立法权根据享有立法权主体和形式的不同，分为国家立法权、地方立法权、行政立法权和授权立法权等。

（二）立法组织与立法程序

1. 立法组织。享有立法权的组织即立法组织。例如：在我国，国务院、全国和各地方人大是立法组织。其中，全国人大及其常委会是我国的最高立法组织。

2. 立法程序。目前，我国法律的制定程序主要有以下四个步骤：

（1）法律方案的提出。下列个人和组织享有向最高国家权力机关提出法律议案的提案权：全国人大代表和全国人大常委会的组成人员；全国人大主席团、全国人大常委会可以向全国人大提出法律议案；国务院、最高人民法院、最高人民检察院可以向全国人大或全国人大常委会提出法律议案。

（2）法律草案的审议。立法机关对已列入议事日程的法律草案正式进行审议和讨论。

（3）法律草案的表决和通过。立法机关以法定多数人对法律草案表示最终的赞同，从而使法律草案成为法律。

（4）法律的公布。立法机关或国家元首将已通过的法律以一定的形式予以公布，以便全社会遵守执行。我国宪法规定，中华人民共和国主席根据全国人民代表大会的决定和全国人民代表大会常务委员会的决定，公布法律。

（三）立法权等级

在我国，立法权是有级别的，不同级别立法的内容、立法的主体，所立法律的适用范围是不同的。

1. 国家立法权。国家立法权是由一定的国家权力机关行使，用以调整基本的、带全局性的社会关系，在立法体系中居于基础和主导地位的最高立法权。

国家立法权的立法主体是全国人民代表大会及其常务委员会、国务院。如：1979年7月1日，全国人民代表大会通过《中华人民共和国刑法》；1994年2月18日国务院颁布《中华人民共和国计算机信息系统安全保护条例》。

2. 行政立法权。行政立法权是源于宪法，由国家行政机关依法行使的，低于国家立法的一种独立的立法权，包括中央行政立法权和地方行政立法权。主要行使行政规章的立法权。

行政立法权的主体是国务院各部、委、中国人民银行、审计署和具有行政管理职能的直属机构，省、自治区、直辖市和较大市的人民政府。如：1997年12月16日公安部颁布《计算机信息网络国际联网安全保护管理办法》、2000年4月26日公安部颁布《计算机病毒防治管理办法》。

3. 地方立法权。地方立法权是由有权的地方国家权力机关行使的立法权。主要行使地方性法规的立法权。地方立法权的主体一般是省、自治区、直辖市的人民代表大会及其常务委员会和较大市的地方人民代表大会及其常务委员会，另外还有民族自治地方的人民代表大会。如2003年6月1日实施的《广东省计算机信息系统安全保护管理规定》、2004年8月1日实施的《武汉市电子政务建设管理暂行办法》。

（四）我国立法体制的主要内容

宪法、立法法和有关法律在认真总结中华人民共和国成立以来我国法制建设的实践经验的基础上，对法律、行政法规、地方性法规、自治条例和单行条例的各自权限范围，作了明确规定。主要内容是：

1. 法律。全国人大及其常委会行使国家立法权。全国人大修改宪法，制定和修改刑事、民事、国家机构的和其他的基本法律。全国人大常委会制定和修改除应当由全国人大制定的法律以外的其他法律；在全国人大闭会期间，对全国人大制定的法律进行部分补充和修改，但是不得同该法律的基本原则相抵触。1982 年《中华人民共和国宪法》赋予全国人大常委会制定法律的权力，是我国立法体制的一个重要改革。40 多年来，我国的多数法律是由全国人大常委会制定的。

为了保证国家必要的集中统一，《中华人民共和国立法法》规定下列十个方面的事项属于全国人大及其常委会的专属立法权，只能由法律规定：①国家主权的事项；②各级人民代表大会、人民政府、人民法院和人民检察院的产生、组织和职权；③民族区域自治制度、特别行政区制度、基层群众自治制度；④犯罪和刑罚；⑤对公民政治权利的剥夺、限制人身自由的强制措施和处罚；⑥对非国有财产的征收；⑦民事基本制度；⑧基本经济制度以及财政、税收、海关、金融和外贸的基本制度；⑨诉讼和仲裁制度；⑩必须由全国人大及其常委会制定法律的其他事项。

2. 行政法规。国务院根据宪法和法律制定行政法规。根据《中华人民共和国立法法》的规定，行政法规可以就下列两个方面的事项作出规定：①为执行法律的规定需要制定行政法规的事项；②《中华人民共和国宪法》第 89 条规定的国务院行政管理职权的事项。此外，国务院还可以根据实际需要，经全国人大及其常委会授权，对属于全国人大及其常委会专属立法权而尚未制定法律的事项，制定行政法规，但犯罪和刑罚、对公民政治权利的剥夺和限制人身自由的强制措施和处罚、司法制度等事项除外。这些事项只能由法律作规定，不能由行政法规作规定。

3. 地方性法规。省、自治区、直辖市人大及其常委会在不同宪法、法律、行政法规相抵触的前提下，可以制定地方性法规。省、自治区人民政府所在地的市、经济特区所在地的市和其他经国务院批准的较大的市的人大及其常委会根据本市的具体情况和实际需要，在不同宪法、法律、行政法规和本省、自治区的地方性法规相抵触的前提下，可以制定地方性法规，报省、自治区人大常委会批准后施行。根据《中华人民共和国立法法》的规定，地方性法规可以就以下两个方面的事项作出规定：①为执行法律、行政法规的规定，需要根据本行政区域的实际情况作具体规定的事项；②属于地方性事务需要制定地方性法规的事项。同时，立法法还规定，除应当由全国人大及其常委会制定法律的事项外，其他事项国家尚未制定法律或者行政法规的，省、自治区、直辖市和较大的市根据本地方的具体情况和实际需要，可以先制定地方性法规。在国家制定的法律或者行政法规生效后，地方性法规同法律或者行政法规相抵触的规定无效，制定机关应当及时予以修改或者废止。

海南省、深圳市、厦门市、汕头市、珠海市人大及其常委会按照全国人大的授权，根据经济特区的具体情况和实际需要，遵循宪法的规定以及法律和行政法规的基本原则，制定法规，在各自的经济特区范围内实施。

4. 自治条例和单行条例。民族自治地方（即自治区、自治州、自治县）的人民代表大会有权依照当地民族的政治、经济和文化的特点，制定自治条例和单行条例。自治区的自治条例和单行条例，报全国人大常委会批准后生效；自治州、自治县的自治条例和单行条例，报省、自治区、直辖市的人大常委会批准后生效。自治条例和单行条例可以依照当地民族的特点，对法律和行政法规的规定作出变通规定，但不得违背法律或者行政法规的基本原则，不得对宪法和民族区域自治法的规定以及其他有关法律、行政法规专门就民族自治地方所作的规定作出变通规定。

此外，国务院各部、委员会、中国人民银行、审计署和具有行政管理职能的直属机构，可以根据法律和国务院的行政法规、决定、命令，在本部门的权限范围内，制定规章。省、自治区、直辖市人民政府以及省、自治区人民政府所在地的市、经济特区所在地的市和其他经国务院批准的较大的市的人民政府，可以根据法律、行政法规和本地方的地方性法规，制定规章。规章的内容不得与法律、法规相抵触。

（五）其他国家的立法组织与立法程序

1. 美国。美国是联邦制国家，政权组织形式为总统制，实行三权分立与制衡相结合的政治制度和两党制的政党制度。

美国政治制度的基本内涵是：立法、行政、司法三种权力分别由国会、总统、法院掌握，三个部门行使权力时，彼此相互牵制，以达到权力平衡。国会有立法权，总统对国会通过的法案有权否决，国会又有权在一定的条件下推翻总统的否决。总统有权任命高级官员，但必须经国会认可，国会有权弹劾总统和高级文官。最高法院法官由总统任命并经国会认可，最高法院又可对国会通过的法律以违宪为由宣布无效。

美国的国家结构形式为联邦制。在建立统一的联邦政权的基础上，各州仍保留有相当广泛的自主权。联邦设有最高的立法、行政和司法机关，有统一的宪法和法律，是国际交往的主体。各州有自己的宪法、法律和政府机构。若各州的宪法和法律与联邦宪法和法律发生冲突，联邦宪法和法律优于州的宪法和法律。美国宪法列举了联邦政府享有的权力，如征税、举债、铸币、维持军队、主持外交、管理州际和国际贸易等。不经宪法列举的其他权力，除非宪法明文禁止各州行使者外，一概为州政府保留。州的权力主要是处理本州范围内的事务，如以地方名义征税，管理州内工商业和劳工，组织警卫力量和维持治安等。联邦中央和地方的具体权限，200 年来不断有所变化。

美国国会由参议院和众议院组成，是美国最高立法机关，行使联邦立法权。议案一般经过提出、委员会审议、全院大会审议等程序。一院通过后，送交另一院，依次经过同样的程序。法案经两院通过后交总统签署，若总统不否决，或虽否决但经两院 2/3 议员重新通过，即正式成为法律。国会还拥有宪法所规定的其他权力。如对外宣战权、修改宪法权等。国会两院均设有许多委员会，还设有由两院议员共同组成的联席委员会，国会工作大多在各委员会中进行。

美国各州中，除了内布拉斯加州只有单一的州立法机关外，其他的州都有两院制（众议院和参议院）的州立法机关，在大部分的州里，州立法程序与国会极其相似。

2000 年 11 月 13 日，美国众议院以 299 票对 121 票通过“国土安全部”（Department of Homeland Security）法案。该法案的目的在于把一部分联邦政府组织整合成一个新的部，内含现有的 22 个联邦机构，包括情报局、海岸警卫队以及联邦调查局（FBI）的国家基础设施保护中心。在展开辩论的闭门政党协商中，众议院共和党领袖在国土安全部法案中插入了 16 页长的“网络安全加强法案”（Cyber Security Enhancement Act，CSEA）

CSEA 的主要内容有：让“鲁莽地”置他人性命于险境的计算机闯入者终身监禁。法案上的委员会报告指出：恐怖分子或网络攻击罪犯可能进一步伤害国家经济和重要基础设施，所以有必要从严惩罚，加以防范。还应允许警方在未取得法院命令的情况下有限度地监视，适用情况包括发现针对联网计算机“进行中的攻击”活动，或“对国家安全利益立即的威胁”。但监视范围局限于嫌犯的电话号码、因特网地址（IP）、网址（URL）或电子邮件信息，而非在线通信或电话交谈内容。

倡议 CSEA 的众议员拉马拉·史密斯说：预防恐怖分子可能随时以任何方式发动袭击，我们处理问题的方法需要改变。我们需要一个焦点清晰、任务明确的新政府组织架构，来保卫美国人民并加强公共安全。成立新的国土安全部，可履行那个重大责任。史密斯以前还曾表示：“在我们确保因特网基础设施的安全无虞之前，只要按几个键和连上网络，就足以瘫痪经济并危及生命。鼠标可能像子弹和炸弹一样危险。”

2. 英国的立法程序。

（1）政府议案。在一部议会法案成为法律之前，它被称为议案，而一部议案往往经过无数的程序才能被通过，最终成为法律。大多数议案都是由现任内阁提交国会审议的，因此由有关内阁大臣呈交给国会。一部议案在下院的通过要经过这样一些程序：一读——二读——委员会讨论阶段——报告阶段——三读。

随后，在上院也会经过同样的这些程序，而且，上院还可能对议案提出修正。如果作出了任何修正，这部议案又会被重新送回下院再次接受审议。一旦整个议案由国会两院通过，它将被呈送给女王陛下御准，这是一个自动的程序。

（2）私人提案。私人提案不是由政府机构提出的，这种议案通常先在上院经过一读和二读。如果它通过了二读，就会被提交给一个由五位上院议员组成的选择委员会审阅。随后就会进入报告阶段，紧接着是三读。然后它将送到下院，同样经过上述程序。如果该提案通过了所有这些程序，它将被呈送御准。

根据惯例，君主一般不会拒绝批准一份已经由国会两院通过的议案。最近的一次君主否决议案事件发生在 1707 年，在那一年，安妮女王拒绝批准一份《国民军议案》。

（3）上院的权力。上院的议员不是选举产生的，他们或者是世袭贵族，来自英国贵族中的爵位享有者阶层；或者是新一代贵族，即因为自己的社会成就而被授予上院议员（爵士）资格。这个非民选机构的权力已经逐步受到一系列议会法案的限制，其中最重要的一部法案是在 1911 年通过的。现在，即使一部议案没有获得上院通过，只要它在连续两次下院会议上得到通过，就可以呈送君主御准。如果一部财政议案在国会接受审议的时间已经达到一个月，它就可以被呈交给君主。

（4）判例法。判例法是英国法律制度中的第二种法律渊源。法院可以适用来源于普通法和衡平法的一般法律原则，这些原则是法院在长期的实践过程中积累下来的古老规则。法官也可以援引先例原则，也就是在已经定案的判例中寻找法律依据。这种创造法律的方式为法律的演进和发展提供了机会，受其更为正式的程序的制约，议会往往无法提供这样的机会。法院可以比较容易地确立新的原则，或是赋予旧原则以新的含义，使之能够适用于一个具体个案。因此，可以说法官造法比议会立法具有更大的灵活性。但是，需要注意的是，法官也不能不受限制地随意创造法律规则。

3. 日本。现行《日本国宪法》于1947年5月3日实施。《日本国宪法》规定：实行以立法、司法、行政三权分立为基础的议会内阁制；天皇为日本国和日本国民总体的象征，无权参与国政。

议会泛称国会，由众、参两院组成，为最高权力机关和唯一立法机关。1993年起，众议院选举制度由中选区制改为小选区和比例选区并列制。众议院定员500人，任期4年。首相有权提前解散众议院并重新选举。参议院定员252人，任期6年，每3年改选半数，不得中途解散。

4. 德国。德国是联邦制国家，由16个州组成。联邦和各州的立法权力由《德国基本法》（即宪法）来明确。通常，联邦的立法权限制在国防、外交、海关、邮政以及税收等涉及整个联邦利益的领域，而文化教育事业的立法和行政权限归各州，即所谓各州享有“文化主权”。

联邦议院和参议院是最高的立法机关。最高行政机关是联邦政府，其最高行政长官是联邦总理，由每4年一次的全国大选中获胜的政党或政党联盟推选，经议会确认，由联邦总统任命。

二、司法组织

司法组织是对案件依法进行审理和评判的组织。

（一）我国的司法组织

1. 我国的司法组织主要包括以下两大系统：①人民法院，其中，最高人民法院是最高审判机关；②人民检察院，其中，最高人民检察院是最高检察机关。

2. 司法机关的职能和组成。我国的检察机关是人民检察院行使国家检察权，对宪法、法律的正确施行进行监督，并且代表国家对刑事案件提起公诉，对民事案件的审判实行监督，并对重大的民事案件提起公诉的专门机关。我国的检察机关起源较晚。中国到汉代开始设置御史台，负责监督百僚、纠检犯官，其部分工作近似近代检察机关，但与专门行使检察权的检察机关还不完全相同。检察院实行同级人民代表大会、上级检察院双重领导制度。有县（市）、市（地）、省（自治区、直辖市）、最高四级。

人民法院是国家审判机关，其任务是审判刑事案件、民事案件和行政案件，并且通过审判活动，惩办一切犯罪分子，解决民商事纠纷，以保卫无产阶级专政制度，维护社会主义法制和社会秩序，保护社会主义的全民所有的财产以及劳动群众集体所有的财产，保护公民私人所有的合法财产，保护公民的人身权利、民主权利和其他权利，保障国家的社会主义革命和社会主义建设事业的顺利进行。全国法院系统包括三大部分：

（1）地方人民法院。又分为三级：①基层人民法院。包括县人民法院、市人民法院、自治县人民法院、市辖区人民法院。②中级人民法院。包括：在省、自治区和直辖市内按地区设立的中级人民法院；省、自治区和直辖市的中级人民法院；自治州中级人民法院。③高级人民法院。省、自治区和直辖市设高级人民法院。

（2）专门法院。包括军事法院、铁路运输法院、海事法院等。

（3）最高人民法院。最高人民法院是国家最高审判机关，监督地方各级人民法院和专门人民法院的审判工作。

（二）美国的司法组织

1. 美国的检察机关。美国的检察体制具有“三级双轨、相互独立”的特点。所谓“三级”，是指美国的检察机关建立在联邦、州和市镇这三个政府“级别”上。所谓“双轨”，是指美国的检察职能分别由联邦检察系统和地方检察系统行使，二者平行，互不干扰。美国的检察机关无论“级别”高低和规模大小，都是相互独立的。

美国检察机关的职权主要包括：刑事起诉权、支持民事案件的起诉和对刑事案件的侦查权。

美国的检察机关和司法行政机构是不分的，联邦总检察长就是司法部长，也是联邦政府的法律事务首脑。美国的联邦检察系统由联邦司法部中具有检察职能的部门和联邦地区检察官办事处组成，其职能主要是调查、起诉违反联邦法律的行为，并在联邦作为当事人的民事案件中代表联邦政府参与诉讼。美国共有 95 个联邦司法管辖区，每区设一个联邦检察官办事处，由一名联邦检察官和若干名助理检察官组成。他们是联邦检察工作的主要力量。

美国的地方检察系统以州检察机关为主，一般由州检察长和州检察官组成。州检察长名义上是一州的首席检察官，但他们多不承担公诉职能，也很少干涉各检察官办事处的具体事务。在大多数州中，州检察长与州检察官之间都保持着一种顾问指导性关系。州检察官的司法管辖区一般以县为单位，他们是各州刑事案件的主要公诉人，通常也被视为所在县区的执法行政长官。一般来说，各地警察机关在刑事案件的调查中都会接受检察官的指导乃至指挥。

市镇检察机关是独立于州检察系统的地方检察机关，但并非美国的所有市镇都有自己的检察机关。在有些州，市镇没有检察官员，全部检察工作都属于州检察官的职权。在那些有自己检察机关的市镇，检察官员无权起诉违反联邦或州法律的行为，只能调查和起诉那些违反市镇法令的行为。这些违法行为被称为“微罪”，多与赌博、酗酒、交通、公共卫生等有关。

2. 美国的法院组织。美国是英美法系国家。美国司法制度的主要特点有：贯彻三权分立的原则，实行司法独立；法院组织分为联邦和州两大系统；联邦最高法院享有特殊的司法审查权等。联邦法院和州法院两大系统，分别适用各自的宪法和法律，管辖不同的案件和地域。州法院和联邦法院之间没有隶属关系，两套法院系统相互平行、相互独立。

（1）美国联邦法院系统。美国联邦法院系统管辖的案件主要为：涉及联邦宪法、法律或国际条约的案件，一方当事人为联邦政府的案件，涉及外国政府代理人的案件，公海上或国境内供对外贸易和州际贸易之用的通航水域案件，不同州之间、不同州的公民之间的争议以及州政府向他州公民提起的诉讼。

联邦法院系统主要包括：

联邦地方法院。即普通民事、刑事案件的初审法院，设在各州的联邦地方法院只审理属于联邦管辖的案件，设在首都哥伦比亚特区和领地的联邦地方法院，则兼理联邦管辖和地方管辖的案件。一般为独任审理，重大案件由 3 名法官组成合议庭并召集陪审团进行审理。

联邦上诉法院。分设在全国 11 个司法巡回区，受理本巡回区内对联邦地方法院判决不服的上诉案件，以及对联邦系统的专门法院的判决和某些具有部分司法权的行政机构的裁决不服而上诉的案件。案件一般由 3 名法官合议审理。

联邦专门法院。包括联邦税务法院、联邦破产法院、联邦军事法院、联邦关税和权利上诉法院等，处理特殊类型的案件。

联邦最高法院。是美国联邦法院系统的最高审级和最高审判机关，于 1790 年根据《美利坚合众国宪法》成立，设于首都华盛顿，由首席法官 1 人和法官 8 人组成。法官均由总统征得参议院同意后任命，只要忠于职守，可终身任职，非经国会弹劾不得免职。但年满 70 岁、任职满 10 年或年满 65 岁、任职满 15 年者，可自动提出退休。美国宪法规定，联邦最高法院对涉及大使、其他使节和领事以及一州为诉讼一方的案件有初审权；对州最高法院或联邦上诉法院审理的案件，有权就法律问题进行复审；有权颁发“调审令”，调审下级联邦法院或州法院审理的案件。联邦最高法院还拥有司法审查权，审查联邦或州的立法或行政行为是否违宪。不论是初审案件，还是复审案件，都是终审判决。开庭时间为每年 10 月的第 1 个星期一到翌年 6 月中旬。判决以法官投票的简单多数为准，判决书写下各方意见。1882 年开始发行官方汇编的《美国最高法院判例汇编》，其中的判例对法庭有约束力，为审理同类案件的依据。

（2）州法院系统。美国州法院是美国州政府的司法机构，从司法管辖权来看，约有一半的州设立三级法院：州最高法院（又称最高审判法院、违法行为处理法院）；州上诉法院（中级上诉法院）；州初审法院（又称州地方法院、州巡回法院、州高等法院、州普通诉讼法院）。另一半较小的州只设立两级法院：州最高法院和州初审法院。

（三）日本的司法机构

在日本，司法权属于最高法院及下属各级法院。采用“四级三审制”。最高法院为终审法院，审理“违宪”和其他重大案件。高等法院负责二审，全国共设四所。各都、道、府、县均设地方法院一所（北海道设四所），负责一审。全国各地还设有家庭法院和简易法院，负责民事及不超过罚款刑罚的刑事诉讼。

最高法院长官（院长）由内阁提名，天皇任命，14 名判事（法官）由内阁任命，需接受国民投票审查，其他各级法院法官由最高法院提名，内阁任命，任期 10 年，可连任，各级法官非经弹劾，不得罢免。

日本的检察机构分为最高检察厅、高等检察厅、地方检察厅。检察官分为检事总长（总检察长）、次长、检事长、检事等。检事长以上官员由内阁任命。法务大臣对检事总长有指挥权。

三、执法组织

执行法律的机关或组织是执法组织。

（一）我国的执法组织

我国的执法组织包括：人民法院、人民检察院、公安部、国家安全部、国家税务总局等。不同的执法组织在不同的职权范围内行使职权。

1. 对刑事案件的侦查、拘留、执行逮捕、预审，由公安机关负责。
2. 检察、批准逮捕、检察机关直接受理的案件的侦查、提起公诉，由人民检察院负责。

3. 审判由人民法院负责。

4. 国家安全机关依照国家法律规定，办理危害国家安全的刑事案件，行使与公安机关相同的职权。

（二）美国的执法组织

美国联邦的执法机构主要包括：联邦调查局、中央情报局和美国国家安全局等。

联邦调查局局长由总统任命，并经参议院批准，任期 10 年。联邦调查局主要职责包括：同犯罪团伙、恐怖活动和外国间谍作斗争；协助各州和地方警察确认和追踪州与州之间的逃犯，发布有关最严重的通缉犯的消息，并提供寻找罪犯方面的训练和研究。该局总部设在华盛顿，下设 10 个由助理局长担任领导的职能部门，分管鉴定、训练、刑事调查、技术服务等工作，并在全国 59 个城市设立外勤办事处及从属于它们的 400 多个"地方分局"，还有分布在世界 22 个国家的驻外机构，执行总部分配的任务。该局有工作人员 2 万多名，其中 8600 多人是外勤人员。每年的预算为 23 亿美元。该局建有刑事犯罪"科学实验室""中央指纹档案馆"和专门训练高级特工人员和警察的"学院"。

美国司法部于 2002 年 1 月 17 日在弗吉尼亚州北部成立了一支新的专门打击网络犯罪的反黑小组，用以追踪日益猖獗的黑客活动、网络恐怖及软件盗版。这是美国政府成立的第十支类似的打击网络犯罪的组织。该小组由 6 名全职的联邦检察官组成，其中三名检察官的薪金由美国国会专门用以应付电脑犯罪的基金支付。

新成立的反黑小组不仅追踪网络犯罪，同时还打击网络恐怖主义。律师 Paul McNulty 称，医院、公用设施、银行、政府及其他重要机构的电子系统正日益受到恐怖分子的威胁，对这些重要的电子设施要给予强有力的保护。他强调说，司法部决定在弗吉尼亚州北部成立这个新的反黑小组，是因为这个地区是五角大楼、国防机构、美国商标专利局、众多的 Internet 提供商及大量高科技公司所在地。

思考练习

问题一：我国的司法组织主要包括哪两大系统？

问题二：我国的执法组织包括哪些？

参考答案

拓展学习

拓展学习

思政园地

坚持全面推进科学立法、严格执法、公正司法、全民守法

中央全面依法治国工作会议最重要的成果，是明确了习近平法治思想在全面依法治国工作中的指导地位，确立了新时代全面推进依法治国的行动指南和根本遵循。习近平法治思想集中体现为习近平总书记在中央全面依法治国工作会议重要讲话中精辟概括的“十一个坚持”。其中，坚持全面推进科学立法、严格执法、公正司法、全民守法，是全面依法治国的重要环节。我们要深入领会、准确把握精神实质，继续推进法治领域改革，解决好立法、执法、司法、守法等领域的突出矛盾和问题，促进各环节法治工作相互贯通、相互促进，推动全面依法治国不断取得新成效。

“理国要道，在于公平正直。”公平正义是我们党追求的一个非常崇高的价值，司法公正是社会公正的最后一道防线，公正是司法的灵魂和生命。当前，司法质量效率和公信力持续提升，人民群众对公平正义的获得感不断增强。同时，由于多种因素影响，司法活动中也存在一些司法不公、冤假错案、司法腐败以及关系案、人情案、金钱案等问题。这些问题不抓紧解决，就会严重影响社会公平正义和全面依法治国进程。

习近平总书记强调，努力让人民群众在每一个司法案件中都能感受到公平正义。这一重要论述，为在新的历史起点上深入推进公正司法提供了明确方向指引。要紧紧牵住司法责任制这个“牛鼻子”。深化司法责任制综合配套改革，进一步优化司法职权配置，推动法官检察官员额管理的规范化、科学化，完善法官检察官利益回避制度，加快构建司法管理监督新机制，全面推进以审判为中心的诉讼制度改革，真正“让审理者裁判，由裁判者负责”。落实干预、过问案件的记录和追责制度，维护司法裁判的终局性，增强司法判决的执行力，加强对司法人员依法履职的保护。要努力让司法更可预期。对适用普通程序审理的案件，推进庭审实质化，做到有证举在庭上、有理说在庭上。针对“类案不同判”的问题，进一步健全法律统一适用机制，积极运用大数据推送类似案例等措施，让法官以同类案件同样处理方式办案。要努力让司法更阳光透明。构建与新的办案机制相配套的权责一致、开放透明、亲民便民的“阳光司法”机制，深入推进审判公开、检务公开，以公开促公正，保证法官检察官“以至公无私

之心，行正大光明之事”。[1]

模块小结

推进全面依法治国，要全面贯彻落实党的十九大、二十大和十九届二中、三中、四中、五中全会精神，围绕建设中国特色社会主义法治体系、建设社会主义法治国家的总目标，坚持党的领导、人民当家作主、依法治国有机统一，以解决法治领域突出问题为着力点，坚定不移走中国特色社会主义法治道路，在法治轨道上推进国家治理体系和治理能力现代化，为全面建设社会主义现代化国家、实现中华民族伟大复兴的中国梦提供有力法治保障。

本模块阐述了立法、司法和执法组织的概念，分析了我国的立法、司法和执法程序，同时也介绍了其他国家的立法、司法和执法组织。主要内容包括：

- 立法
- 立法权
- 立法组织与立法程序
- 立法权等级
- 我国立法体制的主要内容
- 有关国家的立法组织与立法程序
- 司法组织
- 我国的司法组织
- 美国的司法组织
- 日本的司法机构
- 执法组织
- 我国的执法组织
- 美国的执法组织

拓展思考

1. 在我国根据享有立法权主体和形式的不同，立法权可以划分为哪几个等级？
2. 简述全国人大的立法程序。
3. 我国的执法组织主要包括哪些部门？它们各自行使哪些方面的职权？

---

[1] 《坚持全面推进科学立法、严格执法、公正司法、全民守法》，载中华人民共和国中央人民政府网，http：//www.npc.gov.cn/c2/c30834/202103/t20210318_310801.html，最后访问日期：2025年1月7日。

学习领域二

信息安全法律法规

学习模块一　信息安全法律

《坚定不移走中国特色社会主义法治道路，为全面建设社会主义现代化国家提供有力法治保障》[1]

——习近平

模块背景

2021年3月1日出版的第5期《求是》杂志发表中共中央总书记、国家主席、中央军委主席习近平的重要文章《坚定不移走中国特色社会主义法治道路，为全面建设社会主义现代化国家提供有力法治保障》。

文章强调，推进全面依法治国，要全面贯彻落实党的十九大和十九届二中、三中、四中、五中全会精神，围绕建设中国特色社会主义法治体系、建设社会主义法治国家的总目标，坚持党的领导、人民当家作主、依法治国有机统一，以解决法治领域突出问题为着力点，坚定不移走中国特色社会主义法治道路，在法治轨道上推进国家治理体系和治理能力现代化，为全面建设社会主义现代化国家、实现中华民族伟大复兴的中国梦提供有力法治保障。

文章指出，我们党历来重视法治建设。党的十八大以来，我国社会主义法治建设发生历史性变革、取得历史性成就，党对全面依法治国的领导更加坚强有力，全面依法治国总体格局基本形成，全面依法治国实践取得重大进展。

文章指出，当前和今后一个时期，推进全面依法治国要重点抓好以下工作。第一，坚持党对全面依法治国的领导。第二，坚持以人民为中心。第三，坚持中国特色社会主义法治道路。第四，坚持依宪治国、依宪执政。第五，坚持在法治轨道上推进国家治理体系和治理能力现代化。第六，坚持建设中国特色社会主义法治体系。第七，坚持依法治国、依法执政、依法行政共同推进，法治国家、法治政府、法治社会一体建

[1]《〈求是〉杂志发表习近平总书记重要文章〈坚定不移走中国特色社会主义法治道路，为全面建设社会主义现代化国家提供有力法治保障〉》，载中华人民共和国中央人民政府网，https：//www. gov. cn/xinwen/2021-02/28/content_ 5589322. htm，最后访问日期：2025年1月7日。

设。第八，坚持全面推进科学立法、严格执法、公正司法、全民守法。第九，坚持统筹推进国内法治和涉外法治。第十，坚持建设德才兼备的高素质法治工作队伍。第十一，坚持抓住领导干部这个“关键少数”。

文章强调，推进全面依法治国是国家治理的一场深刻变革，必须以科学理论为指导，加强理论思维，不断从理论和实践的结合上取得新成果，总结好、运用好党关于新时代加强法治建设的思想理论成果，更好指导全面依法治国各项工作。

学习目标

知识目标

●了解信息安全相关法律概念

●熟悉信息安全相关法律内容

●掌握信息安全相关法律案例分析方法

能力目标

●能够分析信息安全相关法律问题

●能够判断信息安全相关法律责任

●能够遵守信息安全相关法律规范

素养目标

●科学立法、严格执法、公正司法、全民守法

●文武兼备、追求卓越

●创新方式方法、坚持知行合一

●团结协作、弘扬团结奋斗的精神

●提高正确认识问题、分析问题和解决问题的能力

●提升信息安全法治素养，培养信息安全法治思维

思政目标

●以爱党、爱国、爱社会主义、爱人民、爱集体为主线，培养追求科学真理、维护网络空间安全的家国情怀。

●学思践悟习近平全面依法治国新理念新思想新战略，牢固树立法治观念，坚定走中国特色社会主义法治道路的理想和信念。

●深化对法治理念、法治原则、重要法律概念的认知，提高运用法治思维和法治方式维护自身权利、参与社会公共事务、化解矛盾纠纷的意识和能力。

重点内容

本模块的重点是信息安全相关法律概念、法律内容及法律责任，难点是如何通过学习分析相关案例，深化对法治理念、法治原则、重要法律概念的认知，提高运用法治思维和法治方式维护自身权利、参与社会公共事务、化解矛盾纠纷的意识和能力。

通过学习信息安全相关法律，深入开展法治教育，纪律教育，教育引导学生学思践悟习近平全面依法治国新理念新思想新战略，牢固树立法治观念，坚定走中国特色

社会主义法治道路的理想和信念。培育学生经世济民、诚信服务、德法兼修的职业素养。

知识图谱

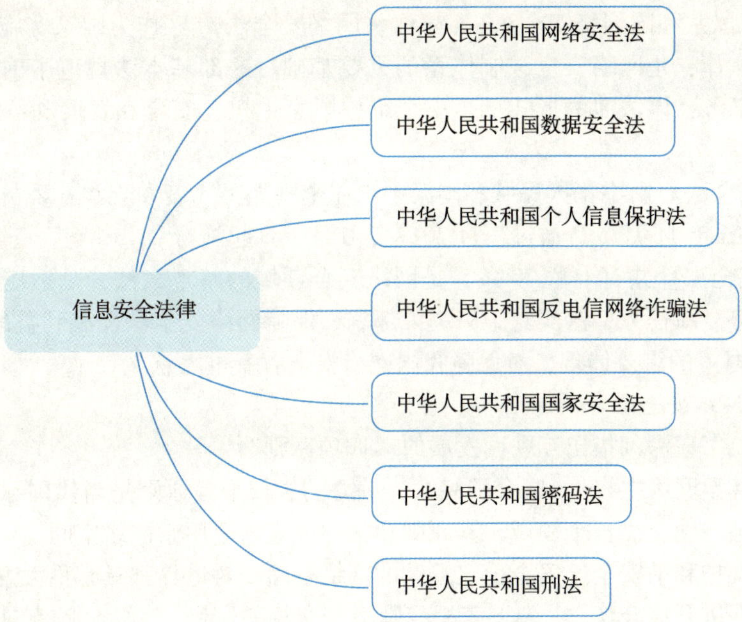

学习单元一　《中华人民共和国网络安全法》

导入案例

重庆查处违反《中华人民共和国网络安全法》案件

2017 年从重庆市公安局网安总队获悉，该总队近日成功查处重庆首例违反《中华人民共和国网络安全法》行政案件。

重庆市公安局网安总队在日常检查中发现，重庆市某科技发展有限公司自今年 6 月 1 日《中华人民共和国网络安全法》正式实施以来，在提供互联网数据中心服务时，存在未依法留存用户登录相关网络日志。

问题：

（1）本案中网络运营者有何违法行为？

（2）该违法行为应当承担哪些法律责任？

提示：请带着问题学习此节，具体分析见本节末。

学习目的

1. 了解《中华人民共和国网络安全法》的概念、法律条文以及法律责任。

2. 掌握《中华人民共和国网络安全法》案例分析方法。

知识要点

一、《中华人民共和国网络安全法》概述

《中华人民共和国网络安全法》（简称《网络安全法》）作为国家实施网络空间管辖的第一部法律，是网络安全法制体系的重要基础。这部基本法规范了网络空间多元主体的责任义务，以法律的形式催生一个维护国家主权、安全和发展利益的“命运共同体”。

《网络安全法》由中华人民共和国第十二届全国人民代表大会常务委员会第二十四次会议于 2016 年 11 月 7 日通过，自 2017 年 6 月 1 日起施行。

《网络安全法》共有七章 79 条，是网络安全领域的基本大法，是适应我国网络安全工作新形势、新任务，落实党中央决策部署，保障网络安全和发展利益的重大举措，是“依法治国”的重要体现，对保障我国网络安全有着重大意义。

（一）《网络安全法》的宗旨

习近平总书记深刻指出互联网发展的“四项原则”：[1]

第一，尊重网络主权。《联合国宪章》确立的主权平等原则是当代国际关系的基本准则，覆盖国与国交往各个领域，其原则和精神也应该适用于网络空间。

第二，维护和平安全。安全稳定繁荣的网络空间，对世界都具有重大意义。

第三，促进开放合作。“天下兼相爱则治，交相恶则乱。”必须坚持同舟共济、互信互利的理念，摈弃零和博弈、赢者通吃的旧观念。

第四，构建良好秩序。网络空间既要提倡自由，也要保持秩序。

《网络安全法》第 1 条明确规定，维护我国网络空间主权。网络空间主权是一国国家主权在网络空间中的自然延伸和表现。

第一条　为了保障网络安全，维护网络空间主权和国家安全、社会公共利益，保护公民、法人和其他组织的合法权益，促进经济社会信息化健康发展，制定本法。

（二）《网络安全法》的法律地位

习近平总书记指出，没有网络安全就没有国家安全，没有信息化就没有现代化。[2]《网络安全法》与之前出台的《中华人民共和国国家安全法》《中华人民共和国反恐怖主义法》等属同一位阶，是网络安全领域“依法治国”的重要体现，对保障我国网络安全有着重大意义。

《网络安全法》是我国第一部全面规范网络空间安全管理方面问题的基础性法律，是我国网络空间法治建设的重要里程碑，是依法治网、化解网络风险的法律重器，是

---

〔1〕《习近平在第二届世界互联网大会开幕式上的讲话（全文）》，载人民政协网，https：//www. rmzxw. com. cn/c/2015-12-16/651155. shtml，最后访问日期：2015 年 1 月 7 日。《深度解读习近平提出的互联网发展四项原则和五点主张》，载央广网，http：//news. cnr. cn/native/gd/20151217/t20151217_ 520825535. shtml，最后访问日期：2015 年 1 月 7 日。

〔2〕《习近平：没有网络安全就没有国家安全》，载中华人民共和国国家互联网信息办公室网，https：//www. cac. gov. cn/2014-02/28/c_ 12620 5811. htm，最后访问日期：2015 年 1 月 7 日。

让互联网在法治轨道上健康运行的重要保障。

《网络安全法》是为保障网络安全，维护网络空间主权和国家安全、社会公共利益，保护公民、法人和其他组织的合法权益，促进经济社会信息化健康发展制定。明确了部门、企业、社会组织和个人的权利、义务和责任，规定了国家网络安全工作的基本原则、主要任务和重大指导思想、理念。将成熟的政策规定和措施上升为法律，为政府部门的工作提供了法律依据，体现了依法行政、依法治国要求。

（三）《网络安全法》的适用范围

《网络安全法》第 2 条明确规定，适用于我国境内网络以及网络安全的监督管理。

第二条　在中华人民共和国境内建设、运营、维护和使用网络，以及网络安全的监督管理，适用本法。

《网络安全法》第 77 条涉及国家秘密信息的网络的运行安全保护的适用规定。

第七十七条　存储、处理涉及国家秘密信息的网络的运行安全保护，除应当遵守本法外，还应当遵守保密法律、行政法规的规定。

《网络安全法》第 78 条涉及军事网络的安全保护的适用规定。

第七十八条　军事网络的安全保护，由中央军事委员会另行规定。

二、《中华人民共和国网络安全法》的主要内容

（一）《网络安全法》的基本原则

1. 网络空间主权原则。习近平总书记深刻指出：尊重网络主权。《联合国宪章》确立的主权平等原则是当代国际关系的基本准则，覆盖国与国交往各个领域，其原则和精神也应该适用于网络空间。

第一条　为了保障网络安全，维护网络空间主权和国家安全、社会公共利益，保护公民、法人和其他组织的合法权益，促进经济社会信息化健康发展，制定本法。

《网络安全法》第 2 条明确规定适用于我国境内网络以及网络安全的监督管理。这是我国网络空间主权对内最高管辖权的具体体现。

第二条　在中华人民共和国境内建设、运营、维护和使用网络，以及网络安全的监督管理，适用本法。

2. 网络安全与信息化发展并重原则。习近平总书记指出：网络安全和信息化是相辅相成的。安全是发展的前提，发展是安全的保障，安全和发展要同步推进；网络安全和信息化是一体之两翼、驱动之双轮，必须统一谋划、统一部署、统一推进、统一实施。做好网络安全和信息化工作，要处理好安全和发展的关系，做到协调一致、齐头并进，以安全保发展、以发展促安全，努力建久安之势、成长治之业。[1]

《网络安全法》第 3 条明确规定，国家坚持网络安全与信息化并重；既要推进网络基础设施建设，鼓励网络技术创新和应用，又要建立健全网络安全保障体系，提高网络安全保护能力，

第三条　国家坚持网络安全与信息化发展并重，遵循积极利用、科学发展、依法

---

〔1〕《习近平：没有网络安全就没有国家安全》，载中华人民共和国国家互联网信息办公室网，https://www.cac.gov.cn/2018-12/27/c_1123907720.htm，最后访问日期：2025 年 1 月 7 日。

管理、确保安全的方针，推进网络基础设施建设和互联互通，鼓励网络技术创新和应用，支持培养网络安全人才，建立健全网络安全保障体系，提高网络安全保护能力。

3. 共同治理原则。《网络安全法》第 4 条明确提出了我国网络安全战略的主要内容。《网络安全法》第 7 条明确规定“国家积极开展网络空间治理……推动构建和平、安全、开放、合作的网络空间，建立多边、民主、透明的网络治理体系。”

这是我国第一次通过国家法律的形式向世界宣示网络空间治理目标。提高了我国网络治理公共政策的透明度，提升我国对网络空间的国际话语权和规则制定权，促成网络空间国际规则的出台。

《网络安全法》第 4 条、第 5 条、第 6 条、第 7 条明确规定，国家制定并不断完善网络安全战略；国家采取措施；国家倡导诚实守信；国家积极开展网络空间治理、网络技术研发和标准制定、打击网络违法犯罪等方面的国际交流与合作。

鼓励全社会共同参与，政府部门、网络建设者、网络运营者、网络服务提供者、网络行业相关组织、高校、社会公众等都应根据各自的角色参与网络安全治理工作。

第四条　国家制定并不断完善网络安全战略，明确保障网络安全的基本要求和主要目标，提出重点领域的网络安全政策、工作任务和措施。

第五条　国家采取措施，监测、防御、处置来源于中华人民共和国境内外的网络安全风险和威胁，保护关键信息基础设施免受攻击、侵入、干扰和破坏，依法惩治网络违法犯罪活动，维护网络空间安全和秩序。

第六条　国家倡导诚实守信、健康文明的网络行为，推动传播社会主义核心价值观，采取措施提高全社会的网络安全意识和水平，形成全社会共同参与促进网络安全的良好环境。

第七条　国家积极开展网络空间治理、网络技术研发和标准制定、打击网络违法犯罪等方面的国际交流与合作，推动构建和平、安全、开放、合作的网络空间，建立多边、民主、透明的网络治理体系。

（二）《网络安全法》的网络安全监管体制

《网络安全法》第 8 条将现行有效的网络安全监管体制法制化，完善了网络安全监管体制。明确了网信部门与其他相关网络监管部门的职责分工。

第八条　国家网信部门负责统筹协调网络安全工作和相关监督管理工作。国务院电信主管部门、公安部门和其他有关机关依照本法和有关法律、行政法规的规定，在各自职责范围内负责网络安全保护和监督管理工作。

县级以上地方人民政府有关部门的网络安全保护和监督管理职责，按照国家有关规定确定。

（三）《网络安全法》的网络运行安全

《网络安全法》第三章“网络运行安全”明确了规范网络运行安全的相关规定，特别强调要保障关键信息基础设施的运行安全。

1. 一般规定。2007 年，《信息安全等级保护管理办法》正式发布，标志着等级保护 1.0 的正式启动。等级保护 1.0 规定了等级保护需要完成的规定操作，即定级备案、建设整改、等级测评和监督检查，为了指导用户完成等级保护的规定操作，在 2008 年至2012年期间陆续发布了等级保护的一些主要标准，构成等级保护1.0的标准体系。

2017年，《网络安全法》正式实施，第21条明确规定“国家实行网络安全等级保护制度”。标志着等级保护2.0的正式启动。

上述要求为网络安全等级保护赋予了新的含义，重新调整和修订等级保护1.0标准体系，配合网络安全法的实施和落地，指导用户按照网络安全等级保护制度的新要求，履行网络安全保护义务。

第二十一条　国家实行网络安全等级保护制度。网络运营者应当按照网络安全等级保护制度的要求，履行下列安全保护义务，保障网络免受干扰、破坏或者未经授权的访问，防止网络数据泄露或者被窃取、篡改：

（一）制定内部安全管理制度和操作规程，确定网络安全负责人，落实网络安全保护责任；

（二）采取防范计算机病毒和网络攻击、网络侵入等危害网络安全行为的技术措施；

（三）采取监测、记录网络运行状态、网络安全事件的技术措施，并按照规定留存相关的网络日志不少于六个月；

（四）采取数据分类、重要数据备份和加密等措施；

（五）法律、行政法规规定的其他义务。

《网络安全法》第22条、第23条规定了网络产品、服务，网络关键设备和网络安全专用产品应当按照相关国家标准的强制性要求执行。

第二十二条　网络产品、服务应当符合相关国家标准的强制性要求。网络产品、服务的提供者不得设置恶意程序；发现其网络产品、服务存在安全缺陷、漏洞等风险时，应当立即采取补救措施，按照规定及时告知用户并向有关主管部门报告。

网络产品、服务的提供者应当为其产品、服务持续提供安全维护；在规定或者当事人约定的期限内，不得终止提供安全维护。

网络产品、服务具有收集用户信息功能的，其提供者应当向用户明示并取得同意；涉及用户个人信息的，还应当遵守本法和有关法律、行政法规关于个人信息保护的规定。

第二十三条　网络关键设备和网络安全专用产品应当按照相关国家标准的强制性要求，由具备资格的机构安全认证合格或者安全检测符合要求后，方可销售或者提供。国家网信部门会同国务院有关部门制定、公布网络关键设备和网络安全专用产品目录，并推动安全认证和安全检测结果互认，避免重复认证、检测。

《网络安全法》第24条规定，应当要求用户提供真实身份信息。规定用户实名认证，同时国家实施网络可信身份战略，研究开发认证技术、推动认证之间的互认。

第二十四条　网络运营者为用户办理网络接入、域名注册服务，办理固定电话、移动电话等入网手续，或者为用户提供信息发布、即时通讯等服务，在与用户签订协议或者确认提供服务时，应当要求用户提供真实身份信息。用户不提供真实身份信息的，网络运营者不得为其提供相关服务。

国家实施网络可信身份战略，支持研究开发安全、方便的电子身份认证技术，推动不同电子身份认证之间的互认。

《网络安全法》第 25 条规定了网络运营者应当制定网络安全事件应急预案。

第二十五条　网络运营者应当制定网络安全事件应急预案，及时处置系统漏洞、计算机病毒、网络攻击、网络侵入等安全风险；在发生危害网络安全的事件时，立即启动应急预案，采取相应的补救措施，并按照规定向有关主管部门报告。

《网络安全法》第 26 条规定了开展网络安全认证、检测、风险评估等活动并遵守国家有关规定。

第二十六条　开展网络安全认证、检测、风险评估等活动，向社会发布系统漏洞、计算机病毒、网络攻击、网络侵入等网络安全信息，应当遵守国家有关规定。

《网络安全法》第 27 条明确了危害网络安全的活动的相关规定。

第二十七条　任何个人和组织不得从事非法侵入他人网络、干扰他人网络正常功能、窃取网络数据等危害网络安全的活动；不得提供专门用于从事侵入网络、干扰网络正常功能及防护措施、窃取网络数据等危害网络安全活动的程序、工具；明知他人从事危害网络安全的活动的，不得为其提供技术支持、广告推广、支付结算等帮助。

《网络安全法》第 28 条、第 29 条规定了网络运营者的网络安全义务。

第二十八条　网络运营者应当为公安机关、国家安全机关依法维护国家安全和侦查犯罪的活动提供技术支持和协助。

第二十九条　国家支持网络运营者之间在网络安全信息收集、分析、通报和应急处置等方面进行合作，提高网络运营者的安全保障能力。

有关行业组织建立健全本行业的网络安全保护规范和协作机制，加强对网络安全风险的分析评估，定期向会员进行风险警示，支持、协助会员应对网络安全风险。

《网络安全法》第 30 条严格规定了网信部门和有关部门在履行网络安全保护职责中获取的信息的用途，

第三十条　网信部门和有关部门在履行网络安全保护职责中获取的信息，只能用于维护网络安全的需要，不得用于其他用途。

2. 关键信息基础设施的运行安全。关键信息基础设施，是指公共通信和信息服务、能源、交通、水利、金融、公共服务、电子政务、国防科技工业等重要行业和领域的，以及其他一旦遭到破坏、丧失功能或者数据泄露，可能严重危害国家安全、国计民生、公共利益的重要网络设施、信息系统等。[1]

关键信息基础设施是经济社会运行的神经中枢，是网络安全的重中之重。《网络安全法》强调在网络安全等级保护制度的基础上，对关键信息基础设施实行重点保护，明确关键信息基础设施的运营者的安全保护义务，建立了关键信息基础设施制度。

《网络安全法》第 31 条明确规定了重点的关键信息基础设施，在网络安全等级保护制度的基础上，实行重点保护。

第三十一条　国家对公共通信和信息服务、能源、交通、水利、金融、公共服务、电子政务等重要行业和领域，以及其他一旦遭到破坏、丧失功能或者数据泄露，可能

〔1〕《关键信息基础设施安全保护条例》第 2 条。

严重危害国家安全、国计民生、公共利益的关键信息基础设施，在网络安全等级保护制度的基础上，实行重点保护。关键信息基础设施的具体范围和安全保护办法由国务院制定。

国家鼓励关键信息基础设施以外的网络运营者自愿参与关键信息基础设施保护体系。

《网络安全法》第32条规定了负责关键信息基础设施安全保护工作的部门的工作要求。

第三十二条　按照国务院规定的职责分工，负责关键信息基础设施安全保护工作的部门分别编制并组织实施本行业、本领域的关键信息基础设施安全规划，指导和监督关键信息基础设施运行安全保护工作。

《网络安全法》第33条规定了建设关键信息基础设施的相关要求。

第三十三条　建设关键信息基础设施应当确保其具有支持业务稳定、持续运行的性能，并保证安全技术措施同步规划、同步建设、同步使用。

《网络安全法》第34条、第35条、第36条、第37条、第38条规定了关键信息基础设施的运营者的安全保护义务、承担社会责任等。

第三十四条　除本法第二十一条的规定外，关键信息基础设施的运营者还应当履行下列安全保护义务：

（一）设置专门安全管理机构和安全管理负责人，并对该负责人和关键岗位的人员进行安全背景审查；

（二）定期对从业人员进行网络安全教育、技术培训和技能考核；

（三）对重要系统和数据库进行容灾备份；

（四）制定网络安全事件应急预案，并定期进行演练；

（五）法律、行政法规规定的其他义务。

第三十五条　关键信息基础设施的运营者采购网络产品和服务，可能影响国家安全的，应当通过国家网信部门会同国务院有关部门组织的国家安全审查。

第三十六条　关键信息基础设施的运营者采购网络产品和服务，应当按照规定与提供者签订安全保密协议，明确安全和保密义务与责任。

第三十七条　关键信息基础设施的运营者在中华人民共和国境内运营中收集和产生的个人信息和重要数据应当在境内存储。因业务需要，确需向境外提供的，应当按照国家网信部门会同国务院有关部门制定的办法进行安全评估；法律、行政法规另有规定的，依照其规定。

第三十八条　关键信息基础设施的运营者应当自行或者委托网络安全服务机构对其网络的安全性和可能存在的风险每年至少进行一次检测评估，并将检测评估情况和改进措施报送相关负责关键信息基础设施安全保护工作的部门。

《网络安全法》第39条规定了国家网信部门应当统筹协调有关部门对关键信息基础设施的安全保护措施。

第三十九条　国家网信部门应当统筹协调有关部门对关键信息基础设施的安全保护采取下列措施：

（一）对关键信息基础设施的安全风险进行抽查检测，提出改进措施，必要时可以委托网络安全服务机构对网络存在的安全风险进行检测评估；

（二）定期组织关键信息基础设施的运营者进行网络安全应急演练，提高应对网络安全事件的水平和协同配合能力；

（三）促进有关部门、关键信息基础设施的运营者以及有关研究机构、网络安全服务机构等之间的网络安全信息共享；

（四）对网络安全事件的应急处置与网络功能的恢复等，提供技术支持和协助。

（四）《网络安全法》的网络信息安全

《网络安全法》第 40 条、第 41 条、第 42 条、第 43 条要求网络运营者要建立健全用户信息保护制度，并承担相关责任。

第四十条　网络运营者应当对其收集的用户信息严格保密，并建立健全用户信息保护制度。

第四十一条　网络运营者收集、使用个人信息，应当遵循合法、正当、必要的原则，公开收集、使用规则，明示收集、使用信息的目的、方式和范围，并经被收集者同意。

网络运营者不得收集与其提供的服务无关的个人信息，不得违反法律、行政法规的规定和双方的约定收集、使用个人信息，并应当依照法律、行政法规的规定和与用户的约定，处理其保存的个人信息。

第四十二条　网络运营者不得泄露、篡改、毁损其收集的个人信息；未经被收集者同意，不得向他人提供个人信息。但是，经过处理无法识别特定个人且不能复原的除外。

网络运营者应当采取技术措施和其他必要措施，确保其收集的个人信息安全，防止信息泄露、毁损、丢失。在发生或者可能发生个人信息泄露、毁损、丢失的情况时，应当立即采取补救措施，按照规定及时告知用户并向有关主管部门报告。

第四十三条　个人发现网络运营者违反法律、行政法规的规定或者双方的约定收集、使用其个人信息的，有权要求网络运营者删除其个人信息；发现网络运营者收集、存储的其个人信息有错误的，有权要求网络运营者予以更正。网络运营者应当采取措施予以删除或者更正。

《网络安全法》第 44 条、第 45 条、第 46 条明确了个人信息保护的相关要求。

第四十四条　任何个人和组织不得窃取或者以其他非法方式获取个人信息，不得非法出售或者非法向他人提供个人信息。

第四十五条　依法负有网络安全监督管理职责的部门及其工作人员，必须对在履行职责中知悉的个人信息、隐私和商业秘密严格保密，不得泄露、出售或者非法向他人提供。

第四十六条　任何个人和组织应当对其使用网络的行为负责，不得设立用于实施诈骗，传授犯罪方法，制作或者销售违禁物品、管制物品等违法犯罪活动的网站、通讯群组，不得利用网络发布涉及实施诈骗，制作或者销售违禁物品、管制物品以及其他违法犯罪活动的信息。

《网络安全法》第 47 条、第 48 条强调网络信息发布规则。

第四十七条　网络运营者应当加强对其用户发布的信息的管理，发现法律、行政法规禁止发布或者传输的信息的，应当立即停止传输该信息，采取消除等处置措施，防止信息扩散，保存有关记录，并向有关主管部门报告。

第四十八条　任何个人和组织发送的电子信息、提供的应用软件，不得设置恶意程序，不得含有法律、行政法规禁止发布或者传输的信息。

电子信息发送服务提供者和应用软件下载服务提供者，应当履行安全管理义务，知道其用户有前款规定行为的，应当停止提供服务，采取消除等处置措施，保存有关记录，并向有关主管部门报告。

《网络安全法》第 49 条规定网络运营者接受监督义务，承担社会责任，

第四十九条　网络运营者应当建立网络信息安全投诉、举报制度，公布投诉、举报方式等信息，及时受理并处理有关网络信息安全的投诉和举报。

网络运营者对网信部门和有关部门依法实施的监督检查，应当予以配合。

《网络安全法》第 50 条规定了国家网信部门和有关部门依法履行网络信息安全监督管理职责。

第五十条　国家网信部门和有关部门依法履行网络信息安全监督管理职责，发现法律、行政法规禁止发布或者传输的信息的，应当要求网络运营者停止传输，采取消除等处置措施，保存有关记录；对来源于中华人民共和国境外的上述信息，应当通知有关机构采取技术措施和其他必要措施阻断传播。

（五）《网络安全法》的监测预警与应急处置

《网络安全法》第五章“监测预警与应急处置”将监测预警与应急处置措施制度化、法制化。明确国家建立网络安全监测预警和信息通报制度，建立网络安全风险评估和应急工作机制，制定网络安全事件应急预案并定期演练。

《网络安全法》第 51 条、第 52 条明确国家建立网络安全监测预警和信息通报制度，并按照规定统一发布、报送网络安全监测预警信息。

第五十一条　国家建立网络安全监测预警和信息通报制度。国家网信部门应当统筹协调有关部门加强网络安全信息收集、分析和通报工作，按照规定统一发布网络安全监测预警信息。

第五十二条　负责关键信息基础设施安全保护工作的部门，应当建立健全本行业、本领域的网络安全监测预警和信息通报制度，并按照规定报送网络安全监测预警信息。

《网络安全法》第 53 条规定了，建立网络安全风险评估和应急工作机制，制定网络安全事件应急预案并定期演练。

第五十三条　国家网信部门协调有关部门建立健全网络安全风险评估和应急工作机制，制定网络安全事件应急预案，并定期组织演练。

负责关键信息基础设施安全保护工作的部门应当制定本行业、本领域的网络安全事件应急预案，并定期组织演练。

网络安全事件应急预案应当按照事件发生后的危害程度、影响范围等因素对网络安全事件进行分级，并规定相应的应急处置措施。

《网络安全法》第54条、第55条、第56条、第57条、第58条规定了，网络安全风险信息分析、评估、预警，以及采取的处置措施。

第五十四条　网络安全事件发生的风险增大时，省级以上人民政府有关部门应当按照规定的权限和程序，并根据网络安全风险的特点和可能造成的危害，采取下列措施：

（一）要求有关部门、机构和人员及时收集、报告有关信息，加强对网络安全风险的监测；

（二）组织有关部门、机构和专业人员，对网络安全风险信息进行分析评估，预测事件发生的可能性、影响范围和危害程度；

（三）向社会发布网络安全风险预警，发布避免、减轻危害的措施。

第五十五条　发生网络安全事件，应当立即启动网络安全事件应急预案，对网络安全事件进行调查和评估，要求网络运营者采取技术措施和其他必要措施，消除安全隐患，防止危害扩大，并及时向社会发布与公众有关的警示信息。

第五十六条　省级以上人民政府有关部门在履行网络安全监督管理职责中，发现网络存在较大安全风险或者发生安全事件的，可以按照规定的权限和程序对该网络的运营者的法定代表人或者主要负责人进行约谈。网络运营者应当按照要求采取措施，进行整改，消除隐患。

第五十七条　因网络安全事件，发生突发事件或者生产安全事故的，应当依照《中华人民共和国突发事件应对法》、《中华人民共和国安全生产法》等有关法律、行政法规的规定处置。

第五十八条　因维护国家安全和社会公共秩序，处置重大突发社会安全事件的需要，经国务院决定或者批准，可以在特定区域对网络通信采取限制等临时措施。

三、《中华人民共和国网络安全法》的法律责任

《网络安全法》第六章“法律责任”将原来散见于各种法规、规章中的规定上升到法律层面，在法律责任中则提高了违法行为的处罚标准，加大了处罚力度。

（一）网络运营者未履行应尽的网络安全保护义务

网络运营者作为网络服务及产品的提供方，在网络运行中处于中心地位，其守法与否直接关系着网络本身的安全状况。

根据《网络安全法》规定，网络运营者不遵守《网络安全法》对于网络运行安全的一般规定，未履行网络安全一般保障义务；或者未制定合理的网络安全事件应急预案、及时对漏洞以及恶意攻击作出反应，或者在网络安全事件发生后未采取及时补救处理措施的，均属于网络运营者未履行应尽的网络安全保护义务，由有关主管部门进行警告。若该不履行义务的行为导致了损害结果的产生，对网络运营者及直接负责人需要分别处以金额不等的罚款。

（二）关于法律责任的相关规定

第五十九条　网络运营者不履行本法第二十一条、第二十五条规定的网络安全保护义务的，由有关主管部门责令改正，给予警告；拒不改正或者导致危害网络安全等后果的，处一万元以上十万元以下罚款，对直接负责的主管人员处五千元以上五万元以下罚款。

关键信息基础设施的运营者不履行本法第三十三条、第三十四条、第三十六条、第三十八条规定的网络安全保护义务的，由有关主管部门责令改正，给予警告；拒不改正或者导致危害网络安全等后果的，处十万元以上一百万元以下罚款，对直接负责的主管人员处一万元以上十万元以下罚款。

第六十条　违反本法第二十二条第一款、第二款和第四十八条第一款规定，有下列行为之一的，由有关主管部门责令改正，给予警告；拒不改正或者导致危害网络安全等后果的，处五万元以上五十万元以下罚款，对直接负责的主管人员处一万元以上十万元以下罚款：

（一）设置恶意程序的；

（二）对其产品、服务存在的安全缺陷、漏洞等风险未立即采取补救措施，或者未按照规定及时告知用户并向有关主管部门报告的；

（三）擅自终止为其产品、服务提供安全维护的。

第六十一条　网络运营者违反本法第二十四条第一款规定，未要求用户提供真实身份信息，或者对不提供真实身份信息的用户提供相关服务的，由有关主管部门责令改正；拒不改正或者情节严重的，处五万元以上五十万元以下罚款，并可以由有关主管部门责令暂停相关业务、停业整顿、关闭网站、吊销相关业务许可证或者吊销营业执照，对直接负责的主管人员和其他直接责任人员处一万元以上十万元以下罚款。

第六十二条　违反本法第二十六条规定，开展网络安全认证、检测、风险评估等活动，或者向社会发布系统漏洞、计算机病毒、网络攻击、网络侵入等网络安全信息的，由有关主管部门责令改正，给予警告；拒不改正或者情节严重的，处一万元以上十万元以下罚款，并可以由有关主管部门责令暂停相关业务、停业整顿、关闭网站、吊销相关业务许可证或者吊销营业执照，对直接负责的主管人员和其他直接责任人员处五千元以上五万元以下罚款。

第六十三条　违反本法第二十七条规定，从事危害网络安全的活动，或者提供专门用于从事危害网络安全活动的程序、工具，或者为他人从事危害网络安全的活动提供技术支持、广告推广、支付结算等帮助，尚不构成犯罪的，由公安机关没收违法所得，处五日以下拘留，可以并处五万元以上五十万元以下罚款；情节较重的，处五日以上十五日以下拘留，可以并处十万元以上一百万元以下罚款。

单位有前款行为的，由公安机关没收违法所得，处十万元以上一百万元以下罚款，并对直接负责的主管人员和其他直接责任人员依照前款规定处罚。

违反本法第二十七条规定，受到治安管理处罚的人员，五年内不得从事网络安全管理和网络运营关键岗位的工作；受到刑事处罚的人员，终身不得从事网络安全管理和网络运营关键岗位的工作。

（三）关于依法承担民事责任、依法追究刑事责任的法律责任规定

行为人违反网络安全法的，对其进行教育、责令改正以及罚款处罚。但是，给他人造成损害的，依法承担民事责任。情节严重的，需要承担刑事责任。

第七十四条　违反本法规定，给他人造成损害的，依法承担民事责任。

违反本法规定，构成违反治安管理行为的，依法给予治安管理处罚；构成犯罪的，依法追究刑事责任。

第七十五条　境外的机构、组织、个人从事攻击、侵入、干扰、破坏等危害中华人民共和国的关键信息基础设施的活动，造成严重后果的，依法追究法律责任；国务院公安部门和有关部门并可以决定对该机构、组织、个人采取冻结财产或者其他必要的制裁措施。

四、《中华人民共和国网络安全法》案例分析之豆某网

（一）基本案情

2021 年 12 月 1 日，国家互联网信息办公室负责人依法约谈豆某网主要负责人、总编辑，针对近期豆某网及其账号屡次出现法律、法规禁止发布或者传输的信息，情节严重，依据《网络安全法》等法律法规，责令其立即整改，严肃处理相关责任人。

（二）案情分析及处理过程

北京市互联网信息办公室即对豆某网运营主体北京豆网科技有限公司依法予以共计 150 万元罚款的行政处罚。2021 年 1 月至 11 月，国家互联网信息办公室指导北京市互联网信息办公室，对豆某网实施 20 次处置处罚，多次予以顶格 50 万元罚款，累计罚款 900 万元。

（三）典型意义

国家互联网信息办公室负责人强调，网站平台应当切实履行主体责任，健全信息发布审核、公共信息巡查、应急处置等信息安全管理制度，加强对其用户发布信息的管理，不得为违法违规信息提供传播平台。国家互联网信息办公室将坚持依法管网治网，进一步强化监督管理执法，压实网站平台依法办网的主体责任，保障人民群众合法权益，维护网络空间天朗气清。

五、《中华人民共和国网络安全法》案例分析之新某某博

（一）基本案情

国家网信办依法约谈处罚新某某博。近日，国家互联网信息办公室负责人约谈新某某博主要负责人、总编辑，针对近期新某某博及其账号屡次出现法律、法规禁止发布或者传输的信息，情节严重，依据《网络安全法》《中华人民共和国未成年人保护法》等法律法规，责令其立即整改，严肃处理相关责任人。

（二）案情分析及处理过程

北京市互联网信息办公室对新某某博运营主体北京微梦创科网络技术有限公司依法予以共计 300 万元罚款的行政处罚。2021 年 1 月至 11 月，国家互联网信息办公室指导北京市互联网信息办公室，对新某某博实施 44 次处置处罚，多次予以顶格 50 万元罚款，累计罚款 1430 万元。

（三）典型意义

国家互联网信息办公室有关业务局负责人强调，网站平台应当切实履行主体责任，健全管理制度，明确内部审核处置流程，既不得为违法违规信息提供传播平台，又不得随意干预信息正常呈现、干扰网上传播秩序。国家互联网信息办公室将进一步强化日常监管，督促相关网站平台加强内部管理和自律，依法依规开展服务。

六、《中华人民共和国网络安全法》案例分析之某网

（一）基本案情

违法处理个人信息行为。国家互联网信息办公室对某网依法作出网络安全审查相关行政处罚。根据网络安全审查结论及发现的问题和移送的线索，国家互联网信息办公室依法对某网涉嫌违法处理个人信息行为进行立案调查。经查实，某网主要运营主体为同方某网（北京）技术有限公司、同方某网数字出版技术股份有限公司、《中国学术期刊（光盘版）》电子杂志社有限公司三家公司，其运营的手机某网、某网阅读等14款App存在违反必要原则收集个人信息、未经同意收集个人信息、未公开或未明示收集使用规则、未提供账号注销功能、在用户注销账号后未及时删除用户个人信息等违法行为。

（二）案情分析及处理过程

2023年9月1日，国家互联网信息办公室依据《网络安全法》《中华人民共和国个人信息保护法》《中华人民共和国行政处罚法》等法律法规，综合考虑某网违法处理个人信息行为的性质、后果、持续时间，特别是网络安全审查情况等因素，对某网依法作出网络安全审查相关行政处罚的决定，责令停止违法处理个人信息行为，并处人民币5000万元罚款。

（三）典型意义

国家互联网信息办公室将继续坚持统筹发展和安全，坚持依法管网，强化网络安全、数据安全和个人信息保护等领域执法，为企业营造健康规范有序的发展环境，切实维护国家网络安全、数据安全和公民合法权益。

七、《中华人民共和国网络安全法》案例分析之“某克”“网某CC”

（一）基本案情

2023年10月30日，针对“某克”平台和“网某CC”直播平台破坏网络生态问题，国家网信办指导广东省网信办依法约谈相关平台负责人，对“某克”平台实施50万元罚款处罚，责令“网某CC”直播平台暂停“舞蹈”版块信息更新7日，同时责令2家平台立即全面深入整改，严肃处理相关责任人。

（二）案情分析及处理过程

经查，“某克”平台未遵守相关管理要求，搜索结果呈现大量淫秽色情信息，并向用户推荐色情低俗关键词，违反《网络安全法》《网络信息内容生态治理规定》《互联网信息搜索服务管理规定》等有关规定，在平台信息内容安全审核管理方面存在严重漏洞，破坏网络生态，情节特别严重。

“网某CC”直播平台多个账号主播在直播过程中存在言行低俗、打色情擦边球等问题。“网某CC”直播平台未对上述低俗直播进行有效整治，并在首屏“娱乐”频道“舞蹈”版块等重点环节呈现，反映其在网络信息内容安全管理责任上存在严重缺失，违反《网络安全法》《网络信息内容生态治理规定》等有关规定，破坏网络生态，性质恶劣，情节严重。

（三）典型意义

网信部门将持续聚焦破坏网络生态违法违规突出问题，进一步加强网络执法工作，

督促网站平台切实履行主体责任和社会责任，健全管理制度，依法依规提供服务，不得为违法违规信息提供传播渠道，切实维护清朗网络空间。

思考练习

【本节导入案例分析】

1. 本案中网络运营者有何违法行为？

网络运营者在提供互联网数据中心服务时，未依法留存用户登录相关网络日志的违法行为。

2. 该违法行为应当承担哪些法律责任？

根据《网络安全法》相关规定，决定给予该公司警告处罚，并责令限期15日内进行整改。该公司收到《行政处罚通知书》后，立即编制了《整改方案》并着手实施整改，待整改完成后，公安机关将对其整改情况进行验收。

【典型意义】

网络日志留存是公安机关依法追查网络违法犯罪的重要基础和保证，能够准确、及时查询到不法分子的互联网日志，可为下一步循线追踪，查获不法分子打下坚实基础。正因如此，《网络安全法》严格规范了网络运营者记录并留存网络日志的法定义务。

公安机关在办案过程中发现，大量互联网信息安全隐患，以及基于此的违法犯罪行为，都因访问日志留存规范不健全，致使犯罪分子乘虚而入，最终对用户合法权益造成危害。违法犯罪行为还会利用日志留存漏洞，逃脱公安机关的追缉，导致网络违法犯罪案件嫌疑人逃脱法律制裁，给公民和企业合法权益带来损害。

与此同时，遵守“日志留存”的相关规定，对网站运营者本身也有极其重要的安全防护作用。网站运营者通过“日志留存”，不仅能够留存历史数据，更为未来可能发生的安全威胁消除了隐患。

下一步，警方将依据《网络安全法》等法律法规规定，加大网络安全监管力度，组织开展全重庆市网络安全专项执法检查，对未落实网络安全等级保护制度、网络实名认证、侵害公民个人信息等违法行为，以及从事危害网络安全的活动，或为他人从事危害网络安全的活动提供技术支持、广告推广、支付结算等帮助的违法行为严格依法查处，构成犯罪的将追究刑事责任。

拓展学习

拓展学习

案例分析

一、《中华人民共和国网络安全法》创业守法案例分析之滴某公司

（一）基本案情

根据网络安全审查结论及发现的问题和线索，国家互联网信息办公室依法对滴某全球股份有限公司涉嫌违法行为进行立案调查。经查实，滴某全球股份有限公司违反《网络安全法》《中华人民共和国数据安全法》《中华人民共和国个人信息保护法》的违法违规行为事实清楚、证据确凿、情节严重、性质恶劣。

2022 年 7 月 21 日，国家互联网信息办公室依据《网络安全法》《中华人民共和国数据安全法》《中华人民共和国个人信息保护法》《中华人民共和国行政处罚法》等法律法规，对滴某全球股份有限公司处人民币 80.26 亿元罚款，对滴某全球股份有限公司董事长兼 CEO 程维、总裁柳青各处人民币 100 万元罚款。

（二）案情分析及处理过程

1. 案件的背景和调查经过。2021 年 7 月，为防范国家数据安全风险，维护国家安全，保障公共利益，依据《中华人民共和国国家安全法》《网络安全法》，网络安全审查办公室按照《网络安全审查办法》对滴某公司实施网络安全审查。

根据网络安全审查结论及发现的问题和线索，国家互联网信息办公室依法对滴某公司涉嫌违法行为进行立案调查。期间，国家互联网信息办公室进行了调查询问、技术取证，责令滴某公司提交了相关证据材料，对本案证据材料深入核查分析，并充分听取滴某公司意见，保障滴某公司合法权利。经查实，滴某公司违反《网络安全法》《中华人民共和国数据安全法》《中华人民共和国个人信息保护法》的违法违规行为事实清楚、证据确凿、情节严重、性质恶劣，应当从严从重予以处罚。

2. 滴某公司存在的违法违规行为。经查明，滴某公司共存在 16 项违法事实，归纳起来主要是 8 个方面。一是违法收集用户手机相册中的截图信息 1196.39 万条；二是过度收集用户剪切板信息、应用列表信息 83.23 亿条；三是过度收集乘客人脸识别信息 1.07 亿条、年龄段信息 5350.92 万条、职业信息 1633.56 万条、亲情关系信息 138.29 万条、“家”和“公司”打车地址信息 1.53 亿条；四是过度收集乘客评价代驾服务时、App 后台运行时、手机连接桔视记录仪设备时的精准位置（经纬度）信息 1.67 亿条；五是过度收集司机学历信息 14.29 万条，以明文形式存储司机身份证号信息 5780.26 万条；六是在未明确告知乘客情况下分析乘客出行意图信息 539.76 亿条、常驻城市信息 15.38 亿条、异地商务/异地旅游信息 3.04 亿条；七是在乘客使用顺风车服务时频繁索取无关的“电话权限”；八是未准确、清晰说明用户设备信息等 19 项个人信息处理目的。

此前，网络安全审查还发现，滴某公司存在严重影响国家安全的数据处理活动，以及拒不履行监管部门的明确要求，阳奉阴违、恶意逃避监管等其他违法违规问题。滴某公司违法违规运营给国家关键信息基础设施安全和数据安全带来严重安全风险隐患。因涉及国家安全，依法不公开。

3. 本案的违法主体认定。滴某公司成立于 2013 年 1 月，相关境内业务线主要包括

网约车、顺风车、两轮车、造车等，相关产品包括滴某出行 App、滴某车主 App、滴某顺风车 App、滴某企业版 App 等 41 款 App。

滴某公司对境内各业务线重大事项具有最高决策权，制定的企业内部制度规范对境内各业务线全部适用，且对落实情况负监督管理责任。该公司通过滴某信息与数据安全委员会及其下设的个人信息保护委员会、数据安全委员会，参与网约车、顺风车等业务线相关行为的决策指导、监督管理，各业务线违法行为是在该公司统一决策和部署下的具体落实。据此，本案违法行为主体认定为滴某公司。滴某公司董事长兼 CEO 程某、总裁柳某，对违法行为负主管责任。

4. 对滴某公司作出网络安全审查相关行政处罚的决定的主要依据。此次对滴某公司的网络安全审查相关行政处罚，与一般的行政处罚不同，具有特殊性。滴某公司违法违规行为情节严重，结合网络安全审查情况，应当予以从严从重处罚。一是从违法行为的性质看，滴某公司未按照相关法律法规规定和监管部门要求，履行网络安全、数据安全、个人信息保护义务，置国家网络安全、数据安全于不顾，给国家网络安全、数据安全带来严重的风险隐患，且在监管部门责令改正情况下，仍未进行全面深入整改，性质极为恶劣。二是从违法行为的持续时间看，滴某公司相关违法行为最早开始于 2015 年 6 月，持续时间长达 7 年，持续违反 2017 年 6 月实施的《网络安全法》、2021 年 9 月实施的《中华人民共和国数据安全法》和 2021 年 11 月实施的《中华人民共和国个人信息保护法》。三是从违法行为的危害看，滴某公司通过违法手段收集用户剪切板信息、相册中的截图信息、亲情关系信息等个人信息，严重侵犯用户隐私，严重侵害用户个人信息权益。四是从违法处理个人信息的数量看，滴某公司违法处理个人信息达 647.09 亿条，数量巨大，其中包括人脸识别信息、精准位置信息、身份证号等多类敏感个人信息。五是从违法处理个人信息的情形看，滴某公司违法行为涉及多个 App，涵盖过度收集个人信息、强制收集敏感个人信息、App 频繁索权、未尽个人信息处理告知义务、未尽网络安全数据安全保护义务等多种情形。

综合考虑滴某公司违法行为的性质、持续时间、危害及情形，对滴某公司作出网络安全审查相关行政处罚的决定的主要依据是《网络安全法》《中华人民共和国数据安全法》《中华人民共和国个人信息保护法》《中华人民共和国行政处罚法》等有关规定。

(三) 创业守法的典型意义

近年来，国家不断加强对网络安全、数据安全、个人信息的保护力度，先后颁布了《网络安全法》《中华人民共和国数据安全法》《中华人民共和国个人信息保护法》《关键信息基础设施安全保护条例》《网络安全审查办法》《数据出境安全评估办法》等法律法规。网信部门将依法加大网络安全、数据安全、个人信息保护等领域执法力度，通过执法约谈、责令改正、警告、通报批评、罚款、责令暂停相关业务、停业整顿、关闭网站、下架、处理责任人等处置处罚措施，依法打击危害国家网络安全、数据安全、侵害公民个人信息等违法行为，切实维护国家网络安全、数据安全和社会公共利益，有力保障广大人民群众合法权益。同时，加大典型案例曝光力度，形成强大声势和有力震慑，做到查处一案、警示一片，教育引导互联网企业依法合规运营，促进企业健康规范有序发展。

学习单元二　《中华人民共和国数据安全法》

导入案例

【导入案例】

邵东市网信办和市公安局网络安全保卫大队民警对辖区单位开展网络安全和数据安全检查时，发现辖区内两家单位疑似存在数据泄露风险，开具两张罚单。

经查，两家单位没有制定数据安全管理制度和操作规程，没有对单位用户开展正规的数据安全教育培训，没有采取任何防篡改、防泄露、防侵入等技术措施，用户个人信息数据存在泄露风险。

问题：

(1) 本案中两家单位有何违法行为？

(2) 该违法行为应当承担哪些法律责任？

提示：请带着问题学习此节，具体分析见本节末。

学习目的

1. 了解《中华人民共和国数据安全法》的概念、法律条文以及法律责任。
2. 掌握《中华人民共和国数据安全法》案例分析方法。

知识要点

一、《中华人民共和国数据安全法》概述

《中华人民共和国数据安全法》（简称《数据安全法》）由中华人民共和国第十三届全国人民代表大会常务委员会第二十九次会议于2021年6月10日通过，自2021年9月1日起施行。至此，《数据安全法》与《网络安全法》《中华人民共和国个人信息保护法》一同构筑起我国信息及数据安全领域的法律框架。

《数据安全法》与《网络安全法》不同，《数据安全法》更强调数据本身的安全。而较之《中华人民共和国个人信息保护法》，《数据安全法》主要关注数据宏观层面（而非个人层面）的安全。《数据安全法》是我国关于数据安全的首部法律，标志我国在数据安全领域有法可依，为各行业数据安全提供监管依据。

《数据安全法》的出台是对国内数字经济迅速发展，以及各种数据相关的问题亟待解决的一种回应。随着数字经济的发展，数据迅速地从信息处理过程中的副产品蜕变成了一种关键的生产要素。但与此同时，很多与数据相关的问题也随之产生。数据产权、数据定价、数据滥用、数据垄断、数据跨境等，每一个问题都很重要、都需要解决，但这些问题中的任何一个又都是不那么容易解决的。而随着《数据安全法》和《中华人民共和国个人信息保护法》的实施，企业依靠违法违规收集、滥用用户数据来实现高速发展的时代结束了，甚至拿用户个人信息换取免费服务的互联网基础生态都可能彻底变革。

从更高的视角来看，《数据安全法》的出台则带有更为深刻的大国博弈性质。在数字经济时代，对数据资源进行控制，已经成了大国博弈的一个重要手段。为了争夺数据主权，各国都在立法层面下足了功夫。比如，在 2018 年 3 月，时任美国总统特朗普签署了《澄清境外数据合法使用法案》，也就是所谓的《云法案》。根据这项法案，如果美国政府索取，任何受美国管辖的公司（包括在美国经营或者在美国为客户提供服务的公司）都需应要求将数据转交给美国政府。即使这些数据存储在海外，也同样受到该法案的约束。由于美国的公司遍布全球各地，因此这一法案事实上就把美国的数据霸权延伸到了全世界。《数据安全法》共有七章 55 条，聚焦数据安全领域的突出问题，确立了数据分类分级管理，建立了数据安全风险评估、监测预警、应急处置，数据安全审查等基本制度，并明确了相关主体的数据安全保护义务，这是我国首部数据安全领域的基础性立法。

随着《数据安全法》的正式出台，我国网络法律法规体系实现进一步完善，为后续立法、执法、司法相关实践提供了重要法律依据，为数字经济的安全健康发展提供了有力支撑。

（一）《数据安全法》的宗旨

《数据安全法》作为我国首部数据安全领域的基础性立法，以总体国家安全观为立法目标，聚焦数据安全领域的突出问题，确立了数据分类分级管理，建立了数据安全风险评估、监测预警、应急处置，数据安全审查等基本制度，并明确了相关主体的数据安全保护义务。

全国公安机关将依法严厉打击整治涉数据安全领域违法犯罪活动和各类乱象，坚决筑牢数据安全保护屏障。

《数据安全法》第 1 条明确了其立法目标，即“保障数据安全，促进数据开发利用，保护个人、组织的合法权益，维护国家主权、安全和发展利益”，其立法宗旨包括了“维护国家主权安全、安全和发展利益”。

第一条　为了规范数据处理活动，保障数据安全，促进数据开发利用，保护个人、组织的合法权益，维护国家主权、安全和发展利益，制定本法。

《数据安全法》第 4 条明确规定，坚持总体国家安全发展观的为出发点，以数据治理中最为重要的安全问题作为切入点，抓住了数据安全的主要矛盾和平衡点，是我国数据安全领域的一部重要基础性法律。

第四条　维护数据安全，应当坚持总体国家安全观，建立健全数据安全治理体系，提高数据安全保障能力。

（二）《数据安全法》的适用范围

《数据安全法》第 2 条第 1 款规定了，“在中华人民共和国境内开展数据处理活动及其安全监管，适用本法”。

《数据安全法》第 2 条第 2 款明确规定了境外开展数据处理活动及其法律责任。该款中的“境外开展数据处理数据活动”的主体既包括位于中国境外的数据处理者，也包括位于中国境内的数据处理者，但其数据处理行为在境外，这两类数据处理者的行为只要损害了我国国家安全、公共利益以及公民和组织的合法数据权益，均由我国法律管辖，并追究法律责任。

第二条 在中华人民共和国境内开展数据处理活动及其安全监管，适用本法。

在中华人民共和国境外开展数据处理活动，损害中华人民共和国国家安全、公共利益或者公民、组织合法权益的，依法追究法律责任。

《数据安全法》第53条、第54条规定了涉及国家秘密的数据处理活动、军事数据安全保护的适用范围。

第五十三条 开展涉及国家秘密的数据处理活动，适用《中华人民共和国保守国家秘密法》等法律、行政法规的规定。

在统计、档案工作中开展数据处理活动，开展涉及个人信息的数据处理活动，还应当遵守有关法律、行政法规的规定。

第五十四条 军事数据安全保护的办法，由中央军事委员会依据本法另行制定。

(三)《数据安全法》的相关术语及含义

《数据安全法》第3条明确了数据定义、数据处理以及数据安全。其中数据的定义是“任何以电子或者其他方式对信息的记录”。

数据处理，包括“数据的收集、存储、使用、加工、传输、提供、公开等”。

数据安全，是指“通过采取必要措施，确保数据处于有效保护和合法利用的状态，以及具备保障持续安全状态的能力”。

第三条 本法所称数据，是指任何以电子或者其他方式对信息的记录。

数据处理，包括数据的收集、存储、使用、加工、传输、提供、公开等。

数据安全，是指通过采取必要措施，确保数据处于有效保护和合法利用的状态，以及具备保障持续安全状态的能力。

(四)《数据安全法》的数据监督机制

《数据安全法》第5条明确规定，中央国家安全领导机构负责决策并建立协调机制，

《数据安全法》第6条明确规定，各地区，各部门，行业主管，公安机关和国家安全机关在各自范围负责安全监管，国家网信部门负责统筹协调。

第五条 中央国家安全领导机构负责国家数据安全工作的决策和议事协调，研究制定、指导实施国家数据安全战略和有关重大方针政策，统筹协调国家数据安全的重大事项和重要工作，建立国家数据安全工作协调机制。

第六条 各地区、各部门对本地区、本部门工作中收集和产生的数据及数据安全负责。

工业、电信、交通、金融、自然资源、卫生健康、教育、科技等主管部门承担本行业、本领域数据安全监管职责。

公安机关、国家安全机关等依照本法和有关法律、行政法规的规定，在各自职责范围内承担数据安全监管职责。

国家网信部门依照本法和有关法律、行政法规的规定，负责统筹协调网络数据安全和相关监管工作。

二、《中华人民共和国数据安全法》的主要内容

（一）《数据安全法》的总体要求

《数据安全法》第7条明确提出“国家保护个人、组织与数据有关的权益”“促进以数据为关键要素的数字经济发展”的原则。在个人和组织与数据有关的权益得到充分保护的基础上，依法推动数据合理有效利用和依法有序自由流动。

第七条　国家保护个人、组织与数据有关的权益，鼓励数据依法合理有效利用，保障数据依法有序自由流动，促进以数据为关键要素的数字经济发展。

《数据安全法》第8条至第12条明确了开展数据处理活动，应当遵纪守法、履行义务、承担责任、保障合法权益等总体要求。

第八条　开展数据处理活动，应当遵守法律、法规，尊重社会公德和伦理，遵守商业道德和职业道德，诚实守信，履行数据安全保护义务，承担社会责任，不得危害国家安全、公共利益，不得损害个人、组织的合法权益。

第九条　国家支持开展数据安全知识宣传普及，提高全社会的数据安全保护意识和水平，推动有关部门、行业组织、科研机构、企业、个人等共同参与数据安全保护工作，形成全社会共同维护数据安全和促进发展的良好环境。

第十条　相关行业组织按照章程，依法制定数据安全行为规范和团体标准，加强行业自律，指导会员加强数据安全保护，提高数据安全保护水平，促进行业健康发展。

第十一条　国家积极开展数据安全治理、数据开发利用等领域的国际交流与合作，参与数据安全相关国际规则和标准的制定，促进数据跨境安全、自由流动。

第十二条　任何个人、组织都有权对违反本法规定的行为向有关主管部门投诉、举报。收到投诉、举报的部门应当及时依法处理。

有关主管部门应当对投诉、举报人的相关信息予以保密，保护投诉、举报人的合法权益。

（二）《数据安全法》的数据安全与发展

《数据安全法》第二章“数据安全与发展”（第13条至第20条），明确了数据安全与发展的相关规定。

《数据安全法》第14条明确了“国家实施大数据战略，推进数据基础设施建设”，同时“鼓励和支持数据在各行业、各领域的创新应用”。

《数据安全法》第19条提出了“国家建立健全数据交易管理制度，规范数据交易行为，培育数据交易市场”。该条规定在数据确权，数据估值，数据贸易的数字经济立法趋势上更加完善。

第十三条　国家统筹发展和安全，坚持以数据开发利用和产业发展促进数据安全，以数据安全保障数据开发利用和产业发展。

第十四条　国家实施大数据战略，推进数据基础设施建设，鼓励和支持数据在各行业、各领域的创新应用。

省级以上人民政府应当将数字经济发展纳入本级国民经济和社会发展规划，并根据需要制定数字经济发展规划。

第十五条　国家支持开发利用数据提升公共服务的智能化水平。提供智能化公共

服务，应当充分考虑老年人、残疾人的需求，避免对老年人、残疾人的日常生活造成障碍。

第十六条　国家支持数据开发利用和数据安全技术研究，鼓励数据开发利用和数据安全等领域的技术推广和商业创新，培育、发展数据开发利用和数据安全产品、产业体系。

第十七条　国家推进数据开发利用技术和数据安全标准体系建设。国务院标准化行政主管部门和国务院有关部门根据各自的职责，组织制定并适时修订有关数据开发利用技术、产品和数据安全相关标准。国家支持企业、社会团体和教育、科研机构等参与标准制定。

第十八条　国家促进数据安全检测评估、认证等服务的发展，支持数据安全检测评估、认证等专业机构依法开展服务活动。

国家支持有关部门、行业组织、企业、教育和科研机构、有关专业机构等 在数据安全风险评估、防范、处置等方面开展协作。

第十九条　国家建立健全数据交易管理制度，规范数据交易行为，培育数据交易市场。

第二十条　国家支持教育、科研机构和企业等开展数据开发利用技术和数据安全相关教育和培训，采取多种方式培养数据开发利用技术和数据安全专业人才，促进人才交流。

（三）《数据安全法》的数据安全制度

《数据安全法》第三章“数据安全制度”，明确了数据安全制度的相关规定。

1. 国家建立数据分类分级保护制度与监测预警机制。《数据安全法》第 21 条明确规定了“国家建立数据分类分级保护制度”。这与国家“网络安全等级保护”制度相互呼应。同时规定要求“各地区、各部门应当按照数据分类分级保护制度，确定本地区、本部门以及相关行业、领域的重要数据具体目录，对列入目录的数据进行重点保护。”

第二十一条　国家建立数据分类分级保护制度，根据数据在经济社会发展中的重要程度，以及一旦遭到篡改、破坏、泄露或者非法获取、非法利用，对国家安全、公共利益或者个人、组织合法权益造成的危害程度，对数据实行分类分级保护。国家数据安全工作协调机制统筹协调有关部门制定重要数据目录，加强对重要数据的保护。

关系国家安全、国民经济命脉、重要民生、重大公共利益等数据属于国家核心数据，实行更加严格的管理制度。

各地区、各部门应当按照数据分类分级保护制度，确定本地区、本部门以及相关行业、领域的重要数据具体目录，对列入目录的数据进行重点保护。

《数据安全法》第 22 条规定，国家建立集中统一、高效权威的数据安全风险评估、报告、信息共享、监测预警机制。

第二十二条　国家建立集中统一、高效权威的数据安全风险评估、报告、信息共享、监测预警机制。国家数据安全工作协调机制统筹协调有关部门加强数据安全风险信息的获取、分析、研判、预警工作。

3. 国家数据安全应急处置机制。《数据安全法》第23条规定，“国家建立数据安全应急处置机制”。并要求“发生数据安全事件，有关主管部门应当依法启动应急预案，采取相应的应急处置措施，防止危害扩大，消除安全隐患，并及时向社会发布与公众有关的警示信息”。

第二十三条　国家建立数据安全应急处置机制。发生数据安全事件，有关主管部门应当依法启动应急预案，采取相应的应急处置措施，防止危害扩大，消除安全隐患，并及时向社会发布与公众有关的警示信息。

根据《工业和信息化领域数据安全事件应急预案（试行）》，工业和信息化部统筹建立数据安全风险预警机制，根据紧急程度、发展态势、数据规模、关联影响和现实危害等，将数据安全风险预警等级分为四级：由高到低依次用红色、橙色、黄色和蓝色标示，分别对应可能发生特别重大、重大、较大和一般数据安全事件。[1]

3. 国家建立数据安全审查制度。数据安全审查制度与网络安全审查是依法确立的国家安全审查制度中两项重要的安全审查制度。

《数据安全法》第24条规定，国家建立数据安全审查制度。

第二十四条　国家建立数据安全审查制度，对影响或者可能影响国家安全的数据处理活动进行国家安全审查。

依法作出的安全审查决定为最终决定。

《网络安全法》第35条规定，“关键信息基础设施的运营者采购网络产品和服务，可能影响国家安全的，应当通过国家网信部门会同国务院有关部门组织的国家安全审查”。

《网络安全法》第三十五条　关键信息基础设施的运营者采购网络产品和服务，可能影响国家安全的，应当通过国家网信部门会同国务院有关部门组织的国家安全审查。

另外，根据《国家安全法》第59条的规定“国家安全审查”是我国确立的一项重要法律制度。同时规定了针对关键技术、网络信息技术产品和服务的国家网络安全审查制度。

《国家安全法》第五十九条 国家建立国家安全审查和监管的制度和机制，对影响或者可能影响国家安全的外商投资、特定物项和关键技术、网络信息技术产品和服务、涉及国家安全事项的建设项目，以及其他重大事项和活动，进行国家安全审查，有效预防和化解国家安全风险。

4. 数据出口管制与数据开发利用。

第二十五条　国家对与维护国家安全和利益、履行国际义务相关的属于管制物项的数据依法实施出口管制。

第二十六条　任何国家或者地区在与数据和数据开发利用技术等有关的投资、贸易等方面对中华人民共和国采取歧视性的禁止、限制或者其他类似措施的，中华人民共和国可以根据实际情况对该国家或者地区对等采取措施。

---

〔1〕《工业和信息化部关于印发〈工业和信息化领域数据安全事件应急预案（试行）〉的通知》，载中华人民共和国工业和信息化部网，https：//www. miit. gov. cn/zwgk/zcwj/njfb/tz/art/2024/art_a5a0cf8110354f1499604ea7181bc619. html，最后访问日期：2025年1月7日。

（四）《数据安全法》的数据安全保护义务

《数据安全法》第四章“数据安全保护义务”，明确了数据安全保护义务的相关规定。

1. 数据处理者的合规义务。《数据安全法》第27条到第30条明确了数据处理者履行数据安全的四项重要合规义务。

第二十七条 开展数据处理活动应当依照法律、法规的规定，建立健全全流程数据安全管理制度，组织开展数据安全教育培训，采取相应的技术措施和其他必要措施，保障数据安全。利用互联网等信息网络开展数据处理活动，应当在网络安全等级保护制度的基础上，履行上述数据安全保护义务。

重要数据的处理者应当明确数据安全负责人和管理机构，落实数据安全保护责任。

第二十八条 开展数据处理活动以及研究开发数据新技术，应当有利于促进经济社会发展，增进人民福祉，符合社会公德和伦理。

第二十九条 开展数据处理活动应当加强风险监测，发现数据安全缺陷、漏洞等风险时，应当立即采取补救措施；发生数据安全事件时，应当立即采取处置措施，按照规定及时告知用户并向有关主管部门报告。

第三十条 重要数据的处理者应当按照规定对其数据处理活动定期开展风险评估，并向有关主管部门报送风险评估报告。

风险评估报告应当包括处理的重要数据的种类、数量，开展数据处理活动的情况，面临的数据安全风险及其应对措施等。

（1）开展数据处理活动应当依法合规。《数据安全法》第27条规定：“开展数据处理活动应当依照法律、法规的规定，建立健全全流程数据安全管理制度……”该条规定了四项重要义务：一是开展数据处理活动应当依照法律、法规的规定；二是开展数据处理活动应当建立健全全流程数据安全管理制度，并组织开展数据安全教育培训；三是开展数据处理活动应当采取相应的技术措施和其他必要措施，保障数据安全；四是利用互联网等信息网络开展数据处理活动，应当在网络安全等级保护制度的基础上，履行上述数据安全保护义务。

（2）数据处理应当为民造福并符合社会伦理道德。《数据安全法》第28条提出了开展数据处理活动以及研究开发数据新技术的三项合规义务。明确规定，开展数据处理活动以及研究开发数据新技术，一是要利于促进经济社会发展；二是要以增进人民福祉为目的；三是应当符合社会公德和伦理。

（3）数据处理活动应当加强风险监测。《数据安全法》第29条对数据安全的风险监测与数据安全事件的处置做出两项明确要求，一是开展数据处理活动应当加强风险监测，发现数据安全缺陷、漏洞等风险时，应当立即采取补救措施；二是发生数据安全事件时，应当立即采取处置措施，按照规定及时告知用户并向有关主管部门报告。

（4）重要数据处理者应当定期开展数据风险评估。《数据安全法》第30条规定，重要数据的处理者应当按照规定对其数据处理活动定期开展风险评估；数据风险评估报告应当向有关主管部门报送；风险评估报告应当包括处理的重要数据的种类、数量，开展数据处理活动的情况，面临的数据安全风险及其应对措施等。

2. 重要数据的出境安全管理制度。《数据安全法》第 31 条规定，一是关键信息基础设施的运营者在中华人民共和国境内运营中收集和产生的重要数据的出境安全管理，适用《网络安全法》的规定；二是除关键信息基础设施的运营者处理的重要数据外，其他数据处理者在中华人民共和国境内运营中收集和产生的重要数据的出境安全管理办法，由国家网信部门会同国务院有关部门制定。

第三十一条　关键信息基础设施的运营者在中华人民共和国境内运营中收集和产生的重要数据的出境安全管理，适用《中华人民共和国网络安全法》的规定；其他数据处理者在中华人民共和国境内运营中收集和产生的重要数据的出境安全管理办法，由国家网信部门会同国务院有关部门制定。

3. 数据的获取，收集、使用和交易。

第三十二条　任何组织、个人收集数据，应当采取合法、正当的方式，不得窃取或者以其他非法方式获取数据。

法律、行政法规对收集、使用数据的目的、范围有规定的，应当在法律、行政法规规定的目的和范围内收集、使用数据。

第三十三条　从事数据交易中介服务的机构提供服务，应当要求数据提供方说明数据来源，审核交易双方的身份，并留存审核、交易记录。

4. 提供数据处理服务的行政许可准入制度。

第三十四条　法律、行政法规规定提供数据处理相关服务应当取得行政许可的，服务提供者应当依法取得许可。

5. 公安机关、国家安全机关以及外国司法或者执法机构的数据使用规定。

第三十五条　公安机关、国家安全机关因依法维护国家安全或者侦查犯罪的需要调取数据，应当按照国家有关规定，经过严格的批准手续，依法进行，有关组织、个人应当予以配合。

第三十六条　中华人民共和国主管机关根据有关法律和中华人民共和国缔结或者参加的国际条约、协定，或者按照平等互惠原则，处理外国司法或者执法机构关于提供数据的请求。非经中华人民共和国主管机关批准，境内的组织、个人不得向外国司法或者执法机构提供存储于中华人民共和国境内的数据。

（五）《数据安全法》的政务数据安全与开放

《数据安全法》第五章“政务数据安全与开放”，明确了政务数据的相关规定。国家大力推进电子政务建设，提高政务数据的科学性、准确性、时效性，提升运用数据服务经济社会发展的能力。

《数据安全法》第 38 条规定，国家机关为履行法定职责的需要收集、使用数据，依法予以保密，不得泄露或者非法向他人提供。

第三十七条　国家大力推进电子政务建设，提高政务数据的科学性、准确性、时效性，提升运用数据服务经济社会发展的能力。

第三十八条　国家机关为履行法定职责的需要收集、使用数据，应当在其履行法定职责的范围内依照法律、行政法规规定的条件和程序进行；对在履行职责中知悉的个人隐私、个人信息、商业秘密、保密商务信息等数据应当依法予以保密，不得泄露或者非法向他人提供。

《数据安全法》第 39 条规定，建立健全数据安全管理制度，落实数据安全保护责任，保障政务数据安全。

第三十九条　国家机关应当依照法律、行政法规的规定，建立健全数据安全管理制度，落实数据安全保护责任，保障政务数据安全。

《数据安全法》第 40 条规定，建设、维护电子政务系统，存储、加工政务数据，国家机关委托和受托方的数据安全保护义务。

第四十条　国家机关委托他人建设、维护电子政务系统，存储、加工政务数据，应当经过严格的批准程序，并应当监督受托方履行相应的数据安全保护义务。受托方应当依照法律、法规的规定和合同约定履行数据安全保护义务，不得擅自留存、使用、泄露或者向他人提供政务数据。

《数据安全法》第 41 条规定，按照规定公开政务数据，以及依法不予公开的情形。

第四十一条　国家机关应当遵循公正、公平、便民的原则，按照规定及时、准确地公开政务数据。依法不予公开的除外。

《数据安全法》第 42 条规定，国家制定政务数据开放目录，同时推动政务数据开放利用。

第四十二条　国家制定政务数据开放目录，构建统一规范、互联互通、安全可控的政务数据开放平台，推动政务数据开放利用。

《数据安全法》第 43 条规定，法律、法规授权的，为履行法定职责开展数据处理活动的适用相关规定。

第四十三条　法律、法规授权的具有管理公共事务职能的组织为履行法定职责开展数据处理活动，适用本章规定。

三、《中华人民共和国数据安全法》相关规定中的法律责任

《数据安全法》作为我国首部以“数据”或“数据安全”命名的法律，该法中对于规范相关规定的法律责任部分也予以了明确，开展数据处理活动，应该重点了解并遵守以下法律规定：

《数据安全法》第 27 条明确规定，要依法履行数据安全保护义务。

第二十七条　开展数据处理活动应当依照法律、法规的规定，建立健全全流程数据安全管理制度，组织开展数据安全教育培训，采取相应的技术措施和其他必要措施，保障数据安全。利用互联网等信息网络开展数据处理活动，应当在网络安全等级保护制度的基础上，履行上述数据安全保护义务。

重要数据的处理者应当明确数据安全负责人和管理机构，落实数据安全保护责任。

《数据安全法》第 46 条、第 47 条、第 48 条规定，违反相关数据安全保护义务的处罚规定。

第四十六条　违反本法第三十一条规定，向境外提供重要数据的，由有关主管部门责令改正，给予警告，可以并处十万元以上一百万元以下罚款，对直接负责的主管人员和其他直接责任人员可以处一万元以上十万元以下罚款；情节严重的，处一百万元以上一千万元以下罚款，并可以责令暂停相关业务、停业整顿、吊销相关业务许可证或者吊销营业执照，对直接负责的主管人员和其他直接责任人员处十万元以上一百万元以下罚款。

第四十七条　从事数据交易中介服务的机构未履行本法第三十三条规定的义务的，由有关主管部门责令改正，没收违法所得，处违法所得一倍以上十倍以下罚款，没有违法所得或者违法所得不足十万元的，处十万元以上一百万元以下罚款，并可以责令暂停相关业务、停业整顿、吊销相关业务许可证或者吊销营业执照；对直接负责的主管人员和其他直接责任人员处一万元以上十万元以下罚款。

第四十八条　违反本法第三十五条规定，拒不配合数据调取的，由有关主管部门责令改正，给予警告，并处五万元以上五十万元以下罚款，对直接负责的主管人员和其他直接责任人员处一万元以上十万元以下罚款。

违反本法第三十六条规定，未经主管机关批准向外国司法或者执法机构提供数据的，由有关主管部门给予警告，可以并处十万元以上一百万元以下罚款，对直接负责的主管人员和其他直接责任人员可以处一万元以上十万元以下罚款；造成严重后果的，处一百万元以上五百万元以下罚款，并可以责令暂停相关业务、停业整顿、吊销相关业务许可证或者吊销营业执照，对直接负责的主管人员和其他直接责任人员处五万元以上五十万元以下罚款。

《数据安全法》第 44 条规定，主管部门在履行数据安全监管职责中，发现数据处理活动存在较大安全风险的，按照规定约谈，并要求采取措施进行整改，消除隐患。

第四十四条　有关主管部门在履行数据安全监管职责中，发现数据处理活动存在较大安全风险的，可以按照规定的权限和程序对有关组织、个人进行约谈，并要求有关组织、个人采取措施进行整改，消除隐患。

《数据安全法》第 45 条规定，开展数据处理活动的组织、个人不履行数据安全保护义务的处罚；违反国家核心数据管理制度，危害国家主权、安全和发展利益的处罚。构成犯罪的，依法追究刑事责任。

第四十五条　开展数据处理活动的组织、个人不履行本法第二十七条、第二十九条、第三十条规定的数据安全保护义务的，由有关主管部门责令改正，给予警告，可以并处五万元以上五十万元以下罚款，对直接负责的主管人员和其他直接责任人员可以处一万元以上十万元以下罚款；拒不改正或者造成大量数据泄露等严重后果的，处五十万元以上二百万元以下罚款，并可以责令暂停相关业务、停业整顿、吊销相关业务许可证或者吊销营业执照，对直接负责的主管人员和其他直接责任人员处五万元以上二十万元以下罚款。

违反国家核心数据管理制度，危害国家主权、安全和发展利益的，由有关主管部门处二百万元以上一千万元以下罚款，并根据情况责令暂停相关业务、停业整顿、吊销相关业务许可证或者吊销营业执照；构成犯罪的，依法追究刑事责任。

《数据安全法》第 49 条、第 50 条规定，依法给予处分的情形包括：①国家机关不履行规定的数据安全保护义务的；②履行数据安全监管职责的国家工作人员玩忽职守、滥用职权、徇私舞弊的。

第四十九条　国家机关不履行本法规定的数据安全保护义务的，对直接负责的主管人员和其他直接责任人员依法给予处分。

第五十条 履行数据安全监管职责的国家工作人员玩忽职守、滥用职权、徇私舞弊的，依法给予处分。

《数据安全法》第51条、第52条规定，依照有关法律、行政法规的规定处罚；依法承担民事责任；依法追究刑事责任的情形。

第五十一条 窃取或者以其他非法方式获取数据，开展数据处理活动排除、限制竞争，或者损害个人、组织合法权益的，依照有关法律、行政法规的规定处罚。

第五十二条 违反本法规定，给他人造成损害的，依法承担民事责任。

违反本法规定，构成违反治安管理行为的，依法给予治安管理处罚；构成犯罪的，依法追究刑事责任。

四、《中华人民共和国数据安全法》案例分析之一

《数据安全法》正式实施后，公安机关网安部门积极适用新法，坚持“以打促管、生态治理”，全面压紧压实网络运营单位数据安全主体责任，充分体现“有法可依、有法必依、执法必严”的法治精神。

（一）基本案情

2022年2月，在开展广州民生实事“个人信息超范围采集整治治理”专项工作中，广州警方检查发现，广州某公司开发的“驾培平台”存储了驾校培训学员的姓名、身份证号、手机号、个人照片等信息1070万余条，但该公司没有建立数据安全管理制度和操作规程，对于日常经营活动采集到的驾校学员个人信息未采取去标识化和加密措施，系统存在未授权访问漏洞等严重数据安全隐患。系统平台一旦被不法分子突破窃取，将导致大量驾校学员个人信息泄露，给广大人民群众个人利益造成重大影响。

（二）案情分析及处理过程

根据《数据安全法》的有关规定，广州警方对该公司未履行数据安全保护义务的违法行为，依法处以警告并处罚款人民币5万元的行政处罚。

（三）典型意义

本案开创了广东省公安机关适用《数据安全法》的先例，对数据安全治理作出了积极探索和实践。

五、《中华人民共和国数据安全法》案例分析之二

（一）基本案情

2023年2月，湖南省长沙市公安局岳麓分局网安部门工作发现，辖区某企业（经营电商平台）存在数据泄露隐患，迅速组织专业技术人员调取日志并约谈该企业相关责任人员。

（二）案情分析及处理过程

经查，该企业服务器存在未授权访问漏洞，用户隐私数据存在泄露风险。通过进一步核实，该企业未制定数据安全管理制度、未充分落实网络安全等级保护制度。

湖南长沙市公安局岳麓分局根据《数据安全法》第27条、第45条第1款之规定，给予该企业警告，并处罚款5万元，对直接责任人处罚款1万元，责令限期改正。

六、《中华人民共和国数据安全法》案例分析之三

（一）基本案情

2023 年 2 月，湖南省湘潭市公安局岳塘分局网安部门通过工作发现辖区某商旅服务公司票务系统中存有大量用户姓名、电话、身份证号、航班、银行账户等敏感数据，存在数据泄露风险。

（二）案情分析及处理过程

经查，该商旅服务公司服务器短时间内存在大量登录失败，被恶意用户暴力破解账户密码痕迹。同时，服务器内安装的 Elastic Search 软件，可通过互联网在无需账号密码条件下直接访问系统内敏感数据。

湖南省湘潭市公安局岳塘分局根据《数据安全法》第 27 条、第 45 条第 1 款之规定，给予该商旅服务公司警告，并责令限期改正。

七、《中华人民共和国数据安全法》案例分析之四

（一）基本案情

2023 年 3 月，湖南省永州市东安县公安局网安部门在查办一起侵犯公民个人信息案件中发现某小区业主信息泄露线索，随即对该小区所属物业公司发起“一案双查”。

（二）案情分析及处理过程

经查，该物业公司使用的人脸识别系统、车辆管理系统中明文存有 6000 余名业主姓名、电话、身份证号、银行账户等敏感数据信息。同时，人脸识别系统、车辆管理系统均存在登录账号弱口令，账号未设置权限管理，存放用户数据的办公电脑使用向日葵远程控制软件进行操作，且未采取任何安全防护措施，未履行数据安全保护义务。

湖南省永州市东安县公安局根据《数据安全法》第 27 条、第 45 条第 1 款之规定，给予该物业公司警告，并责令限期改正。

八、《中华人民共和国数据安全法》案例分析之五

（一）基本案情

2023 年 3 月，湖南省怀化市沅陵县公安局网安部门通过工作发现辖区某燃气公司缴费系统存有大量客户姓名、电话、身份证号、家庭住址等敏感数据。

（二）案情分析及处理过程

经查，该燃气公司办公电脑未设置开机密码，缴费系统账号密码均为弱口令，并且该燃气公司未制定数据安全管理制度、未充分落实网络安全等级保护制度。

湖南省怀化市沅陵县公安局根据《数据安全法》第 27 条、第 45 条第 1 款之规定，给予该燃气公司警告，并责令限期改正。

思考练习

【本节导入案例分析】

1. 本案中两家单位有何违法行为？

经查，两家单位没有制定数据安全管理制度和操作规程，没有对单位用户开展正规的数据安全教育培训，没有采取任何防篡改、防泄露、防侵入等技术措施，用户个人信息数据存在泄露风险。

2. 该违法行为应当承担哪些法律责任？

根据《中华人民共和国数据安全法》第 45 条和《湖南省网络安全和信息化条例》第 26 条、33 条、第 55 条之规定，邵东市网信办联合市公安局对未履行数据安全保护义务的这两家单位负责人进行约谈，对两家单位依法予以行政警告处罚，要求切实履行主体责任，及时清理处置网络安全隐患。两家单位负责人均表示接受处罚并且立即按要求整改到位。

拓展学习

拓展学习

学习单元三　《中华人民共和国个人信息保护法》

导入案例

【导入案例】

2022 年，针对人民群众反映强烈的 App 以强制、诱导、欺诈等恶意方式违法违规处理个人信息行为，国家网信办依据《中华人民共和国个人信息保护法》《App 违法违规收集使用个人信息行为认定方法》等法律法规规定，依法查处“超凡清理管家”等 135 款违法违规 App。

问题：

（1）本案中 App 运营者有何违法行为？

（2）该违法行为应当承担哪些法律责任？

提示：请带着问题学习此节，具体分析见本节末。

学习目的

1. 了解《中华人民共和国个人信息保护法》的概念、法律条文以及法律责任。
2. 掌握《中华人民共和国个人信息保护法》案例分析方法。

知识要点

一、《中华人民共和国个人信息保护法》概述

2021 年 8 月 20 日，十三届全国人大常委会第三十次会议表决通过《中华人民共和国个人信息保护法》（简称《个人信息保护法》），自 2021 年 11 月 1 日起施行。

不同于《网络安全法》侧重于网络空间综合治理，《数据安全法》作为数据领域的基础性法律主要围绕数据处理活动展开，《个人信息保护法》从自然人个人信息的角度出发，给个人信息上了一把“法律安全锁”，成为中国第一部专门规范个人信息保护的法律，对我国公民的个人信息权益保护以及各组织的数据隐私合规都将产生直接和深远的影响。

《个人信息保护法》共有八章 74 条。厘清了个人信息、敏感个人信息、个人信息处理者、自动化决策、去标识化、匿名化的基本概念，从适用范围、个人信息处理的基本原则、个人信息及敏感个人信息处理规则、个人信息跨境传输规则、个人信息保护领域各参与主体的职责与权利以及法律责任等方面对个人信息保护进行了全面规定，建立起个人信息保护领域的基本制度体系。

（一）《个人信息保护法》的宗旨

在信息化时代，个人信息保护已成为广大人民群众最关心最直接最现实的利益问题之一。个人信息保护法坚持和贯彻以人民为中心的法治理念，牢牢把握保护人民群众个人信息权益的立法定位，聚焦个人信息保护领域的突出问题和人民群众的重大关切。

《个人信息保护法》第 1 条明确了其立法目标，即“为了保护个人信息权益，规范个人信息处理活动，促进个人信息合理利用，根据宪法，制定本法”。

第一条　为了保护个人信息权益，规范个人信息处理活动，促进个人信息合理利用，根据宪法，制定本法。

《个人信息保护法》第 2 条明确规定，自然人的个人信息受法律保护。

第二条　自然人的个人信息受法律保护，任何组织、个人不得侵害自然人的个人信息权益。

（二）《个人信息保护法》的适用范围

《个人信息保护法》第 3 条规定了，适用本法的情形：①在中华人民共和国境内处理自然人个人信息的活动。②在中华人民共和国境外处理中华人民共和国境内自然人个人信息的活动，有下列情形之一的：以向境内自然人提供产品或者服务为目的；分析、评估境内自然人的行为；法律、行政法规规定的其他情形。

第三条　在中华人民共和国境内处理自然人个人信息的活动，适用本法。

在中华人民共和国境外处理中华人民共和国境内自然人个人信息的活动，有下列情形之一的，也适用本法：

（一）以向境内自然人提供产品或者服务为目的；

（二）分析、评估境内自然人的行为；

（三）法律、行政法规规定的其他情形。

《个人信息保护法》第 72 条规定了，不适用本法的情形：①自然人因个人或者家庭事务处理个人信息的。②法律对各级人民政府及其有关部门组织实施的统计、档案管理活动中的个人信息处理有规定的。

第七十二条　自然人因个人或者家庭事务处理个人信息的，不适用本法。

法律对各级人民政府及其有关部门组织实施的统计、档案管理活动中的个人信息处理有规定的，适用其规定。

（三）《个人信息保护法》的相关术语及含义

《个人信息保护法》第4条明确了个人信息的定义："个人信息是以电子或者其他方式记录的与已识别或者可识别的自然人有关的各种信息，不包括匿名化处理后的信息。"

个人信息的处理包括个人信息的收集、存储、使用、加工、传输、提供、公开、删除等。

第四条　个人信息是以电子或者其他方式记录的与已识别或者可识别的自然人有关的各种信息，不包括匿名化处理后的信息。

个人信息的处理包括个人信息的收集、存储、使用、加工、传输、提供、公开、删除等。

《个人信息保护法》第73条明确了下列相关用语的含义：

1. 个人信息处理者，是指在个人信息处理活动中自主决定处理目的、处理方式的组织、个人。

2. 自动化决策，是指通过计算机程序自动分析、评估个人的行为习惯、兴趣爱好或者经济、健康、信用状况等，并进行决策的活动。

3. 去标识化，是指个人信息经过处理，使其在不借助额外信息的情况下无法识别特定自然人的过程。

4. 匿名化，是指个人信息经过处理无法识别特定自然人且不能复原的过程。

第七十三条　本法下列用语的含义：

（一）个人信息处理者，是指在个人信息处理活动中自主决定处理目的、处理方式的组织、个人。

（二）自动化决策，是指通过计算机程序自动分析、评估个人的行为习惯、兴趣爱好或者经济、健康、信用状况等，并进行决策的活动。

（三）去标识化，是指个人信息经过处理，使其在不借助额外信息的情况下无法识别特定自然人的过程。

（四）匿名化，是指个人信息经过处理无法识别特定自然人且不能复原的过程。

二、《中华人民共和国个人信息保护法》的主要内容

（一）个人信息保护原则

个人信息保护原则是收集、使用个人信息的基本遵循，是构建个人信息保护具体规则的制度基础。

《个人信息保护法》第5条、第6条、第7条、第8条规定了，处理个人信息应当遵守的相关规定。

第五条　处理个人信息应当遵循合法、正当、必要和诚信原则，不得通过误导、欺诈、胁迫等方式处理个人信息。

第六条　处理个人信息应当具有明确、合理的目的，并应当与处理目的直接相关，采取对个人权益影响最小的方式。

收集个人信息，应当限于实现处理目的的最小范围，不得过度收集个人信息。

第七条　处理个人信息应当遵循公开、透明原则，公开个人信息处理规则，明示

处理的目的、方式和范围。

第八条　处理个人信息应当保证个人信息的质量，避免因个人信息不准确、不完整对个人权益造成不利影响。

《个人信息保护法》第 9 条、第 10 条规定了，保障所处理的个人信息的安全；不得从事危害国家安全、公共利益的个人信息处理活动。

第九条　个人信息处理者应当对其个人信息处理活动负责，并采取必要措施保障所处理的个人信息的安全。

第十条　任何组织、个人不得非法收集、使用、加工、传输他人个人信息，不得非法买卖、提供或者公开他人个人信息；不得从事危害国家安全、公共利益的个人信息处理活动。

《个人信息保护法》第 11 条、第 12 条规定了，国家建立健全个人信息保护制度；国家积极参与个人信息保护国际规则的制定。

第十一条　国家建立健全个人信息保护制度，预防和惩治侵害个人信息权益的行为，加强个人信息保护宣传教育，推动形成政府、企业、相关社会组织、公众共同参与个人信息保护的良好环境。

第十二条　国家积极参与个人信息保护国际规则的制定，促进个人信息保护方面的国际交流与合作，推动与其他国家、地区、国际组织之间的个人信息保护规则、标准等互认。

（二）规范处理活动保障权益

个人信息保护法紧紧围绕规范个人信息处理活动、保障个人信息权益，构建了以“告知—同意”为核心的个人信息处理规则。

《个人信息保护法》第 13 条明确规定了，个人信息处理者可处理个人信息的情形，包括取得个人的同意等。

第十三条　符合下列情形之一的，个人信息处理者方可处理个人信息：

（一）取得个人的同意；

（二）为订立、履行个人作为一方当事人的合同所必需，或者按照依法制定的劳动规章制度和依法签订的集体合同实施人力资源管理所必需；

（三）为履行法定职责或者法定义务所必需；

（四）为应对突发公共卫生事件，或者紧急情况下为保护自然人的生命健康和财产安全所必需；

（五）为公共利益实施新闻报道、舆论监督等行为，在合理的范围内处理个人信息；

（六）依照本法规定在合理的范围内处理个人自行公开或者其他已经合法公开的个人信息；

（七）法律、行政法规规定的其他情形。

依照本法其他有关规定，处理个人信息应当取得个人同意，但是有前款第二项至第七项规定情形的，不需取得个人同意。

《个人信息保护法》第 14 条、第 15 条、第 16 条规定了，基于个人同意处理个人信息的相关规定情形。

第十四条　基于个人同意处理个人信息的，该同意应当由个人在充分知情的前提下自愿、明确作出。法律、行政法规规定处理个人信息应当取得个人单独同意或者书面同意的，从其规定。

个人信息的处理目的、处理方式和处理的个人信息种类发生变更的，应当重新取得个人同意。

第十五条　基于个人同意处理个人信息的，个人有权撤回其同意。个人信息处理者应当提供便捷的撤回同意的方式。

个人撤回同意，不影响撤回前基于个人同意已进行的个人信息处理活动的效力。

第十六条　个人信息处理者不得以个人不同意处理其个人信息或者撤回同意为由，拒绝提供产品或者服务；处理个人信息属于提供产品或者服务所必需的除外。

《个人信息保护法》第25条、第26条、第27条规定了，取得个人单独同意的相关规定情形。

第二十五条　个人信息处理者不得公开其处理的个人信息，取得个人单独同意的除外。

第二十六条　在公共场所安装图像采集、个人身份识别设备，应当为维护公共安全所必需，遵守国家有关规定，并设置显著的提示标识。所收集的个人图像、身份识别信息只能用于维护公共安全的目的，不得用于其他目的；取得个人单独同意的除外。

第二十七条　个人信息处理者可以在合理的范围内处理个人自行公开或者其他已经合法公开的个人信息；个人明确拒绝的除外。个人信息处理者处理已公开的个人信息，对个人权益有重大影响的，应当依照本法规定取得个人同意。

《个人信息保护法》第17条、第18条规定了，告知情形的相关规定。

第十七条　个人信息处理者在处理个人信息前，应当以显著方式、清晰易懂的语言真实、准确、完整地向个人告知下列事项：

（一）个人信息处理者的名称或者姓名和联系方式；

（二）个人信息的处理目的、处理方式，处理的个人信息种类、保存期限；

（三）个人行使本法规定权利的方式和程序；

（四）法律、行政法规规定应当告知的其他事项。

前款规定事项发生变更的，应当将变更部分告知个人。

个人信息处理者通过制定个人信息处理规则的方式告知第一款规定事项的，处理规则应当公开，并且便于查阅和保存。

第十八条　个人信息处理者处理个人信息，有法律、行政法规规定应当保密或者不需要告知的情形的，可以不向个人告知前条第一款规定的事项。

紧急情况下为保护自然人的生命健康和财产安全无法及时向个人告知的，个人信息处理者应当在紧急情况消除后及时告知。

《个人信息保护法》第22条、第23条规定了其他“告知—同意”情形。

第二十二条　个人信息处理者因合并、分立、解散、被宣告破产等原因需要转移个人信息的，应当向个人告知接收方的名称或者姓名和联系方式。接收方应当继续履行个人信息处理者的义务。接收方变更原先的处理目的、处理方式的，应当依照本法规定重新取得个人同意。

第二十三条　个人信息处理者向其他个人信息处理者提供其处理的个人信息的，应当向个人告知接收方的名称或者姓名、联系方式、处理目的、处理方式和个人信息的种类，并取得个人的单独同意。接收方应当在上述处理目的、处理方式和个人信息的种类等范围内处理个人信息。接收方变更原先的处理目的、处理方式的，应当依照本法规定重新取得个人同意。

此外，《个人信息保护法》第 20 条、第 21 条还分别对共同处理、委托处理等实践中较为常见的处理情形作出有针对性规定。

第二十条　两个以上的个人信息处理者共同决定个人信息的处理目的和处理方式的，应当约定各自的权利和义务。但是，该约定不影响个人向其中任何一个个人信息处理者要求行使本法规定的权利。

个人信息处理者共同处理个人信息，侵害个人信息权益造成损害的，应当依法承担连带责任。

第二十一条　个人信息处理者委托处理个人信息的，应当与受托人约定委托处理的目的、期限、处理方式、个人信息的种类、保护措施以及双方的权利和义务等，并对受托人的个人信息处理活动进行监督。

受托人应当按照约定处理个人信息，不得超出约定的处理目的、处理方式等处理个人信息；委托合同不生效、无效、被撤销或者终止的，受托人应当将个人信息返还个人信息处理者或者予以删除，不得保留。

未经个人信息处理者同意，受托人不得转委托他人处理个人信息。

（三）规范自动化决策

当前，越来越多的企业利用大数据分析、评估消费者的个人特征，并用于商业营销。有一些企业通过掌握消费者的经济状况、消费习惯、对价格的敏感程度等信息，对消费者在交易价格等方面实行歧视性的差别待遇，误导、欺诈消费者。其中，最典型的就是社会反映突出的“大数据杀熟”。

对此，《个人信息保护法》第 24 条第 1 款明确规定：“个人信息处理者利用个人信息进行自动化决策，应当保证决策的透明度和结果公平、公正，不得对个人在交易价格等交易条件上实行不合理的差别待遇。”

第二十四条　个人信息处理者利用个人信息进行自动化决策，应当保证决策的透明度和结果公平、公正，不得对个人在交易价格等交易条件上实行不合理的差别待遇。

通过自动化决策方式向个人进行信息推送、商业营销，应当同时提供不针对其个人特征的选项，或者向个人提供便捷的拒绝方式。

通过自动化决策方式作出对个人权益有重大影响的决定，个人有权要求个人信息处理者予以说明，并有权拒绝个人信息处理者仅通过自动化决策的方式作出决定。

（四）保护敏感个人信息

个人信息保护法将生物识别、宗教信仰、特定身份、医疗健康、金融账户、行踪轨迹等信息列为敏感个人信息。

《个人信息保护法》第 28 条明确规定，敏感个人信息的定义；只有在具有特定的目的和充分的必要性，并采取严格保护措施的情形下，方可处理敏感个人信息。

第二十八条　敏感个人信息是一旦泄露或者非法使用，容易导致自然人的人格尊严受到侵害或者人身、财产安全受到危害的个人信息，包括生物识别、宗教信仰、特定身份、医疗健康、金融账户、行踪轨迹等信息，以及不满十四周岁未成年人的个人信息。

只有在具有特定的目的和充分的必要性，并采取严格保护措施的情形下，个人信息处理者方可处理敏感个人信息。

《个人信息保护法》第 29 条规定，处理敏感个人信息，应当取得个人的单独同意、应当取得个人的单独同意的规定。

第二十九条　处理敏感个人信息应当取得个人的单独同意；法律、行政法规规定处理敏感个人信息应当取得书面同意的，从其规定。

《个人信息保护法》第 30 条明确规定，个人信息处理者处理敏感个人信息的，同时应当事前进行影响评估，并向个人告知处理的必要性以及对个人权益的影响。

第三十条　个人信息处理者处理敏感个人信息的，除本法第十七条第一款规定的事项外，还应当向个人告知处理敏感个人信息的必要性以及对个人权益的影响；依照本法规定可以不向个人告知的除外。

值得关注的是，《个人信息保护法》第 31 条明确规定，为保护未成年人的个人信息权益和身心健康，个人信息保护法特别将不满 14 周岁未成年人的个人信息确定为敏感个人信息予以严格保护。

同时，与未成年人保护法有关规定相衔接，要求处理不满 14 周岁未成年人个人信息应当取得未成年人的父母或者其他监护人的同意，并应当对此制定专门的个人信息处理规则。

第三十一条　个人信息处理者处理不满十四周岁未成年人个人信息的，应当取得未成年人的父母或者其他监护人的同意。

个人信息处理者处理不满十四周岁未成年人个人信息的，应当制定专门的个人信息处理规则。

（五）规范国家机关处理活动

为履行维护国家安全、惩治犯罪、管理经济社会事务等职责，国家机关需要处理大量个人信息。保护个人信息权益、保障个人信息安全是国家机关应尽的义务和责任。

对此，《个人信息保护法》第 33 条、第 34 条、第 35 条、第 36 条、第 37 条明确了，国家机关处理个人信息的特别规定。

《个人信息保护法》第 33 条，特别强调国家机关处理个人信息的活动适用本法。

第三十三条　国家机关处理个人信息的活动，适用本法；本节有特别规定的，适用本节规定。

《个人信息保护法》第 34 条规定，处理个人信息应当依照法律、行政法规规定的权限和程序进行，不得超出履行法定职责所必需的范围和限度。

第三十四条　国家机关为履行法定职责处理个人信息，应当依照法律、行政法规规定的权限、程序进行，不得超出履行法定职责所必需的范围和限度。

《个人信息保护法》第35条明确了，处理个人信息应当依照本法规定履行告知义务，以及除外情形。

第三十五条　国家机关为履行法定职责处理个人信息，应当依照本法规定履行告知义务；有本法第十八条第一款规定的情形，或者告知将妨碍国家机关履行法定职责的除外。

《个人信息保护法》第36条明确了，个人信息应当在中华人民共和国境内存储；确需向境外提供的，应当进行安全评估。

第三十六条　国家机关处理的个人信息应当在中华人民共和国境内存储；确需向境外提供的，应当进行安全评估。安全评估可以要求有关部门提供支持与协助。

（六）赋予个人充分权利

《个人信息保护法》第四章规定了个人在个人信息处理活动中的权利，赋予个人充分权利。

《个人信息保护法》第44条、第45条、第46条、第47条、第48条规定了，个人在个人信息处理活动中的各项权利。具体包括知悉个人信息处理规则和处理事项、同意和撤回同意，以及个人信息的查询、复制、更正、删除等，总结提升为知情权、决定权，明确个人有权限制个人信息的处理。

同时，为了适应互联网应用和服务多样化的实际，满足日益增长的跨平台转移个人信息的需求，《个人信息保护法》对个人信息可携带权作了原则性规定，要求在符合国家网信部门规定条件的情形下，个人信息处理者应当为个人提供转移其个人信息的途径。

此外，还规定了个人有权要求个人信息处理者对其个人信息处理规则进行解释说明。

第四十四条　个人对其个人信息的处理享有知情权、决定权，有权限制或者拒绝他人对其个人信息进行处理；法律、行政法规另有规定的除外。

第四十五条　个人有权向个人信息处理者查阅、复制其个人信息；有本法第十八条第一款、第三十五条规定情形的除外。

个人请求查阅、复制其个人信息的，个人信息处理者应当及时提供。

个人请求将个人信息转移至其指定的个人信息处理者，符合国家网信部门规定条件的，个人信息处理者应当提供转移的途径。

第四十六条　个人发现其个人信息不准确或者不完整的，有权请求个人信息处理者更正、补充。

个人请求更正、补充其个人信息的，个人信息处理者应当对其个人信息予以核实，并及时更正、补充。

第四十七条　有下列情形之一的，个人信息处理者应当主动删除个人信息；个人信息处理者未删除的，个人有权请求删除：

（一）处理目的已实现、无法实现或者为实现处理目的不再必要；

（二）个人信息处理者停止提供产品或者服务，或者保存期限已届满；

（三）个人撤回同意；

（四）个人信息处理者违反法律、行政法规或者违反约定处理个人信息；

（五）法律、行政法规规定的其他情形。

法律、行政法规规定的保存期限未届满，或者删除个人信息从技术上难以实现的，个人信息处理者应当停止除存储和采取必要的安全保护措施之外的处理。

第四十八条　个人有权要求个人信息处理者对其个人信息处理规则进行解释说明。

《个人信息保护法》第49条规定了，个人信息保护法还对死者个人信息的保护作了专门规定，明确在尊重死者生前安排的前提下，其近亲属为自身合法、正当利益，可以对死者个人信息行使查阅、复制、更正、删除等权利。

第四十九条　自然人死亡的，其近亲属为了自身的合法、正当利益，可以对死者的相关个人信息行使本章规定的查阅、复制、更正、删除等权利；死者生前另有安排的除外。

《个人信息保护法》第50条明确了个人行使权利的请求的规定。

第五十条　个人信息处理者应当建立便捷的个人行使权利的申请受理和处理机制。拒绝个人行使权利的请求的，应当说明理由。

个人信息处理者拒绝个人行使权利的请求的，个人可以依法向人民法院提起诉讼。

（七）强化个人信息处理者义务

《个人信息保护法》第五章规定了个人信息处理者的义务。

《个人信息保护法》第52条、第53条、第54条规定要求，强化个人信息处理者义务，强调个人信息处理者是个人信息保护的第一责任人。

第五十二条　处理个人信息达到国家网信部门规定数量的个人信息处理者应当指定个人信息保护负责人，负责对个人信息处理活动以及采取的保护措施等进行监督。

个人信息处理者应当公开个人信息保护负责人的联系方式，并将个人信息保护负责人的姓名、联系方式等报送履行个人信息保护职责的部门。

第五十三条　本法第三条第二款规定的中华人民共和国境外的个人信息处理者，应当在中华人民共和国境内设立专门机构或者指定代表，负责处理个人信息保护相关事务，并将有关机构的名称或者代表的姓名、联系方式等报送履行个人信息保护职责的部门。

第五十四条　个人信息处理者应当定期对其处理个人信息遵守法律、行政法规的情况进行合规审计。

《个人信息保护法》第51条、第59条明确规定，个人信息处理者应当对其个人信息处理活动负责，并采取必要措施保障所处理的个人信息的安全。

第五十一条　个人信息处理者应当根据个人信息的处理目的、处理方式、个人信息的种类以及对个人权益的影响、可能存在的安全风险等，采取下列措施确保个人信息处理活动符合法律、行政法规的规定，并防止未经授权的访问以及个人信息泄露、篡改、丢失：

（一）制定内部管理制度和操作规程；

（二）对个人信息实行分类管理；

（三）采取相应的加密、去标识化等安全技术措施；

（四）合理确定个人信息处理的操作权限，并定期对从业人员进行安全教育和培训；

（五）制定并组织实施个人信息安全事件应急预案；

（六）法律、行政法规规定的其他措施。

第五十九条　接受委托处理个人信息的受托人，应当依照本法和有关法律、行政法规的规定，采取必要措施保障所处理的个人信息的安全，并协助个人信息处理者履行本法规定的义务。

《个人信息保护法》第55条、第56条明确规定，个人信息保护影响评估的情形和包括的内容。

第五十五条　有下列情形之一的，个人信息处理者应当事前进行个人信息保护影响评估，并对处理情况进行记录：

（一）处理敏感个人信息；

（二）利用个人信息进行自动化决策；

（三）委托处理个人信息、向其他个人信息处理者提供个人信息、公开个人信息；

（四）向境外提供个人信息；

（五）其他对个人权益有重大影响的个人信息处理活动。

第五十六条　个人信息保护影响评估应当包括下列内容：

（一）个人信息的处理目的、处理方式等是否合法、正当、必要；

（二）对个人权益的影响及安全风险；

（三）所采取的保护措施是否合法、有效并与风险程度相适应。

个人信息保护影响评估报告和处理情况记录应当至少保存三年。

《个人信息保护法》第57条规定了履行个人信息泄露通知和补救义务。

第五十七条　发生或者可能发生个人信息泄露、篡改、丢失的，个人信息处理者应当立即采取补救措施，并通知履行个人信息保护职责的部门和个人。通知应当包括下列事项：

（一）发生或者可能发生个人信息泄露、篡改、丢失的信息种类、原因和可能造成的危害；

（二）个人信息处理者采取的补救措施和个人可以采取的减轻危害的措施；

（三）个人信息处理者的联系方式。

个人信息处理者采取措施能够有效避免信息泄露、篡改、丢失造成危害的，个人信息处理者可以不通知个人；履行个人信息保护职责的部门认为可能造成危害的，有权要求个人信息处理者通知个人。

（八）大型网络平台的特别义务

提供重要互联网平台服务、用户数量巨大、业务类型复杂的个人信息处理者，为商品和服务的交易提供技术支持、交易场所、信息发布和交易等服务。《个人信息保护法》对这些大型互联网平台设定了特别的个人信息保护义务。

《个人信息保护法》第58条明确了提供重要互联网平台服务、用户数量巨大、业务类型复杂的个人信息处理者，应当履行的义务，包括：按照国家规定建立健全个人信息保护合规制度体系，成立主要由外部成员组成的独立机构对个人信息保护情况进行监督；遵循公开、公平、公正的原则，制定平台规则；对严重违法处理个人信息的平台内产品或者服务提供者，停止提供服务；同时，定期发布个人信息保护社会责任报告，接受社会监督。

第五十八条　提供重要互联网平台服务、用户数量巨大、业务类型复杂的个人信息处理者，应当履行下列义务：

（一）按照国家规定建立健全个人信息保护合规制度体系，成立主要由外部成员组成的独立机构对个人信息保护情况进行监督；

（二）遵循公开、公平、公正的原则，制定平台规则，明确平台内产品或者服务提供者处理个人信息的规范和保护个人信息的义务；

（三）对严重违反法律、行政法规处理个人信息的平台内的产品或者服务提供者，停止提供服务；

（四）定期发布个人信息保护社会责任报告，接受社会监督。

（九）规范个人信息跨境提供的规则

随着经济全球化、数字化的不断推进以及我国对外开放的不断扩大，个人信息的跨境流动日益频繁，但由于遥远的地理距离以及不同国家法律制度、保护水平之间的差异，个人信息跨境流动风险更加难以控制。《个人信息保护法》第三章明确规定个人信息跨境提供的规则。

《个人信息保护法》第 38 条规定，向境外提供个人信息的途径，包括通过国家网信部门组织的安全评估、经专业机构认证、订立标准合同、按照我国缔结或参加的国际条约和协定等；同时，要求个人信息处理者采取必要措施保障境外接收方的处理活动达到本法规定的保护标准。

第三十八条　个人信息处理者因业务等需要，确需向中华人民共和国境外提供个人信息的，应当具备下列条件之一：

（一）依照本法第四十条的规定通过国家网信部门组织的安全评估；

（二）按照国家网信部门的规定经专业机构进行个人信息保护认证；

（三）按照国家网信部门制定的标准合同与境外接收方订立合同，约定双方的权利和义务；

（四）法律、行政法规或者国家网信部门规定的其他条件。

中华人民共和国缔结或者参加的国际条约、协定对向中华人民共和国境外提供个人信息的条件等有规定的，可以按照其规定执行。

个人信息处理者应当采取必要措施，保障境外接收方处理个人信息的活动达到本法规定的个人信息保护标准。

《个人信息保护法》第 39 条明确规定，对跨境提供个人信息的“告知—同意”作出更严格的要求，切实保障个人的知情权、决定权等权利。

第三十九条　个人信息处理者向中华人民共和国境外提供个人信息的，应当向个人告知境外接收方的名称或者姓名、联系方式、处理目的、处理方式、个人信息的种类以及个人向境外接收方行使本法规定权利的方式和程序等事项，并取得个人的单独同意。

《个人信息保护法》第40条、第41条、第42条、第43条规定了，为维护国家主权、安全和发展利益，对跨境提供个人信息的安全评估、向境外司法或执法机构提供个人信息、限制跨境提供个人信息的措施、对外国歧视性措施的反制等作了规定。

第四十条　关键信息基础设施运营者和处理个人信息达到国家网信部门规定数量的个人信息处理者，应当将在中华人民共和国境内收集和产生的个人信息存储在境内。确需向境外提供的，应当通过国家网信部门组织的安全评估；法律、行政法规和国家网信部门规定可以不进行安全评估的，从其规定。

第四十一条　中华人民共和国主管机关根据有关法律和中华人民共和国缔结或者参加的国际条约、协定，或者按照平等互惠原则，处理外国司法或者执法机构关于提供存储于境内个人信息的请求。非经中华人民共和国主管机关批准，个人信息处理者不得向外国司法或者执法机构提供存储于中华人民共和国境内的个人信息。

第四十二条　境外的组织、个人从事侵害中华人民共和国公民的个人信息权益，或者危害中华人民共和国国家安全、公共利益的个人信息处理活动的，国家网信部门可以将其列入限制或者禁止个人信息提供清单，予以公告，并采取限制或者禁止向其提供个人信息等措施。

第四十三条　任何国家或者地区在个人信息保护方面对中华人民共和国采取歧视性的禁止、限制或者其他类似措施的，中华人民共和国可以根据实际情况对该国家或者地区对等采取措施。

（十）健全个人信息保护工作机制

《个人信息保护法》第六章明确规定了履行个人信息保护职责的部门；健全个人信息保护工作机制。个人信息保护涉及的领域广，相关制度措施的落实有赖于完善的监管执法机制。

《个人信息保护法》第60条、第62条，为了加强个人信息保护监管执法的协同配合，进一步明确了国家网信部门在个人信息保护监管方面的统筹协调作用，并对其统筹协调职责作出具体规定。

第六十条　国家网信部门负责统筹协调个人信息保护工作和相关监督管理工作。国务院有关部门依照本法和有关法律、行政法规的规定，在各自职责范围内负责个人信息保护和监督管理工作。

县级以上地方人民政府有关部门的个人信息保护和监督管理职责，按照国家有关规定确定。

前两款规定的部门统称为履行个人信息保护职责的部门。

第六十二条　国家网信部门统筹协调有关部门依据本法推进下列个人信息保护工作：

（一）制定个人信息保护具体规则、标准；

（二）针对小型个人信息处理者、处理敏感个人信息以及人脸识别、人工智能等新技术、新应用，制定专门的个人信息保护规则、标准；

（三）支持研究开发和推广应用安全、方便的电子身份认证技术，推进网络身份认证公共服务建设；

（四）推进个人信息保护社会化服务体系建设，支持有关机构开展个人信息保护评估、认证服务；

（五）完善个人信息保护投诉、举报工作机制。

《个人信息保护法》第61条明确对个人信息保护和监管职责作出规定，包括：开展个人信息保护宣传教育、指导监督个人信息保护工作；接受处理相关投诉举报；组织对应用程序等进行测评；调查处理违法个人信息处理活动等。

第六十一条　履行个人信息保护职责的部门履行下列个人信息保护职责：

（一）开展个人信息保护宣传教育，指导、监督个人信息处理者开展个人信息保护工作；

（二）接受、处理与个人信息保护有关的投诉、举报；

（三）组织对应用程序等个人信息保护情况进行测评，并公布测评结果；

（四）调查、处理违法个人信息处理活动；

（五）法律、行政法规规定的其他职责。

《个人信息保护法》第63条、第64条、第65条规定了，国家网信部门和国务院有关部门在各自职责范围内负责个人信息保护和监督管理工作。

第六十三条　履行个人信息保护职责的部门履行个人信息保护职责，可以采取下列措施：

（一）询问有关当事人，调查与个人信息处理活动有关的情况；

（二）查阅、复制当事人与个人信息处理活动有关的合同、记录、账簿以及其他有关资料；

（三）实施现场检查，对涉嫌违法的个人信息处理活动进行调查；

（四）检查与个人信息处理活动有关的设备、物品；对有证据证明是用于违法个人信息处理活动的设备、物品，向本部门主要负责人书面报告并经批准，可以查封或者扣押。

履行个人信息保护职责的部门依法履行职责，当事人应当予以协助、配合，不得拒绝、阻挠。

第六十四条　履行个人信息保护职责的部门在履行职责中，发现个人信息处理活动存在较大风险或者发生个人信息安全事件的，可以按照规定的权限和程序对该个人信息处理者的法定代表人或者主要负责人进行约谈，或者要求个人信息处理者委托专业机构对其个人信息处理活动进行合规审计。个人信息处理者应当按照要求采取措施，进行整改，消除隐患。

履行个人信息保护职责的部门在履行职责中，发现违法处理个人信息涉嫌犯罪的，应当及时移送公安机关依法处理。

第六十五条　任何组织、个人有权对违法个人信息处理活动向履行个人信息保护职责的部门进行投诉、举报。收到投诉、举报的部门应当依法及时处理，并将处理结果告知投诉、举报人。

履行个人信息保护职责的部门应当公布接受投诉、举报的联系方式。

三、《中华人民共和国个人信息保护法》的法律责任

《个人信息保护法》第 66 条，对于违法处理个人信息或者没有履行法律规定的个人信息保护义务的行为规定了严格的行政处罚。包括：对于违法行为情节严重的，没收违法所得，并处 5000 万元以下或者上一年度营业额 5%以下罚款，并可以责令暂停相关业务或者停业整顿、通报有关主管部门吊销相关业务许可或者吊销营业执照；对直接负责的主管人员和其他直接责任人员处 10 万元以上 100 万元以下罚款，并可以决定禁止其在一定期限内担任相关企业的董事、监事、高级管理人员和个人信息保护负责人。

第六十六条　违反本法规定处理个人信息，或者处理个人信息未履行本法规定的个人信息保护义务的，由履行个人信息保护职责的部门责令改正，给予警告，没收违法所得，对违法处理个人信息的应用程序，责令暂停或者终止提供服务；拒不改正的，并处一百万元以下罚款；对直接负责的主管人员和其他直接责任人员处一万元以上十万元以下罚款。

有前款规定的违法行为，情节严重的，由省级以上履行个人信息保护职责的部门责令改正，没收违法所得，并处五千万元以下或者上一年度营业额百分之五以下罚款，并可以责令暂停相关业务或者停业整顿、通报有关主管部门吊销相关业务许可或者吊销营业执照；对直接负责的主管人员和其他直接责任人员处十万元以上一百万元以下罚款，并可以决定禁止其在一定期限内担任相关企业的董事、监事、高级管理人员和个人信息保护负责人。

《个人信息保护法》第 67 条明确，有违法行为的，依照有关法律、行政法规的规定记入信用档案，并予以公示。

第六十七条　有本法规定的违法行为的，依照有关法律、行政法规的规定记入信用档案，并予以公示。

《个人信息保护法》第 68 条明确了，国家机关不履行本法规定的个人信息保护义务的，和履行个人信息保护职责的部门的工作人员玩忽职守等情形下的处分规定。

第六十八条　国家机关不履行本法规定的个人信息保护义务的，由其上级机关或者履行个人信息保护职责的部门责令改正；对直接负责的主管人员和其他直接责任人员依法给予处分。

履行个人信息保护职责的部门的工作人员玩忽职守、滥用职权、徇私舞弊，尚不构成犯罪的，依法给予处分。

《个人信息保护法》第 69 条规定了，处理个人信息侵害个人信息权益造成损害，个人信息处理者不能证明自己没有过错的，应当承担损害赔偿等侵权责任。侵害个人信息权益造成损害的赔偿责任按照个人因此受到的损失或者个人信息处理者因此获得的利益确定；个人因此受到的损失和个人信息处理者因此获得的利益难以确定的，根据实际情况确定赔偿数额。

第六十九条　处理个人信息侵害个人信息权益造成损害，个人信息处理者不能证明自己没有过错的，应当承担损害赔偿等侵权责任。

前款规定的损害赔偿责任按照个人因此受到的损失或者个人信息处理者因此获得的利益确定；个人因此受到的损失和个人信息处理者因此获得的利益难以确定的，根据实际情况确定赔偿数额。

《个人信息保护法》第70条、第71条明确规定，个人信息处理者违反本法规定处理个人信息，依法向人民法院提起诉讼；构成违反治安管理行为的，依法给予治安管理处罚；构成犯罪的，依法追究刑事责任。

第七十条　个人信息处理者违反本法规定处理个人信息，侵害众多个人的权益的，人民检察院、法律规定的消费者组织和由国家网信部门确定的组织可以依法向人民法院提起诉讼。

第七十一条　违反本法规定，构成违反治安管理行为的，依法给予治安管理处罚；构成犯罪的，依法追究刑事责任。

四、《中华人民共和国个人信息保护法》案例分析之一

（一）基本案情

江苏省无锡市新吴区某健身房使用具有人脸识别、指纹识别等功能的信息管理系统，强制要求会员刷脸或录入指纹进入。由于该管理系统采用分级分层、前后端分离等技术，消费者在前端平台界面仅能看到被采集的个人身份信息，未被告知个人信息收集清单及权限。在部分会员明确拒绝人脸采集识别后，该健身房擅自将会员办卡时提供的照片录入系统作为刷脸进出凭证，且在会员要求删除照片等信息时，以无管理权限为由拒绝删除，其行为侵害众多消费者合法权益，损害社会公共利益。

（二）案情分析及处理过程

2022年6月21日，“益心为公”检察云平台志愿者向江苏省无锡市新吴区人民检察院（以下简称新吴区院）反映，新吴区某健身房存在侵犯消费者敏感个人信息的情形。新吴区院运用公益损害风险防控平台，通过数据交叉比对、智能分析，排查易发生非法收集个人信息的服务场所，绘制风险防控“数字地图”，发现全市案件线索16件，其中涉及新吴区5件。经初步调查，新吴区院于2022年8月11日正式立案。

新吴区院引入专业技术机构协助调查取证，现场勘验涉案服务场所信息管理系统，出具专家意见，认为该系统在个人信息传输、存储等方面存在安全风险。针对涉案服务场所采集、存储个人信息的必要性和合理性，邀请公安、市场监管、第三方专业机构等召开论证会。新吴区院审查认为，根据《个人信息保护法》第26条、第28条、第47条、《最高人民法院关于审理使用人脸识别技术处理个人信息相关民事案件适用法律若干问题的规定》第1条第3款等规定，消费者的人脸、指纹等属于生物识别类敏感个人信息，涉案服务场所系公共场所，非维护公共安全必需且未取得消费者单独同意，强制采集、非加密传输、违法存储、未定期删除敏感个人信息的行为，损害了众多消费者合法权益。根据《个人信息保护法》第60条、第61条、《中华人民共和国消费者权益保护法》第29条、第32条第1款、第56条第1款第9项的规定，新吴区院于2022年8月12日向新吴区市场监督管理局制发行政公益诉讼诉前检察建议，督促对涉案服务场所依法处理，切实履行保护消费者合法权益的职责；开展行业规范整治，加大监管力度，建立长效机制，防范类似违法行为发生。

新吴区市场监督管理局收到检察建议后，对涉案 5 家服务场所进行集体谈话、责令改正，组织开展专项执法行动，并建立定期检查、约谈、通报等监管机制。涉案服务场所及时整改，改变进入场所方式，采取安全措施传输、定期删除个人信息，向监管部门报送个人信息管理情况。

新吴区院联合新吴区市场监督管理局开展“回头看”，进行现场验收，确认涉案服务场所均整改到位。同时，新吴区院将其他 11 件案件线索移送无锡市人民检察院（以下简称无锡市院）。无锡市院开展服务场所公民个人信息保护专项监督活动，组织全市检察机关排查健身房、超市等服务场所 126 处，督促整改问题场所 56 处，删除违法采集信息 9300 余条，向经营者、消费者普法宣传 3000 多人次，有效保障公民个人信息安全。

（三）典型意义

针对服务场所强制采集、非加密传输、违法存储、未定期删除消费者敏感个人信息，造成信息泄露安全隐患的行为，检察机关开展专项监督，制发诉前检察建议，督促职能部门依法履行监管职责，维护消费者个人信息安全。

健身房、超市等公共服务场所采集的信息量大、覆盖面广、敏感度高，监管不到位，将严重危害众多消费者人身、财产安全。本案中，检察机关积极发挥公益诉讼检察职能，运用数字技术，通过“专业取证+专门论证+专家意见”等方式，破解公民个人信息保护领域线索发现、调查取证、损害认定等难题，制发诉前检察建议，开展专项监督，督促行政机关依法履职，推动服务场所规范收集、传输、存储、删除个人信息，加强数据安全管控，促进个人信息全链条保护。

五、《中华人民共和国个人信息保护法》案例分析之二

（一）基本案情

原告杜某系某电商平台（系被告某网络公司运营）用户，并在该电商平台多次购买商品。某日，杜某在购物过程中，被该电商平台发布的“好友圈好友等你开拼手气红包”字样吸引，遂点击该字样，随后页面跳出“进圈并邀请好友”的跳转链接，杜某受吸引点击进入“好友圈”。随后，杜某发现其在该电商平台的购物记录被自动公开并被分享到“好友圈”为其自动设定的第三人视线之下。社会交往中，朋友通过此功能看到了其购物记录的部分信息，杜某认为隐私受到了侵犯。对此，杜某曾向该电商平台咨询“好友圈”的功能。

杜某认为，某网络公司在对用户个人信息处理活动中未依法保障用户的知情权和决定权，侵犯了个人信息权的合法权益，且已严重违反诚实信用原则，造成了相应精神损失，并在诉讼中明确其系依据《个人信息保护法》第 14 条和第 44 条的规定，认为某网络公司构成对其对个人信息的处理享有知情权、决定权的侵害。某网络公司提交了关于行使个人信息权利的申请受理和处理机制路径的相关材料，并指出，杜某在用户注册时，已通过协议约定明确告知用户收集及使用用户个人信息的方式、范围及目的，并获得用户同意，且未收到杜某对其个人信息处理活动的查询申请或投诉信息，不存在侵犯个人信息权益的行为。

（二）案情分析及处理过程

某互联网法院于 2022 年 6 月 23 日作出民事裁定书：本案立案后，结合案情和证据材料作程序审查，并未对侵权情形作实体审理。原告杜某主张网络购物信息在其不知情情况下由被告某网络公司所经营的电商平台处理，导致原告杜某不愿被他人知晓的个人信息在一定范围内公开，侵犯了原告杜某在个人信息处理活动中的知情权、决定权，造成原告杜某人格利益受损，故本案系网络侵权责任纠纷中的个人信息保护纠纷。

《个人信息保护法》第 50 条和第 69 条分别对个人信息的司法保护做出了规定。前者适用于个人在个人信息保护法第四章所规定的个人信息权利受到侵害或妨碍，但没有产生损害时所产生的一种“个人信息权利请求权”；后者适用于个人信息权益受到侵权损害而产生的一种“侵权损害赔偿请求权”。由于“个人信息权利请求权”的请求权基础为《中华人民共和国民法典》第 995 条规定的人格权保护，只要个人信息权利受到侵害或侵害即将发生，即可请求行为人承担停止侵害、排除妨碍、消除危险等民事责任，在构成要件上无需考虑个人信息处理者的主观过错和造成实际损害之要件，其目的在于保障个人信息权利的行使和排除对个人信息权利的妨害，从而为个人信息权利提供一种防御性的保护，避免侵权行为进一步产生实质化的损害后果，最终达到恢复个人信息权利人对人格利益圆满支配状态，保障个人人格的完整性。同时，因个人信息流动大、使用频率高、范围广，如果直接向法院起诉，不但会造成不必要的诉累，增加个人信息处理的成本，而且可能导致诉讼频发、浪费司法资源，甚至成为恶意诉讼人滥用诉权的工具。实践中，通过向个人信息处理者的积极主张，应是最快捷、最便利、最有效的维权方式。

基于此，《个人信息保护法》第 50 条第 2 款明确规定：“个人信息处理者拒绝个人行使权利的请求的，个人可以依法向人民法院起诉。”换言之，本条的诉权是以“个人信息处理者拒绝个人行使权利的请求”为前提，即设置了个人向法院提起请求权救济的前置条件。也就是说，个人信息主体应先向个人信息处理者请求行使具体权利，只有在个人信息处理者无正当理由拒绝履行义务或一定期限内不予以处理，或者个人信息处理者提供的申请受理机制失效的情况下，个人方可向法院提起诉讼以获得救济。

本案中，被告某网络公司已通过协议约定和后台设置构建了个人行使权利的申请受理及处理机制，原告杜某可通过以上方式行使个人信息知情权和决定权。但原告杜某提起本案诉讼前并未向被告某网络公司（信息处理者）提出请求，而是径行向本院请求救济其在个人信息处理活动享有的权利，显然不符合法律规定中关于“个人信息权利请求权”的起诉受理条件，故驳回原告杜某的起诉。

（三）典型意义

1. 当个人信息主体以《个人信息保护法》第四章所规定的个人信息权利受到侵害或妨碍，但没有产生损害时所产生的一种“个人信息权利请求权”行使诉权，应以“个人信息处理者拒绝个人行使权利的请求”为受理前提。因个人信息流动大、使用频率高、范围广，如果直接向法院起诉，不但会造成不必要的诉累，增加个人信息处理的成本，而且可能导致诉讼频发、浪费司法资源，甚至成为恶意诉讼人滥用诉权的工具。实践中，个人信息主体根据现有法律规定，向个人信息处理者积极主张权利，应是最快捷、最便利、最有效的维权方式。

2. 个人信息权利行使的落实有赖于个人信息处理者的尊重和依法履行保护义务，

故《个人信息保护法》全面规定了个人在信息处理中的权利，并明确规定个人信息处理者应当建立便捷的个人行使权利的申请受理和处理机制，强化个人信息处理者的权利保障义务。只有在申请受理和处理机制未建立、有限时间内未答复、无正当理由拒绝或机制失效等情况下，方可向法院行使诉权。

思考练习

【本节导入案例分析】

1. 本案中 App 运营者有何违法行为？

经查，“超凡清理管家”等 55 款 App 存在强制索要非必要权限、未经单独同意向第三方共享精确位置信息、无隐私政策、超范围收集上传通讯录等问题，违反《个人信息保护法》等法律法规规定，性质恶劣；“东方头条”等 80 款 App 存在频繁索要非必要权限、首次启动未提示隐私政策、未告知相关个人信息处理规则、默认勾选隐私政策、无法或难以注销账号等问题，违反《个人信息保护法》等法律法规规定。

2. 该违法行为应当承担哪些法律责任？

“超凡清理管家”等 55 款 App 违反《个人信息保护法》等法律法规规定，性质恶劣，依法予以下架处置；“东方头条”等 80 款 App 违反《个人信息保护法》等法律法规定，依法责令限期 1 个月完成整改，逾期未完成整改的，依法予以下架处置。

【典型意义】

国家网信办相关负责人表示，将始终坚持依法管网、依法治网，持续强化个人信息保护领域日常监管，不断加大执法工作力度，坚决维护人民群众个人信息合法权益。

拓展学习

拓展学习

学习单元四　《中华人民共和国反电信网络诈骗法》

导入案例

【导入案例】

2018 年以来，黄某某组织数百人在柬埔寨、蒙古国等国实施跨境电信网络诈骗犯罪并形成犯罪集团，该诈骗集团设立业务、技术、后勤、后台服务等多个部门。其中，业务部门负责寻找被害人，通过微信聊天等方式，诱骗被害人到虚假交易平台投资。后台服务部门接单后，通过制造行情下跌等方式骗取被害人钱款。该犯罪集团诈骗被害人钱财共计6亿余元。2019年3月至10月，被告人罗某、王某某等19人先后加入该集团的后台服务部门，罗某任后台服务部门负责人，负责全面工作；王某某系后台服务部门的骨干成员，负责安排代理和接单人员对接等工作；其余被告人分别负责钱款统计、客服、接单等工作。罗某等人涉案诈骗金额1.7亿余元。被告人郑某某、郑某2人系地下钱庄人员，明知罗某等人实施诈骗，仍长期将银行卡提供给罗某等人使用，并对罗某等人诈骗钱款进行转移。

问题：

（1）本案中被告人罗某、郑某某等人有何违法行为？

（2）该违法行为应当承担哪些法律责任？

提示：请带着问题学习此节，具体分析见本节末。

学习目的

1. 了解《中华人民共和国反电信网络诈骗法》的概念、法律条文以及法律责任。
2. 掌握《中华人民共和国反电信网络诈骗法》案例分析方法。

知识要点

一、《中华人民共和国反电信网络诈骗法》概述

当前，电信网络诈骗犯罪已成为发展最快的刑事犯罪，严重影响人民群众获得感、幸福感、安全感。习近平总书记作出重要指示，强调要全面落实打防管控各项措施，坚决遏制电信网络诈骗犯罪多发高发态势。

各地各部门以最高站位、最大决心、最强力度，深入推进打击治理工作。2020年10月，国务院打击治理电信网络新型违法犯罪工作部际联席会议办公室牵头，最高人民法院、最高人民检察院、公安部、工业和信息化部、中国人民银行五部门联合开展“断卡”行动，加大对非法交易“两卡”（即电话卡、银行卡）用于电信网络诈骗违法犯罪的打击力度，协同推进对通信、金融和互联网领域重点问题整治。最高人民法院、最高人民检察院、公安部联合发布《关于办理电信网络诈骗等刑事案件适用法律若干问题的意见（二）》，进一步扎紧织密打击治理的刑事法网。2021年1月至9月，全国共破获电信网络诈骗案件26.2万起，抓获犯罪嫌疑人37.3万名；打掉“两卡”违法犯罪团伙1.9万个，惩戒开办“两卡”人员17.5万名；及时预警、成功阻止1260万人被骗，紧急止付涉案资金2770亿元。

打击治理电信网络诈骗犯罪，事关人民群众切身利益，事关社会大局稳定，事关国家经济安全，事关党和国家形象。部署推进“断卡”行动，是贯彻落实习近平总书记重要指示的重要举措，是打击治理电信网络诈骗犯罪的重要行动。“断卡”行动以人民为中心，坚持打防结合、预防为先；关口前移、源头治理；齐抓共管、综合治理，从源头上铲除滋生违法犯罪的土壤，有效提升人民群众获得感、幸福感、安全感，为建设更高水平的平安中国提供了坚实保障。

根据中华人民共和国主席令第一一九号，2022年9月2日中华人民共和国第十三届全国人民代表大会常务委员会第三十六次会议通过《中华人民共和国反电信网络诈

骗法》（简称《反电信网络诈骗法》），自 2022 年 12 月 1 日起施行。

《反电信网络诈骗法》共七章 50 条，这是我国第一部专门、系统、完备规范反电信网络诈骗工作的法律，坚持以人民为中心，统筹发展和安全，全链条防范治理电信网络诈骗，为反电信网络诈骗工作提供有力法律支撑。

《反电信网络诈骗法》是党中央部署打击治理电信网络诈骗工作的标志性成果，是中国特色反电信网络诈骗犯罪制度的成功探索和具体实践。

（一）《反电信网络诈骗法》的宗旨

近年来，电信网络诈骗犯罪活动形势严峻，受到社会广泛关注。《反电信网络诈骗法》贯彻落实习近平总书记关于打击治理电信网络诈骗工作的重要指示批示精神和党中央决策部署，充分体现了人民意愿和实践需要，以“小切口”专项立法快节奏推进，全面构筑打击治理电信网络诈骗活动的法治保障。

《反电信网络诈骗法》第 1 条明确了其立法目标，即“为了预防、遏制和惩治电信网络诈骗活动，加强反电信网络诈骗工作，保护公民和组织的合法权益，维护社会稳定和国家安全”，其立法宗旨包括了“维护社会稳定和国家安全”。

第一条　为了预防、遏制和惩治电信网络诈骗活动，加强反电信网络诈骗工作，保护公民和组织的合法权益，维护社会稳定和国家安全，根据宪法，制定本法。

（二）《反电信网络诈骗法》的适用范围

《反电信网络诈骗法》第 3 条规定了，“打击治理在中华人民共和国境内实施的电信网络诈骗活动或者中华人民共和国公民在境外实施的电信网络诈骗活动，适用本法”。

此外，还规定了境外的组织、个人的法律责任。

第三条　打击治理在中华人民共和国境内实施的电信网络诈骗活动或者中华人民共和国公民在境外实施的电信网络诈骗活动，适用本法。

境外的组织、个人针对中华人民共和国境内实施电信网络诈骗活动的，或者为他人针对境内实施电信网络诈骗活动提供产品、服务等帮助的，依照本法有关规定处理和追究责任。

《反电信网络诈骗法》第 49 条规定了该法没有规定的，适用的相关法律规定。

第四十九条　反电信网络诈骗工作涉及的有关管理和责任制度，本法没有规定的，适用《中华人民共和国网络安全法》、《中华人民共和国个人信息保护法》、《中华人民共和国反洗钱法》等相关法律规定。

（三）《反电信网络诈骗法》的相关术语及含义

《反电信网络诈骗法》第 2 条明确了电信网络诈骗的定义“是指以非法占有为目的，利用电信网络技术手段，通过远程、非接触等方式，诈骗公私财物的行为。”

第二条　本法所称电信网络诈骗，是指以非法占有为目的，利用电信网络技术手段，通过远程、非接触等方式，诈骗公私财物的行为。

二、《中华人民共和国反电信网络诈骗法》的主要内容

《反电信网络诈骗法》第二章“电信治理”、第三章“金融治理”、第四章“互联网治理”明确了电信业务经营者、银行业金融机构、非银行支付机构和互联网服务提供者主体责任清单，提出诸多预防电信网络诈骗的措施，将打击电信网络诈骗的工作重心由“事后打击”前移至“事前预防”，变被动为主动，体现了以人民为中心的立法理念。

（一）电信业务经营者应当严守通信安全防线

《反电信网络诈骗法》第二章“电信治理”明确规定，电信业务经营者具体职责包括：

1. 第9条规定，电信业务经营者应当依法全面落实电话用户真实身份信息登记制度。

2. 第10条规定，办理电话卡不得超出国家有关规定限制的数量。

3. 第11条规定，电信业务经营者对监测识别的涉诈异常电话卡用户应当重新进行实名核验。

4. 第12条规定，电信业务经营者建立物联网卡用户风险评估制度，评估未通过的，不得向其销售物联网卡。

5. 第13条规定，电信业务经营者应当规范真实主叫号码传送和电信线路出租，对改号电话进行封堵拦截和溯源核查。

6. 第14条规定，任何单位和个人不得非法制造、买卖、提供或者使用与实施电信网络诈骗等违法犯罪活动相关的设备、软件。

第九条　电信业务经营者应当依法全面落实电话用户真实身份信息登记制度。

基础电信企业和移动通信转售企业应当承担对代理商落实电话用户实名制管理责任，在协议中明确代理商实名制登记的责任和有关违约处置措施。

第十条　办理电话卡不得超出国家有关规定限制的数量。

对经识别存在异常办卡情形的，电信业务经营者有权加强核查或者拒绝办卡。具体识别办法由国务院电信主管部门制定。

国务院电信主管部门组织建立电话用户开卡数量核验机制和风险信息共享机制，并为用户查询名下电话卡信息提供便捷渠道。

第十一条　电信业务经营者对监测识别的涉诈异常电话卡用户应当重新进行实名核验，根据风险等级采取有区别的、相应的核验措施。对未按规定核验或者核验未通过的，电信业务经营者可以限制、暂停有关电话卡功能。

第十二条　电信业务经营者建立物联网卡用户风险评估制度，评估未通过的，不得向其销售物联网卡；严格登记物联网卡用户身份信息；采取有效技术措施限定物联网卡开通功能、使用场景和适用设备。

单位用户从电信业务经营者购买物联网卡再将载有物联网卡的设备销售给其他用户的，应当核验和登记用户身份信息，并将销量、存量及用户实名信息传送给号码归属的电信业务经营者。

电信业务经营者对物联网卡的使用建立监测预警机制。对存在异常使用情形的，应当采取暂停服务、重新核验身份和使用场景或者其他合同约定的处置措施。

第十三条　电信业务经营者应当规范真实主叫号码传送和电信线路出租，对改号电话进行封堵拦截和溯源核查。

电信业务经营者应当严格规范国际通信业务出入口局主叫号码传送，真实、准确向用户提示来电号码所属国家或者地区，对网内和网间虚假主叫、不规范主叫进行识别、拦截。

第十四条　任何单位和个人不得非法制造、买卖、提供或者使用下列设备、软件：

（一）电话卡批量插入设备；

（二）具有改变主叫号码、虚拟拨号、互联网电话违规接入公用电信网络等功能的设备、软件；

（三）批量账号、网络地址自动切换系统，批量接收提供短信验证、语音验证的平台；

（四）其他用于实施电信网络诈骗等违法犯罪的设备、软件。

电信业务经营者、互联网服务提供者应当采取技术措施，及时识别、阻断前款规定的非法设备、软件接入网络，并向公安机关和相关行业主管部门报告。

（二）金融行业筑牢支付安全屏障

《反电信网络诈骗法》第三章“金融治理”明确规定，银行业金融机构、非银行支付机构具体职责包括：

1. 第15条规定，建立客户尽职调查制度，依法识别受益所有人，采取相应风险管理措施，防范银行账户、支付账户等被用于电信网络诈骗活动。

2. 第16条规定，开立银行账户、支付账户不得超出国家有关规定限制的数量。

3. 第17条规定，银行业金融机构、非银行支付机构应当建立开立企业账户异常情形的风险防控机制。

4. 第18条规定，建立完善符合电信网络诈骗活动特征的异常账户和可疑交易监测机制。

5. 第19条规定，完整、准确传输直接提供商品或者服务的商户名称、收付款客户名称及账号等交易信息，保证交易信息的真实、完整和支付全流程中的一致性。

6. 第20条规定，配合公安机关依法采取的涉案资金查询、止付、冻结、解冻、返还措施。

第十五条　银行业金融机构、非银行支付机构为客户开立银行账户、支付账户及提供支付结算服务，和与客户业务关系存续期间，应当建立客户尽职调查制度，依法识别受益所有人，采取相应风险管理措施，防范银行账户、支付账户等被用于电信网络诈骗活动。

第十六条　开立银行账户、支付账户不得超出国家有关规定限制的数量。

对经识别存在异常开户情形的，银行业金融机构、非银行支付机构有权加强核查或者拒绝开户。

中国人民银行、国务院银行业监督管理机构组织有关清算机构建立跨机构开户数量核验机制和风险信息共享机制，并为客户提供查询名下银行账户、支付账户的便捷渠道。银行业金融机构、非银行支付机构应当按照国家有关规定提供开户情况和有关风险信息。相关信息不得用于反电信网络诈骗以外的其他用途。

第十七条　银行业金融机构、非银行支付机构应当建立开立企业账户异常情形的风险防控机制。金融、电信、市场监管、税务等有关部门建立开立企业账户相关信息共享查询系统，提供联网核查服务。

市场主体登记机关应当依法对企业实名登记履行身份信息核验职责；依照规定对登记事项进行监督检查，对可能存在虚假登记、涉诈异常的企业重点监督检查，依法撤销登记的，依照前款的规定及时共享信息；为银行业金融机构、非银行支付机构进行客户尽职调查和依法识别受益所有人提供便利。

第十八条　银行业金融机构、非银行支付机构应当对银行账户、支付账户及支付结算服务加强监测，建立完善符合电信网络诈骗活动特征的异常账户和可疑交易监测机制。

中国人民银行统筹建立跨银行业金融机构、非银行支付机构的反洗钱统一监测系统，会同国务院公安部门完善与电信网络诈骗犯罪资金流转特点相适应的反洗钱可疑交易报告制度。

对监测识别的异常账户和可疑交易，银行业金融机构、非银行支付机构应当根据风险情况，采取核实交易情况、重新核验身份、延迟支付结算、限制或者中止有关业务等必要的防范措施。

银行业金融机构、非银行支付机构依照第一款规定开展异常账户和可疑交易监测时，可以收集异常客户互联网协议地址、网卡地址、支付受理终端信息等必要的交易信息、设备位置信息。上述信息未经客户授权，不得用于反电信网络诈骗以外的其他用途。

第十九条　银行业金融机构、非银行支付机构应当按照国家有关规定，完整、准确传输直接提供商品或者服务的商户名称、收付款客户名称及账号等交易信息，保证交易信息的真实、完整和支付全流程中的一致性。

第二十条　国务院公安部门会同有关部门建立完善电信网络诈骗涉案资金即时查询、紧急止付、快速冻结、及时解冻和资金返还制度，明确有关条件、程序和救济措施。

公安机关依法决定采取上述措施的，银行业金融机构、非银行支付机构应当予以配合。

（三）互联网服务提供者承担安全保障的法律义务

《反电信网络诈骗法》第四章“互联网治理”明确规定，互联网服务提供者需承担安全保障的法律义务，互联网服务提供者具体责任包括：

1. 第 21 条规定，电信业务经营者、互联网服务提供者为用户提供互联网接入、网络代理等网络地址转换、互联网域名注册、服务器托管、空间租用、云服务、内容分发服务、信息、软件发布服务、即时通讯、网络交易、网络游戏、网络直播发布、广告推广服务，在与用户签订协议或者确认提供服务时，应当依法要求用户提供真实身份信息，用户不提供真实身份信息的，不得提供服务。

2. 第 22 条规定，互联网服务提供者对监测识别的涉诈异常账号应当重新核验，根据国家有关规定采取限制功能、暂停服务等处置措施。

3. 第 23 条规定，设立移动互联网应用程序应当按照国家有关规定向电信主管部门办理许可或者备案手续。

4. 第 24 条规定，核验域名注册、解析信息、互联网协议地址真实性、准确性，实现对域名解析、跳转、转换记录的溯源；

5. 第 25 条规定，任何单位和个人不得为他人实施电信网络诈骗活动提供出售、提供个人信息，帮助他人通过虚拟货币交易等方式洗钱等支持或者帮助。此外，履行合理注意义务，监测识别、处置利用互联网接入、服务器托管等业务从事涉诈支持、帮助的有关活动；

6. 第 26 条规定，公安机关办理电信网络诈骗案件依法调取证据的，互联网服务提供者应当及时提供技术支持和协助。

第二十一条　电信业务经营者、互联网服务提供者为用户提供下列服务，在与用户签订协议或者确认提供服务时，应当依法要求用户提供真实身份信息，用户不提供真实身份信息的，不得提供服务：

（一）提供互联网接入服务；

（二）提供网络代理等网络地址转换服务；

（三）提供互联网域名注册、服务器托管、空间租用、云服务、内容分发服务；

（四）提供信息、软件发布服务，或者提供即时通讯、网络交易、网络游戏、网络直播发布、广告推广服务。

第二十二条　互联网服务提供者对监测识别的涉诈异常账号应当重新核验，根据国家有关规定采取限制功能、暂停服务等处置措施。

互联网服务提供者应当根据公安机关、电信主管部门要求，对涉案电话卡、涉诈异常电话卡所关联注册的有关互联网账号进行核验，根据风险情况，采取限期改正、限制功能、暂停使用、关闭账号、禁止重新注册等处置措施。

第二十三条　设立移动互联网应用程序应当按照国家有关规定向电信主管部门办理许可或者备案手续。

为应用程序提供封装、分发服务的，应当登记并核验应用程序开发运营者的真实身份信息，核验应用程序的功能、用途。

公安、电信、网信等部门和电信业务经营者、互联网服务提供者应当加强对分发平台以外途径下载传播的涉诈应用程序重点监测、及时处置。

第二十四条　提供域名解析、域名跳转、网址链接转换服务的，应当按照国家有关规定，核验域名注册、解析信息和互联网协议地址的真实性、准确性，规范域名跳转，记录并留存所提供相应服务的日志信息，支持实现对解析、跳转、转换记录的溯源。

第二十五条　任何单位和个人不得为他人实施电信网络诈骗活动提供下列支持或者帮助：

（一）出售、提供个人信息；

（二）帮助他人通过虚拟货币交易等方式洗钱；

（三）其他为电信网络诈骗活动提供支持或者帮助的行为。

电信业务经营者、互联网服务提供者应当依照国家有关规定，履行合理注意义务，对利用下列业务从事涉诈支持、帮助活动进行监测识别和处置：

（一）提供互联网接入、服务器托管、网络存储、通讯传输、线路出租、域名解析等网络资源服务；

（二）提供信息发布或者搜索、广告推广、引流推广等网络推广服务；

（三）提供应用程序、网站等网络技术、产品的制作、维护服务；

（四）提供支付结算服务。

第二十六条 公安机关办理电信网络诈骗案件依法调取证据的，互联网服务提供者应当及时提供技术支持和协助。

互联网服务提供者依照本法规定对有关涉诈信息、活动进行监测时，发现涉诈违法犯罪线索、风险信息的，应当依照国家有关规定，根据涉诈风险类型、程度情况移送公安、金融、电信、网信等部门。有关部门应当建立完善反馈机制，将相关情况及时告知移送单位。

（四）综合措施全方位整合力量，共筑反诈防线

《反电信网络诈骗法》第五章“综合措施”注重社会层面的综合治理，确立了国家机构为主导，社会各方主体广泛参与的治理新模式，提高社会公众对电信网络诈骗的参与度。综合措施主要包括：

1. 第 27 条规定，公安机关应当建立完善打击治理电信网络诈骗工作机制，同时，公安机关接到电信网络诈骗活动的报案或者发现电信网络诈骗活动，应当依法立案侦查。

2. 第 28 条规定，落实本法规定情况进行监督检查。

3. 第 29 条规定，建立个人信息被用于电信网络诈骗的防范机制。

4. 第 30 条规定，电信、金融、互联网行业经营主体应当对从业人员和用户开展反电信诈骗网络宣传，对本领域出现的电信网络诈骗手段及时向用户提醒。同时规定，任何单位和个人有权举报电信网络诈骗活动，对提供有效信息的举报人依照规定给予奖励和保护。

5. 第 31 条规定，建立健全申诉渠道、信用修复和救济制度。

6. 第 32 条规定，建立有关涉诈异常信息、活动的监测识别、动态封堵和处置机制。

7. 第 33 条规定，国家推进网络身份认证公共服务建设。

8. 第 34 条规定，建立预警劝阻系统，对预警发现的潜在被害人，根据情况及时采取相应劝阻措施。

9. 第 35 条规定，经国务院反电信网络诈骗工作机制决定或者批准，公安、金融、电信等部门对电信网络诈骗活动严重的特定地区，可以依照国家有关规定采取必要的临时风险防范措施。

10. 第 36 条规定，对前往电信网络诈骗活动严重地区的人员，出境活动存在重大涉电信网络诈骗活动嫌疑的，移民管理机构可以决定不准其出境。

11. 第 37 条规定，国务院公安部门等会同外交部门加强国际执法司法合作，与有关国家、地区、国际组织建立有效合作机制。

第二十七条　公安机关应当建立完善打击治理电信网络诈骗工作机制，加强专门队伍和专业技术建设，各警种、各地公安机关应当密切配合，依法有效惩处电信网络诈骗活动。

公安机关接到电信网络诈骗活动的报案或者发现电信网络诈骗活动，应当依照《中华人民共和国刑事诉讼法》的规定立案侦查。

第二十八条　金融、电信、网信部门依照职责对银行业金融机构、非银行支付机构、电信业务经营者、互联网服务提供者落实本法规定情况进行监督检查。有关监督检查活动应当依法规范开展。

第二十九条　个人信息处理者应当依照《中华人民共和国个人信息保护法》等法律规定，规范个人信息处理，加强个人信息保护，建立个人信息被用于电信网络诈骗的防范机制。

履行个人信息保护职责的部门、单位对可能被电信网络诈骗利用的物流信息、交易信息、贷款信息、医疗信息、婚介信息等实施重点保护。公安机关办理电信网络诈骗案件，应当同时查证犯罪所利用的个人信息来源，依法追究相关人员和单位责任。

第三十条　电信业务经营者、银行业金融机构、非银行支付机构、互联网服务提供者应当对从业人员和用户开展反电信网络诈骗宣传，在有关业务活动中对防范电信网络诈骗作出提示，对本领域新出现的电信网络诈骗手段及时向用户作出提醒，对非法买卖、出租、出借本人有关卡、账户、账号等被用于电信网络诈骗的法律责任作出警示。

新闻、广播、电视、文化、互联网信息服务等单位，应当面向社会有针对性地开展反电信网络诈骗宣传教育。

任何单位和个人有权举报电信网络诈骗活动，有关部门应当依法及时处理，对提供有效信息的举报人依照规定给予奖励和保护。

第三十一条　任何单位和个人不得非法买卖、出租、出借电话卡、物联网卡、电信线路、短信端口、银行账户、支付账户、互联网账号等，不得提供实名核验帮助；不得假冒他人身份或者虚构代理关系开立上述卡、账户、账号等。

对经设区的市级以上公安机关认定的实施前款行为的单位、个人和相关组织者，以及因从事电信网络诈骗活动或者关联犯罪受过刑事处罚的人员，可以按照国家有关规定记入信用记录，采取限制其有关卡、账户、账号等功能和停止非柜面业务、暂停新业务、限制入网等措施。对上述认定和措施有异议的，可以提出申诉，有关部门应当建立健全申诉渠道、信用修复和救济制度。具体办法由国务院公安部门会同有关主管部门规定。

第三十二条　国家支持电信业务经营者、银行业金融机构、非银行支付机构、互联网服务提供者研究开发有关电信网络诈骗反制技术，用于监测识别、动态封堵和处置涉诈异常信息、活动。

国务院公安部门、金融管理部门、电信主管部门和国家网信部门等应当统筹负责本行业领域反制技术措施建设，推进涉电信网络诈骗样本信息数据共享，加强涉诈用户信息交叉核验，建立有关涉诈异常信息、活动的监测识别、动态封堵和处置机制。

依据本法第十一条、第十二条、第十八条、第二十二条和前款规定，对涉诈异常情形采取限制、暂停服务等处置措施的，应当告知处置原因、救济渠道及需要提交的资料等事项，被处置对象可以向作出决定或者采取措施的部门、单位提出申诉。作出决定的部门、单位应当建立完善申诉渠道，及时受理申诉并核查，核查通过的，应当即时解除有关措施。

第三十三条　国家推进网络身份认证公共服务建设，支持个人、企业自愿使用，电信业务经营者、银行业金融机构、非银行支付机构、互联网服务提供者对存在涉诈异常的电话卡、银行账户、支付账户、互联网账号，可以通过国家网络身份认证公共服务对用户身份重新进行核验。

第三十四条　公安机关应当会同金融、电信、网信部门组织银行业金融机构、非银行支付机构、电信业务经营者、互联网服务提供者等建立预警劝阻系统，对预警发现的潜在被害人，根据情况及时采取相应劝阻措施。对电信网络诈骗案件应当加强追赃挽损，完善涉案资金处置制度，及时返还被害人的合法财产。对遭受重大生活困难的被害人，符合国家有关救助条件的，有关方面依照规定给予救助。

第三十五条　经国务院反电信网络诈骗工作机制决定或者批准，公安、金融、电信等部门对电信网络诈骗活动严重的特定地区，可以依照国家有关规定采取必要的临时风险防范措施。

第三十六条　对前往电信网络诈骗活动严重地区的人员，出境活动存在重大涉电信网络诈骗活动嫌疑的，移民管理机构可以决定不准其出境。

因从事电信网络诈骗活动受过刑事处罚的人员，设区的市级以上公安机关可以根据犯罪情况和预防再犯罪的需要，决定自处罚完毕之日起六个月至三年以内不准其出境，并通知移民管理机构执行。

第三十七条　国务院公安部门等会同外交部门加强国际执法司法合作，与有关国家、地区、国际组织建立有效合作机制，通过开展国际警务合作等方式，提升在信息交流、调查取证、侦查抓捕、追赃挽损等方面的合作水平，有效打击遏制跨境电信网络诈骗活动。

三、《中华人民共和国反电信网络诈骗法》的法律责任

《反电信网络诈骗法》第六章“法律责任”，将法律责任明确化、具体化、全面化。

针对不同主体，《反电信网络诈骗法》明确了违反规定应当承担的行政责任，构建起刑事责任、行政责任、民事责任全方位责任体系，使电信网络诈骗行为的责任体系更加科学、全面，推进电信网络诈骗犯罪的系统治理。

电信业务经营者、银行业金融机构、非银行支付机构、互联网服务提供者违反《反电信网络诈骗法》规定，由相关主管部门根据情节，给予警告、通报批评、罚款、责令暂停相关业务、停业整顿、吊销营业执照等行政处罚。

（一）刑事责任

《反电信网络诈骗法》第38条规定，组织、策划、实施、参与电信网络诈骗活动或者为电信网络诈骗活动提供帮助，构成犯罪的，依法追究刑事责任；不构成犯罪的，由公安机关处以行政拘留、罚款及没收违法所得。

第三十八条　组织、策划、实施、参与电信网络诈骗活动或者为电信网络诈骗活动提供帮助，构成犯罪的，依法追究刑事责任。

前款行为尚不构成犯罪的，由公安机关处十日以上十五日以下拘留；没收违法所得，处违法所得一倍以上十倍以下罚款，没有违法所得或者违法所得不足一万元的，处十万元以下罚款。

（二）民事责任

《反电信网络诈骗法》第46条进一步规定，组织、策划、实施、参与电信网络诈骗活动或者为电信网络诈骗活动提供相关帮助，造成他人损害的，除依法承担刑事责任、行政责任以外，需要承担相应的民事责任。

第四十六条　组织、策划、实施、参与电信网络诈骗活动或者为电信网络诈骗活动提供相关帮助的违法犯罪人员，除依法承担刑事责任、行政责任以外，造成他人损害的，依照《中华人民共和国民法典》等法律的规定承担民事责任。

电信业务经营者、银行业金融机构、非银行支付机构、互联网服务提供者等违反本法规定，造成他人损害的，依照《中华人民共和国民法典》等法律的规定承担民事责任。

四、《中华人民共和国反电信网络诈骗法》案例分析之一

（一）基本案情

6月16日，由公安部督办的“10·18”特大跨境电信网络诈骗系列案在成都铁路运输两级法院集中公开宣判，涉案的98名被告人分别因犯诈骗罪、帮助信息网络犯罪活动罪，被判处12年至1年不等有期徒刑，其中判处5年以上刑期的有35人。98名被告人被判处罚金共计2400余万元。

2019年3月至2020年5月20日，“宏盛国际”犯罪集团租用成都某网络科技有限公司的客服软件，在菲律宾马尼拉市电力大厦组织设立虚假赌博平台——“某讯彩票”，内设“北京28”“加拿大28”等项目，实施电信网络诈骗犯罪。该犯罪集团通过交友软件，设置个人虚假信息资料、虚拟身份、虚拟定位，以交朋友“谈感情”的方式物色中国境内被害人，编排“话术”与被害人聊天。取得被害人信任后，以“高额回报”为诱饵，诱骗被害人参与上述虚假赌博平台。先期让被害人少量获利提现，待被害人产生信任后继续诱骗被害人大额充值，之后以信息错误、金额不足、账户被冻结等为由拒绝提现，非法占有被害人钱财。本案国内被害人达1500余名，涉案金额达10 458.3052万元。

（二）案情分析

公安机关接到报案后高度重视，公安部列为督办案件，以立案时间确定为“10·18”专案，指定成都铁路公安局侦查。在公安部铁路公安局的统一指挥下，全国铁路公安机关抽调精干警力数百人，经过近一年缜密侦查，行程跨越20多个省（自治区、直辖市），最终成功破获本案，抓获犯罪嫌疑人100余人，冻结涉案资金900余万元。

该案移送检察机关后，鉴于涉案人数多、涉及地域广、涉案金额特别巨大，且证据材料繁多、案情疑难复杂，为便于查明案情，将本案合理拆分为5个案件，分别由四川省人民检察院成都铁路运输分院向成都铁路运输中级法院提起公诉1案29人；成都铁路运输检察院向成都铁路运输第一法院提起公诉 4 案 69 人。

受理该案后，成铁两级法院高度重视，成立以中院党组书记、院长为组长的专案组，抽调政治素质强、业务能力精的法官组成合议庭，制定周密工作方案，全力保障审理工作顺利进行。

（三）处理过程

经过长达 5 天的庭审，法院查明，2019 年 3 月，苏某魁（在逃）等人在菲律宾注册设立“宏盛国际”，下设人事部、行政财务部、推广部、客服部（后台），雇佣被告人朱某德、董某等 100 余人分别担任主管、小组长、组员，从事跨境电信网络诈骗活动。2019 年 5 月 2 日至 2020 年 5 月 20 日期间，利用交友软件推荐虚假“某讯彩票”平台，诱骗中国大陆地区居民充值投注并后台操控的方式，骗取青海、河北、浙江、江西、湖北、四川等地 1500 余名被害人共计 10 458. 3052 万元，数额特别巨大，其行为构成诈骗罪。被告人陈某威等 4 人从菲律宾回国后，邀约李某旺搭建网络诈骗平台，采用与“宏盛国际”类似的电信网络诈骗方法，继续实施诈骗活动，2020 年 5 月至 7 月期间，共同骗取多名被害人共计 35 万余元，其行为也构成诈骗罪。被告人陈某等 4 人明知他人利用信息网络实施犯罪，为其犯罪提供支付结算帮助，情节严重，其行为均构成帮助信息网络犯罪活动罪。

法院认为，被告人朱某德是诈骗集团推广部 C 组主管，负责推广部 C 组的管理，包括考勤、协调组员生活、提拔小组长、分发工资、指导大额上下分等；被告人董某是诈骗集团行政财务部主管，负责行政财务部的管理，包括日常事务、费用结算、报销等事宜，二被告人的犯罪行为在诈骗集团中具有组织管理性，在共同犯罪中起主要作用，依法认定他们是主犯。根据他们的犯罪数额，法定刑为 10 年以上有期徒刑、无期徒刑。考虑到犯罪集团还有更高层级的主犯未到案，根据朱某德、董某的犯罪事实、情节，依法判处有期徒刑 12 年并处罚金。

（四）典型意义

本案是一起典型的“杀猪盘”电信网络诈骗犯罪案件，此类诈骗犯罪大多是团伙作案，链条化运作的方式使其更加隐蔽，策划周密的犯罪过程使其迷惑性更强。

近年来，随着信息网络技术的快速发展，电信网络诈骗已成为当前发展最快、严重影响人民群众安全感的刑事犯罪，其受害对象已逐渐从老年人向中青年群体转移，犯罪主体也开始向低年龄、低学历、低收入等“三低”人群发展，诈骗手段不断翻新，诈骗过程呈现周期长、环节多、多手段叠加、跨平台实施等特点。

五、《中华人民共和国反电信网络诈骗法》案例分析之二

（一）基本案情

被告人易某某在缅甸创建“远峰集团”，采取公司化运作模式，编写话术剧本，开展业务培训，配备作案工具，制定奖惩制度，形成组织严密、结构完整的犯罪集团。易某某作为诈骗犯罪集团的“老板”，组织、领导该集团实施跨国电信网络诈骗，纠集被告人连某某加入该集团并逐步令其成为负责人，二人系诈骗集团的首要分子。被告人林某某担任主管，负责管理组长，进行业务培训指导；被告人闫某、伏某某、秦某、黄某某等人担任代理或组长，招募管理组员并督促、指导组员实施诈骗；被告人易某为实施诈骗提供技术支持。2018 年 8 月至 2019 年 12 月，该集团先后招募、拉拢多名中国公民频繁偷越国境，往返我国和缅甸之间，用网络社交软件海量添加好友后，通过“杀猪盘”诈骗手段诈骗 81 名被害人钱财共计 1820 余万元。

（二）处理过程

本案由江西省抚州市中级人民法院一审，江西省高级人民法院二审。现已发生法律效力。

法院认为，以被告人易某某、连某某为首的犯罪集团以非法占有为目的，采取虚构事实、隐瞒真相的方法，骗取他人财物，数额特别巨大，其行为均已构成诈骗罪。易某某、连某某还多次组织他人偷越国境，并偷越国境，其行为又构成组织他人偷越国境罪、偷越国境罪。易某某、连某某系诈骗集团首要分子，按照集团所犯的全部罪行处罚。被告人林某某、闫某、伏某某、秦某、黄某某、易某等人是诈骗集团的骨干分子，系主犯，按照其所参与的或组织指挥的全部犯罪处罚。根据各被告人的犯罪事实、犯罪性质、情节和社会危害程度，以诈骗罪、组织他人偷越国境罪、偷越国境罪判处被告人易某某无期徒刑，剥夺政治权利终身，并处没收个人全部财产。以诈骗罪、组织他人偷越国境罪、偷越国境罪判处被告人连某某有期徒刑 16 年，并处罚金人民币 58 万元；以诈骗罪、偷越国境罪等判处被告人林某某等主犯 13 年 2 个月至 10 年 2 个月不等有期徒刑，并处罚金。

（三）典型意义

以被告人易某某、连某某为首的电信网络诈骗犯罪集团，利用公司化运作模式实施诈骗，集团内部层级严密，分工明确，组织特征鲜明。该诈骗集团将作案窝点设在境外，从国内招募人员并组织偷越国境，对我国境内居民大肆实施诈骗，被骗人数众多，涉案金额特别巨大。跨境电信网络诈骗犯罪集团社会危害性极大，系打击重点，对集团首要分子和骨干成员必须依法从严惩处。人民法院对该诈骗集团首要分子易某某、连某某分别判处无期徒刑和有期徒刑 16 年，对其余骨干成员均判处 10 年以上有期徒刑，充分体现了依法从严惩处的方针，最大限度彰显了刑罚的功效。

六、《中华人民共和国反电信网络诈骗法》特大跨境电信网络诈骗犯罪案件

为依法从重打击境外电信网络诈骗等违法犯罪活动，依法从重打击境内协同犯罪人员，坚决维护人民群众切身利益，最高人民检察院、公安部联合挂牌督办第三批 5 起特大跨境电信网络诈骗犯罪案件，坚持内外联动，全力打团伙、摧网络、斩链条，深挖组织者、领导者及幕后“金主”，切实维护社会稳定和人民群众切身利益。

近年来，针对电信网络诈骗犯罪依然严峻复杂的形势，最高检、公安部深入贯彻落实习近平总书记关于打击治理电信网络诈骗犯罪工作的重要指示批示要求，认真贯彻《反电信网络诈骗法》，加强协作配合，健全完善常态化重大案件挂牌督办机制，先后挂牌督办 2 批 8 起特大跨境电信网络诈骗犯罪案件，持续释放依法查处、从严惩治的强烈信号，取得了积极的效果，有力维护了人民群众合法权益。

为进一步遏制跨境电信网络诈骗犯罪多发高发态势，最大限度切断与境外诈骗集团勾结的境内犯罪链条，根据常态化挂牌督办工作机制，最高人民检察院、公安部继续联合挂牌督办第 3 批 5 起特大跨境电信网络诈骗案件。这 5 起案件分别是福建莆田

“9·06”电信网络诈骗案、重庆沙坪坝“5·11”电信网络诈骗案、江苏江阴“6·16”电信网络诈骗案、浙江温州“8·26”电信网络诈骗案、四川乐山“1·12”电信网络诈骗案。这批案件均系境外电信网络诈骗集团的重点案件，多为组织境内人员通过偷越国（边）境方式赴境外参与诈骗犯罪活动，内部组织架构严密，境内外协同配合，参与人员众多，涉案金额巨大，有的集团还涉及非法拘禁、故意伤害等严重暴力犯罪，社会影响极为恶劣。

全国检察机关、公安机关将深入贯彻落实习近平总书记重要指示批示精神，按照中央政法委的总体部署，以联合督办为重要抓手，用足用好现有法律武器，持续保持对境外电信网络诈骗集团的高压严打态势，依法从重打击境外协同人员特别是提供偷越国（边）境、“跑分”洗钱、架设 GOIP、收集公民个人信息等支持帮助的团伙和人员，加强追赃挽损工作，做到“打财断血”，努力夺取电信网络诈骗犯罪打击治理新胜利。

检察机关和公安机关再次正告电信网络诈骗犯罪分子特别是仍在境外的犯罪分子，不要心存任何侥幸，必须认清形势，立即收手，尽快回国投案自首，争取宽大处理。

（一）最高人民检察院、公安部联合挂牌督办5起特大跨境电信网络诈骗犯罪案件

1. 浙江“12·30”电信网络诈骗案。2020 年 12 月，浙江公安机关对境外电信网络诈骗团伙线索开展集中研判，深挖出一个盘踞在柬埔寨的电信网络诈骗集团。公安机关初步查明，该诈骗集团在境外搭建虚假投资平台对我国公民实施诈骗。现已抓获诈骗窝点及关联犯罪人员 400 余名，涉案金额人民币 1.5 亿余元。

2. 福建“4·09”电信网络诈骗案。2021 年 4 月，福建公安机关从本省人员偷渡案件线索入手，深挖出一个盘踞在缅北地区的电信网络诈骗集团。公安机关初步查明，该诈骗集团先后在东南亚一些国家设置窝点，对我国公民实施虚假投资理财、刷单等电信网络诈骗。现已抓获诈骗窝点及关联犯罪人员 80 余名，涉案金额人民币 6000 万余元。

3. 河南“6·20”电信网络诈骗案。2021 年 6 月，河南公安机关根据被害人报案线索，深挖出一个盘踞在缅北地区的电信网络诈骗集团。公安机关初步查明，2019 年 2 月至 2021 年 7 月，该诈骗集团先后在缅北地区多处设置窝点对我国公民实施电信网络诈骗。现已抓获诈骗窝点及关联犯罪人员 100 余名，涉案金额人民币 1.2 亿余元。

4. 湖南“8·07”电信网络诈骗案。2021 年 8 月，湖南公安机关从“断卡”行动线索入手，深挖出一个盘踞在缅北地区的电信网络诈骗集团，以及一个在省内贩卖银行卡的犯罪团伙。公安机关初步查明，该诈骗集团多次组织人员偷渡到境外从事诈骗活动，并在境外搭建虚假投资平台对我国公民实施诈骗；该贩卡团伙长期组织境内人员非法买卖银行卡。现已抓获诈骗窝点、贩卡团伙人员 70 余名，涉案金额人民币 3000 万余元。

5. 重庆“6·15”电信网络诈骗案。2021 年 6 月，重庆公安机关在核查有关案件线索时，深挖出一个盘踞在境外的电信网络诈骗集团。公安机关初步查明，该诈骗集团先后在缅甸等地，通过设立虚假投资交易平台对我国公民实施诈骗。现已抓获诈骗窝点及关联犯罪人员 100 余名，涉案金额人民币 1.2 亿余元。

（二）最高检公安部联合挂牌督办的第二批3起特大跨境电信网络诈骗案件

1. 浙江桐乡“3·03”电信网络诈骗案。2021年7月，浙江公安机关在对电信网络诈骗犯罪线索开展集中研判时，深挖出一个盘踞在境外的电信网络诈骗犯罪集团。公安机关初步查明，该犯罪集团在境外商业园区设立虚假公司，组织人员偷渡到境外从事诈骗活动，通过在境外搭建的虚假网络投资平台对我国公民实施诈骗。

2. 湖北咸宁“3·03”电信网络诈骗案。2021年4月，湖北公安机关在侦办本地案件时，深挖出一个盘踞在境外，专门为电信网络诈骗团伙提供洗钱服务的“地下钱庄”。公安机关顺线追查，发现一个通过冒充金融公司客服实施电信网络诈骗的犯罪集团，初步查明作案800余起。该诈骗集团与境外“地下钱庄”长期勾连，形成“境内引流推广—境外实施诈骗—地下钱庄运作—赃款回流境内”的犯罪链条。

3. 四川南充“4·01”电信网络诈骗案。2021年2月，四川公安机关从电信网络诈骗犯罪线索入手，深挖出盘踞在境外的10余个电信网络诈骗团伙，涉及犯罪人员800余名。经查，这些犯罪团伙从国内招募人员赴境外从事诈骗活动，利用虚假投资App，通过网络交友、诱导投资等方式对国内公民实施诈骗。

（三）最高人民检察院、公安部联合挂牌督办第三批5起特大跨境电信网络诈骗犯罪案件

1. 福建莆田“9·06”电信网络诈骗案。2022年9月，福建省莆田市公安机关在侦办一起组织他人偷越国（边）境案中发现，以唐某某为首的一境外诈骗集团在老挝设立所谓的科技公司，专门对国内民众实施电信网络诈骗活动。该犯罪集团层级结构清晰，分工明确，通过网络交友、诱导投资虚拟货币等实施诈骗，目前已查明涉案金额人民币3000余万元。团伙成员共有150余人，公安机关已抓获30余人。

2. 重庆沙坪坝“5·11”电信网络诈骗案。2018年4月，重庆市公安机关接群众报案后侦查发现，2016年~2018年，以曾某某为首的犯罪集团先后在广州成立公司，使用虚假炒股平台软件，实施虚假股票交易类电信网络诈骗。2018年之后，该犯罪集团转移至柬埔寨，下设8个分公司，继续对国内民众实施诈骗活动。目前已查明的涉案金额人民币近3亿元。公安机关已抓获犯罪嫌疑人80余名。

3. 江苏江阴“6·16”电信网络诈骗案。2021年7月，江苏省江阴市公安机关从境外“回流”人员诈骗案件入手，研判发现以陈某为首的一常年驻扎在缅北勐波等地实施电信网络诈骗的犯罪集团。该集团成立于2019年12月，内部责任分工明确，管理严格，实施多种类型诈骗犯罪。2020年7月，该集团由缅北勐波“洪门国际大厦”迁入由潘某某等6人出资建造的“五金建材城”。潘某某等6名幕后“金主”为诈骗集团提供办公场所和食宿，并进行封闭式管理，持械看守诈骗集团人员，先后招揽18个诈骗集团入驻，目前已关联全国范围内的诈骗、偷越国（边）境、非法拘禁等案件50余起。公安机关现已抓获8个诈骗集团成员共计560余人，其中已判决78人，移送审查起诉60人。

4. 浙江温州“8·26”电信网络诈骗案。2021年9月，浙江省温州市公安机关在侦办一起跨境电信网络诈骗案过程中，通过研判，发现位于缅甸、马来西亚的4个跨境电信网络诈骗犯罪集团，对国内民众实施诈赌类、期货理财类电信网络诈骗。目前

已查明涉案金额人民币3000余万元。公安机关现已抓获犯罪嫌疑人890余名，其中已移送检察机关审查起诉520余人。

5. 四川乐山“1·12”电信网络诈骗案。2020年8月，四川省乐山市公安机关在办理本地一起电信网络诈骗案件过程中，研判发现以廖某某、申某等人为首的犯罪团伙，在缅北掸邦小勐拉城郊修建小勐拉科技园，为多个境外诈骗集团提供食宿、武装保护、物业管理，涉及诈骗集团线索190余条，包括虚假博彩、虚假投资等多种类型电信网络诈骗。目前，公安机关已抓获其中的16个诈骗窝点犯罪嫌疑人450余人。

七、电信网络诈骗典型案例

为贯彻落实习近平总书记关于打击治理电信网络诈骗犯罪工作的重要指示精神，切实保障人民群众财产安全，国家网信办会同公安部等有关部门，深入整治电信网络新型违法犯罪，建设国家涉诈黑样本库，建立互联网预警劝阻平台，精准提示潜在受害人，维护人民群众切身利益。今年以来，国家网信办反诈中心排查打击涉诈网址87.8万个、App7.3万个、跨境电话7.5万个，并纳入国家涉诈黑样本库。目前，国家涉诈黑样本库已涵盖并处置涉诈网址318.7万个、App46.9万个、跨境电话39.7万个，互联网预警劝阻平台预警超6亿人次。部分典型案例如下：

1. 2022年2月，江西省某市洪某某下载了一款名为“某东.J.R”的仿冒App，受到“额度高”“利息低”等表述诱导，注册账户并申请贷款。平台谎称其账号异常，需转账到所谓的“银保监会账户”进行验证，洪某某先后多次转账，合计被骗5万元。

2. 2021年8月，江苏省某市方某某下载了“阿聊”App和“汇龙支付”App，参加所谓的“高额”任务返现活动。平台以连单任务、信誉不足为由让方某某先充钱再重启任务，方某某累计被骗11万元。

3. 2021年11月，四川省某市张某某接到谎称某电商的客服电话075×××384，称张某某购买的尿不湿因质量问题可申请退款。张某某未通过官方渠道核实对方信息，按照对方指示进行转账操作，合计被骗7.5万元。

4. 2021年6月，诈骗分子冒充浙江省某市派出所民警，联系郭某称其已涉嫌诈骗被立案，并要求郭某登录仿冒的某公安局官网查看立案信息，将资金转移到“安全账户”。郭某按照诈骗分子要求转账，合计被骗50余万元。

5. 2022年2月，河北省某市胡某看到炒股广告，下载“平安证券”仿冒APP进行相关投资操作，开始投入小金额盈利并提现成功，遂加大投资金额，最后提现失败，合计被骗50万元。

6. 2022年1月，湖北省某市张某某接到陌生电话，对方自称是某平台客服，能准确说出张某某个人信息，并表示要帮张某某消除“校园贷”记录，否则会影响个人征信。张某某按照对方要求向多个网贷平台借款，并分别转到对方提供的账户，合计损失6万元。

近年来，利用App进行诈骗已成为电信网络诈骗案件的主要犯罪手段之一，约占整体案发量的六成。其中，网络兼职刷单、快速贷款等诈骗App较多，特别是有一些仿冒各大银行和金融平台的App具有较大迷惑性和欺骗性，广大人民群众需提高防范意识。各类网站平台特别是具有社交属性的相关平台要严格落实企业责任，加强涉诈信息处置，坚决把好第一道关。手机厂商、安全厂商、浏览器厂商等要积极接入互联网预警劝阻平台，应接尽接、不留死角，织密预警劝阻网络，履行企业社会责任，为打击治理电信网络诈骗犯罪贡献力量。

八、虚假征信类诈骗典型案例及防范建议

（一）虚假征信类诈骗典型案例

1. 诈骗手段一：注销校园贷。2023 年 1 月，胡先生接到一个电话，诈骗分子自称是某金融平台工作人员，询问胡先生上大学期间是否开通过学生贷款账户，随后又称银保监会要求注销在校大学生以及毕业大学生的学生贷款账户，否则会影响个人征信。按照诈骗分子要求，胡先生下载了视频会议软件并开启屏幕共享。通过胡先生在金融平台查询操作，诈骗分子掌握了其存款情况。诈骗分子称胡先生在该平台上还有存款，需将存款全部转至对方专用账户后才能成功注销，注销后会如数退还钱款。胡先生按照诈骗分子的要求，先后向指定账户转账人民币 6 万余元。

2. 诈骗手段二：降低贷款额度。2022 年 12 月，邓女士接到一个冒充电商平台客服的电话，诈骗分子称邓女士在该平台的借款额度异常，不符合银保监会的规定，需要抓紧操作，否则会影响征信。按诈骗分子要求，邓女士下载视频会议软件并打开屏幕共享功能。诈骗分子通过邓女士的查询操作，掌握了邓女士的借款、贷款额度。诈骗分子称因额度过高，银保监会怀疑用于非法用途，需通过向平台借款的方式，把额度全部清零，并将借款转入银保监会账户，以证实资金的合法性，待额度清零后，钱款会自动填补到平台。邓女士信以为真，借贷后向诈骗分子提供的所谓“安全账户”转账人民币 51 万余元，之后诈骗分子仍要求邓女士找朋友借钱后继续转账，邓女士发现被骗后报警。

3. 诈骗手段三：消除不良记录。2023 年 1 月，冯先生接到一个固定电话来电，诈骗分子自称是某金融平台客服，并准确说出了冯先生的姓名和职业，并称冯先生曾在该平台上借贷，存在违约行为，已经影响个人征信。冯先生此前确实在此平台借贷过，便信以为真。随后，诈骗分子发给冯先生一个仿冒的“征信查询”网站，并诱导其向网站上的“官方客服”求助。“官方客服”称冯先生目前已存在不良征信，必须尽快把各个网贷平台的借款额度清零，将借款转至专用账户查验资金能力，才能修复征信。冯先生先后借款并向诈骗分子指定的账户转账人民币 54 万余元，直至发现被骗。

4. 诈骗手段四：注销借贷账户。2022 年 12 月，刘先生接到一个固定电话，诈骗分子自称是某电商平台的客服，称刘先生在其平台上开通了借贷功能，由于该借贷产品年利率过高，被国家定性为高利息网贷，已经被银保监会要求下架整改，需要刘先生注销该借贷账户，否则将影响个人征信。诈骗分子添加刘先生联系方式，并向刘先生发送伪造的银保监会红头通知。刘先生信以为真，按照诈骗分子要求，下载了视频会议软件，与所谓的风控部门客服联系。诈骗分子称刘先生征信过低，需要消除多家网贷公司贷款记录，否则无法注销在该平台的借贷账户。诈骗分子随后通过共享屏幕，诱导刘先生先后从多家借贷平台中借贷人民币 14 万余元，并转至指定账户。

5. 诈骗手段五：扣除违约金、利息费。2023 年 1 月，王女士接到一个固定电话，诈骗分子自称某金融平台客服，称王女士在其平台有 20 万元的借款额度，因长期未使用，将扣除3000元的违约金，并影响征信。诈骗分子称可以帮助注销，让王女士下载视频会议软件，并开启远程控制功能。诈骗分子远程操作王女士的手机，谎称帮助王女士清空借款额度，实际是在该金融平台上借款，并直接提现至指定银行账户，先后骗取人民币17万余元。

（二）防范建议

1. 认真核实互联网平台客服来电。互联网平台客服不会使用个人手机号或其他非官方社交方式联系客户。在接到这类电话时，要提高警惕，不要轻易泄露个人信息；如有疑问，可直接拨打平台官方客服电话核实。

2. 果断拒绝以影响征信为由关闭或注销账户的要求。个人征信由中国人民银行及其派出机构统一管理，任何机构或个人无权删除或修改。

3. 审慎回应添加好友共享屏幕的请求。添加好友共享屏幕是虚假征信类诈骗的固定套路，不要轻易下载视频聊天或屏幕共享软件与陌生人聊天，更不要在共享屏幕中进行银行账户操作，以防个人信息泄露。

4. 严格禁止向陌生人转账或借贷。对于陌生人要求操作转账或借贷，坚决不予理会，并拒绝透露个人身份证件号码、银行账户、验证码、密码等个人信息。

思考练习

【本节导入案例分析】

1. 本案中被告人罗某、郑某某等人有何违法行为？

本案由江苏省南通市通州区人民法院一审，江苏省南通市中级人民法院二审。现已发生法律效力。

法院认为，被告人罗某等人明知犯罪集团组织实施电信网络诈骗犯罪，仍积极参加，诈骗数额特别巨大，其行为均已构成诈骗罪。

2. 该违法行为应当承担哪些法律责任？

根据各被告人的犯罪事实、犯罪性质、情节和社会危害程度，以诈骗罪判处被告人罗某有期徒刑15年，并处罚金人民币100万元；以诈骗罪判处被告人王某某、郑某某等人12年至3年不等有期徒刑，并处罚金。

【典型意义】

电信网络诈骗一般是长期设置窝点作案，有明确的组织、指挥者，骨干成员固定，结构严密，层级分明，各个环节分工明确，各司其职，衔接有序，多已形成犯罪集团，其中起组织、指挥作用的，依法认定为犯罪集团首要分子，其中起主要作用的骨干成员，包括各个环节的负责人，一般认定为主犯，按照其所参与或者组织、指挥的全部犯罪处罚。

本案中，黄某某犯罪集团各部门之间分工明确，相互协作，共同完成电信网络诈骗犯罪，其中后台服务部门和地下钱庄均系犯罪链条上不可或缺的一环。人民法院对负责后台服务的负责人罗某、骨干成员王某某、地下钱庄人员郑某某依法认定为主犯，均判处10年以上有期徒刑，体现了对电信网络犯罪集团首要分子和骨干成员依法严惩的方针。

拓展学习

拓展学习

学习单元五 《中华人民共和国国家安全法》

导入案例

【导入案例】

2016年年初，张某某通过手机移动上网下载暴力恐怖视频和图片。2016年2月至2016年10月间，张某某先后将下载的部分暴力恐怖视频和图片上传至QQ空间，供他人浏览。

问题：

1. 本案中张某某有何违法行为？
2. 该违法行为应当承担哪些法律责任？

提示：请带着问题学习此节，具体分析见本节末。

学习目的

1. 了解《中华人民共和国国家安全法》的概念、法律条文以及法律责任。
2. 掌握《中华人民共和国国家安全法》案例分析方法。

知识要点

一、《中华人民共和国国家安全法》概述

国家安全是民族复兴的根基，社会稳定是国家强盛的前提。必须坚定不移贯彻总体国家安全观，把维护国家安全贯穿党和国家工作各方面全过程，确保国家安全和社会稳定。[1]

2015年7月1日，第十二届全国人民代表大会常务委员会第十五次会议通过《中华人民共和国国家安全法》（简称《国家安全法》），其中规定，每年4月15日为全民国家安全教育日。

---

〔1〕《习近平：高举中国特色社会主义伟大旗帜，为全面建设社会主义现代化国家而团结奋斗——在中国共产党第二十次全国代表大会上的报告》，载中国法院网，https://www.chinacourt.org/article/detail/2022/10/id/6979112.shtml，最后访问日期：2025年1月7日。

（一）《国家安全法》的立法背景

1993 年 2 月 22 日，第七届全国人民代表大会常务委员会第三十次会议通过，中华人民共和国主席令第 68 号公布施行过一部国家安全法，主要是规定国家安全机关履行的职责特别是反间谍工作方面的职责。但随着国家安全形势的发展变化，这部法律已难以适应全面维护各领域国家安全的需要。2014 年 11 月 1 日，第十二届全国人大常委会第十一次会议审议通过了《中华人民共和国反间谍法》，相应废止了 1993 年 2 月 22 日通过的国家安全法。在立足我国国情，借鉴国外有益经验，创造性地提出了许多观念原则和制度机制基础上，2015 年 7 月 1 日，第十二届全国人民代表大会常务委员会第十五次会议通过，中华人民共和国主席令第 29 号公布了《中华人民共和国国家安全法》。

第一条　为了维护国家安全，保卫人民民主专政的政权和中国特色社会主义制度，保护人民的根本利益，保障改革开放和社会主义现代化建设的顺利进行，实现中华民族伟大复兴，根据宪法，制定本法。

（二）《国家安全法》的主要内容

《国家安全法》共七章 84 条，主要从国家安全的定义，部门、各地方维护国家安全的职责，以及十项国家安全制度和机制等方面予以明确。规定了法治、经费、物资、人才等一系列国家安全保障措施。突出了公民和组织维护国家安全应当履行的义务和依法享有的权利。

（三）《国家安全法》的重要意义

1. 确立了以总体国家安全观为指导思想。《国家安全法》第 3 条规定，国家安全工作应当坚持总体国家安全观。这是新形势下国家安全工作的指导思想，贯穿《国家安全法》始终。总体国家安全观是 2014 年 4 月 15 日，习近平总书记在中央国家安全委员会第一次会议上提出的。当前，我国国家安全内涵和外延比历史上任何时候都要丰富，时空领域比历史上任何时候都要宽广，内外因素比历史上任何时候都要复杂，必须坚持总体国家安全观，统筹内部安全和外部安全、国土安全和国民安全、传统安全和非传统安全、生存安全和发展安全、自身安全和共同安全，走中国特色国家安全道路。总体国家安全观是在正确分析、科学整合传统国家安全观的基础上提出的，契合了我国国家安全形势变化新特点新趋势揭示了当代国家安全和国家安全工作的全面性、整体性和系统性，是新时期做好我国国家安全工作的根本遵循。

第三条　国家安全工作应当坚持总体国家安全观，以人民安全为宗旨，以政治安全为根本，以经济安全为基础，以军事、文化、社会安全为保障，以促进国际安全为依托，维护各领域国家安全，构建国家安全体系，走中国特色国家安全道路。

2. 突出强调以人民安全为宗旨。《国家安全法》第 3 条规定，国家安全工作以人民安全为宗旨。这表明，人民的安全和利益是国家安全的核心，是国家安全活动的根本目的，体现了以人为本、以民为本的安全观，体现了我国社会主义国家政权的民主本质。皮之不存，毛将焉附。人是国家存在和发展的第一要素，没有人便没有国家。人民安全天然是国家安全第一位的重要内容，是国家安全不可分割的最核心的组成部分。《国家安全法》把“保护人民的根本利益”确定为立法目的（第 1 条），把“人民福祉”确定为国家核心利益（第 2 条），把“尊重和保障人权，依法保护公民的权利和自由”确定为维护国家安全的重要原则（第 7 条），把“保卫人民安全”确定为维护国家安全的重要任务（第 16 条），为维护人民的安全和利益提供了坚固屏障。

第三条　国家安全工作应当坚持总体国家安全观，以人民安全为宗旨，以政治安全为根本，以经济安全为基础，以军事、文化、社会安全为保障，以促进国际安全为依托，维护各领域国家安全，构建国家安全体系，走中国特色国家安全道路。

3. 首次界定国家安全。1993 年国家安全法没有明确国家安全的含义，新《国家安全法》第 2 条首次对国家安全作出界定：“国家安全是指国家政权、主权、统一和领土完整、人民福祉、经济社会可持续发展和国家其他重大利益相对处于没有危险和不受内外威胁的状态，以及保障持续安全状态的能力。”一些学者认为，国家安全犹如变色龙的外皮，会随时间、环境的变化呈现不同的色彩和内容，难以下一个普遍适用的定义。尽管如此，国家安全的基本含义仍是可以确定的。事实上，多数国家都在国家安全立法中对国家安全作出界定。我国《国家安全法》把国家政权、主权、统一和领土完整、人民福祉、经济社会可持续发展列为保护对象，既涵盖传统安全的内容，也涵盖非传统安全的内容；使用了“国家其他重大利益”的表述，体现了适应性和灵活性，符合国家安全不断发展变化的规律。在《国家安全法》中对国家安全作出界定，有助于明晰国家安全工作的权限和范围，防范国家安全工作人员滥用或不当行使权力、侵犯公民合法权益。

第二条　国家安全是指国家政权、主权、统一和领土完整、人民福祉、经济社会可持续发展和国家其他重大利益相对处于没有危险和不受内外威胁的状态，以及保障持续安全状态的能力。

4. 确立了国家安全领导体制。《国家安全法》第 4 条规定：“坚持中国共产党对国家安全工作的领导，建立集中统一、高效权威的国家安全领导体制。”第 5 条规定了中央国家安全领导机构的职责。上述规定确立了我国的国家安全领导体制，是此次国家安全立法的重要特色。当今时代，国家安全威胁的突发性、多样性、复杂性要求决策者作出及时专业判断，进行有效协同应对。为此各国均建立集中统一、高效权威的国家安全决策协调机制。中国共产党是中国特色社会主义事业的领导核心。在《国家安全法》中确立党的领导地位，是维护国家安全的必然要求，是发挥党总揽全局、协调各方作用的重要体现，有助于统筹应对内外安全威胁、提高决策效率权威。

第四条　坚持中国共产党对国家安全工作的领导，建立集中统一、高效权威的国家安全领导体制。

第五条　中央国家安全领导机构负责国家安全工作的决策和议事协调，研究制定、指导实施国家安全战略和有关重大方针政策，统筹协调国家安全重大事项和重要工作，推动国家安全法治建设。

5. 首次提出网络空间主权这一概念。《国家安全法》第 25 条规定，加强网络管理，防范、制止和依法惩治网络攻击、网络入侵、网络窃密、散布违法有害信息等网络违法犯罪行为，维护国家网络空间主权、安全和发展利益。提出网络空间主权这一概念，是《国家安全法》的一大创新。在互联网时代，国家疆域呈现陆地、海洋、空间、太空、网络空间五维格局，网络空间主权随之出现。近年来，棱镜门、维基解密以及大规模互联网用户信息泄露等重大网络安全事件频发，网络空间安全形势日益严峻。在这种情况下，大多数国家都把特定网络置于自己主权管辖之下，并对相关网络行为进行约束和规范。在《国家安全法》中确立网络空间主权这一概念，有助于我国加强网络空间治理，建设网络安全保障体系，参与网络国际治理和合作，捍卫我国网络空间主权安全。

第二十五条　国家建设网络与信息安全保障体系，提升网络与信息安全保护能力，加强网络和信息技术的创新研究和开发应用，实现网络和信息核心技术、关键基础设施和重要领域信息系统及数据的安全可控；加强网络管理，防范、制止和依法惩治网络攻击、网络入侵、网络窃密、散布违法有害信息等网络违法犯罪行为，维护国家网络空间主权、安全和发展利益。

（四）《网络安全法》与《国家安全法》的关系

《国家安全法》中设置有针对网络与信息安全保障的专门条款。

1. 国家建设网络与信息安全保障体系。《国家安全法》第 25 条明确规定："国家建设网络与信息安全保障体系，提升网络与信息安全保护能力，加强网络和信息技术的创新研究和开发应用，实现网络和信息核心技术、关键基础设施和重要领域信息系统及数据的安全可控；加强网络管理，防范、制止和依法惩治网络攻击、网络入侵、网络窃密、散布违法有害信息等网络违法犯罪行为，维护国家网络空间主权、安全和发展利益。"

第二十五条　国家建设网络与信息安全保障体系，提升网络与信息安全保护能力，加强网络和信息技术的创新研究和开发应用，实现网络和信息核心技术、关键基础设施和重要领域信息系统及数据的安全可控；加强网络管理，防范、制止和依法惩治网络攻击、网络入侵、网络窃密、散布违法有害信息等网络违法犯罪行为，维护国家网络空间主权、安全和发展利益。

2. 国家建立国家安全审查和监管的制度和机制。《国家安全法》第 59 条规定："国家建立国家安全审查和监管的制度和机制，对影响或者可能影响国家安全的外商投资、特定物项和关键技术、网络信息技术产品和服务、涉及国家安全事项的建设项目，以及其他重大事项和活动，进行国家安全审查，有效预防和化解国家安全风险。"

第五十九条　国家建立国家安全审查和监管的制度和机制，对影响或者可能影响国家安全的外商投资、特定物项和关键技术、网络信息技术产品和服务、涉及国家安全事项的建设项目，以及其他重大事项和活动，进行国家安全审查，有效预防和化解国家安全风险。

3.《网络安全法》与《国家安全法》的关系。从上述条款可以看出，网络安全保障的内容如涉及国家安全，基于维护国家网络空间主权、安全和发展利益，将受到《国家安全法》和《网络安全法》的规制和保护。

在此方面，《国家安全法》对涉及国家安全事项的网络与信息安全保障做出了原则性的规定，而《网络安全法》是保障网络空间安全的基本法，具体指导相关规定的有效实施，充分体现了两部法律在相关规定上的衔接。

然而，《网络安全法》是保障网络空间安全的基本法，其与《国家安全法》都是由全国人大常委会制定的法律，因此二者在我国法律体系内处于同一法律位阶，不存在上位法与下位法的关系。

随着我国经济和社会信息化进程加快，国民经济和社会发展对基础信息网络和重要信息系统的依赖性越来越大，信息安全事关国家安全。

二、《中华人民共和国国家安全法》重点原文摘录

第一条　为了维护国家安全，保卫人民民主专政的政权和中国特色社会主义制度，保护人民的根本利益，保障改革开放和社会主义现代化建设的顺利进行，实现中华民族伟大复兴，根据宪法，制定本法。

第二条　国家安全是指国家政权、主权、统一和领土完整、人民福祉、经济社会可持续发展和国家其他重大利益相对处于没有危险和不受内外威胁的状态，以及保障持续安全状态的能力。

第三条　国家安全工作应当坚持总体国家安全观，以人民安全为宗旨，以政治安全为根本，以经济安全为基础，以军事、文化、社会安全为保障，以促进国际安全为依托，维护各领域国家安全，构建国家安全体系，走中国特色国家安全道路。

第四条　坚持中国共产党对国家安全工作的领导，建立集中统一、高效权威的国家安全领导体制。

第五条　中央国家安全领导机构负责国家安全工作的决策和议事协调，研究制定、指导实施国家安全战略和有关重大方针政策，统筹协调国家安全重大事项和重要工作，推动国家安全法治建设。

第十一条　中华人民共和国公民、一切国家机关和武装力量、各政党和各人民团体、企业事业组织和其他社会组织，都有维护国家安全的责任和义务。

中国的主权和领土完整不容侵犯和分割。维护国家主权、统一和领土完整是包括港澳同胞和台湾同胞在内的全中国人民的共同义务。

第十三条　国家机关工作人员在国家安全工作和涉及国家安全活动中，滥用职权、玩忽职守、徇私舞弊的，依法追究法律责任。

任何个人和组织违反本法和有关法律，不履行维护国家安全义务或者从事危害国家安全活动的，依法追究法律责任。

第十四条　每年4月15日为全民国家安全教育日。

第二十五条　国家建设网络与信息安全保障体系，提升网络与信息安全保护能力，加强网络和信息技术的创新研究和开发应用，实现网络和信息核心技术、关键基础设施和重要领域信息系统及数据的安全可控；加强网络管理，防范、制止和依法惩治网络攻击、网络入侵、网络窃密、散布违法有害信息等网络违法犯罪行为，维护国家网络空间主权、安全和发展利益。

第三十五条　全国人民代表大会依照宪法规定，决定战争和和平的问题，行使宪法规定的涉及国家安全的其他职权。

全国人民代表大会常务委员会依照宪法规定，决定战争状态的宣布，决定全国总动员或者局部动员，决定全国或者个别省、自治区、直辖市进入紧急状态，行使宪法规定的和全国人民代表大会授予的涉及国家安全的其他职权。

第三十六条　中华人民共和国主席根据全国人民代表大会的决定和全国人民代表大会常务委员会的决定，宣布进入紧急状态，宣布战争状态，发布动员令，行使宪法规定的涉及国家安全的其他职权。

第三十七条　国务院根据宪法和法律，制定涉及国家安全的行政法规，规定有关行政措施，发布有关决定和命令；实施国家安全法律法规和政策；依照法律规定决定省、自治区、直辖市的范围内部分地区进入紧急状态；行使宪法法律规定的和全国人民代表大会及其常务委员会授予的涉及国家安全的其他职权。

第三十八条　中央军事委员会领导全国武装力量，决定军事战略和武装力量的作战方针，统一指挥维护国家安全的军事行动，制定涉及国家安全的军事法规，发布有关决定和命令。

第三十九条　中央国家机关各部门按照职责分工，贯彻执行国家安全方针政策和法律法规，管理指导本系统、本领域国家安全工作。

第四十条　地方各级人民代表大会和县级以上地方各级人民代表大会常务委员会在本行政区域内，保证国家安全法律法规的遵守和执行。

地方各级人民政府依照法律法规规定管理本行政区域内的国家安全工作。

香港特别行政区、澳门特别行政区应当履行维护国家安全的责任。

第四十一条　人民法院依照法律规定行使审判权，人民检察院依照法律规定行使检察权，惩治危害国家安全的犯罪。

第四十二条　国家安全机关、公安机关依法搜集涉及国家安全的情报信息，在国家安全工作中依法行使侦查、拘留、预审和执行逮捕以及法律规定的其他职权。

有关军事机关在国家安全工作中依法行使相关职权。

第四十三条　国家机关及其工作人员在履行职责时，应当贯彻维护国家安全的原则。

国家机关及其工作人员在国家安全工作和涉及国家安全活动中，应当严格依法履行职责，不得超越职权、滥用职权，不得侵犯个人和组织的合法权益。

第五十九条　国家建立国家安全审查和监管的制度和机制，对影响或者可能影响国家安全的外商投资、特定物项和关键技术、网络信息技术产品和服务、涉及国家安全事项的建设项目，以及其他重大事项和活动，进行国家安全审查，有效预防和化解国家安全风险。

第七十七条　公民和组织应当履行下列维护国家安全的义务：

（一）遵守宪法、法律法规关于国家安全的有关规定；

（二）及时报告危害国家安全活动的线索；

（三）如实提供所知悉的涉及危害国家安全活动的证据；

（四）为国家安全工作提供便利条件或者其他协助；

（五）向国家安全机关、公安机关和有关军事机关提供必要的支持和协助；

（六）保守所知悉的国家秘密；

（七）法律、行政法规规定的其他义务。

任何个人和组织不得有危害国家安全的行为，不得向危害国家安全的个人或者组织提供任何资助或者协助。

三、《中华人民共和国国家安全法》案例分析之李某某资助危害国家安全犯罪活动案

（一）基本案情

李某某，曾用名李某祥，男，1955年出生于上海，后加入伯利兹籍，但长期在国内经商。2009年，李某某在某西方大国参加一场反华活动时，结识了反华分子杨某某。此后，李某某在明知杨某某从事危害我国国家安全犯罪活动的情况下，长期资助杨某某实施相关犯罪活动。其中，2016年至2019年，李某某以现金或者支票方式资助杨某某10余万美元，折合人民币100余万元。

一审法院判决：李某某犯资助危害国家安全犯罪活动罪，判处有期徒刑11年，并处没收个人财产人民币200万元。一审宣判后，李某某提出上诉。二审法院裁定：驳回上诉，维持原判。

（二）案情分析

资助危害国家安全犯罪活动罪，包括境内外机构、组织或者个人资助实施背叛国家，分裂国家、煽动分裂国家，武装叛乱、暴乱，颠覆国家政权、煽动颠覆国家政权的行为。

这些行为都是对国家安全具有重大危害的犯罪，对这些危害国家安全的犯罪活动进行资助，实际上就是帮助犯，资助行为与被资助的危害国家安全犯罪活动侵害的目标是一致的，都是国家安全。

《刑法》相关法律条文：

《刑法》第一百零二条　【背叛国家罪】勾结外国，危害中华人民共和国的主权、领土完整和安全的，处无期徒刑或者十年以上有期徒刑。

与境外机构、组织、个人相勾结，犯前款罪的，依照前款的规定处罚。

《刑法》第一百零三条　【分裂国家罪、煽动分裂国家罪】组织、策划、实施分裂国家、破坏国家统一的，对首要分子或者罪行重大的，处无期徒刑或者十年以上有期徒刑；对积极参加的，处三年以上十年以下有期徒刑；对其他参加的，处三年以下有期徒刑、拘役、管制或者剥夺政治权利。

煽动分裂国家、破坏国家统一的，处五年以下有期徒刑、拘役、管制或者剥夺政治权利；首要分子或者罪行重大的，处五年以上有期徒刑。

《刑法》第一百零四条　【武装叛乱、暴乱罪】组织、策划、实施武装叛乱或者武装暴乱的，对首要分子或者罪行重大的，处无期徒刑或者十年以上有期徒刑；对积极参加的，处三年以上十年以下有期徒刑；对其他参加的，处三年以下有期徒刑、拘役、管制或者剥夺政治权利。

策动、胁迫、勾引、收买国家机关工作人员、武装部队人员、人民警察、民兵进行武装叛乱或者武装暴乱的，依照前款的规定从重处罚。

《刑法》第一百零五条　【颠覆国家政权罪、煽动颠覆国家政权罪】组织、策划、实施颠覆国家政权、推翻社会主义制度的，对首要分子或者罪行重大的，处无期徒刑或者十年以上有期徒刑；对积极参加的，处三年以上十年以下有期徒刑；对其他参加的，处三年以下有期徒刑、拘役、管制或者剥夺政治权利。

以造谣、诽谤或者其他方式煽动颠覆国家政权、推翻社会主义制度的，处五年以下有期徒刑、拘役、管制或者剥夺政治权利；首要分子或者罪行重大的，处五年以上有期徒刑。

《刑法》第一百零七条　【资助危害国家安全犯罪活动罪】境内外机构、组织或者个人资助实施本章第一百零二条、第一百零三条、第一百零四条、第一百零五条规定之罪的，对直接责任人员，处五年以下有期徒刑、拘役、管制或者剥夺政治权利；情节严重的，处五年以上有期徒刑。

本罪的犯罪主体为境内外机构、组织或者个人，实际上是一般主体，不仅包括境内机构、组织、个人，而且包括境外机构、组织、个人。《刑法》第6条规定，凡在中华人民共和国领域内犯罪的，除法律有特别规定的以外，都适用中国刑法；犯罪的行为或者结果有一项发生在中华人民共和国领域内的，就认为是在中华人民共和国领域内犯罪。资助危害国家安全犯罪活动，无论资助行为发生在国内还是国外，因资助的结果发生在中国领域内，所以属于在中国领域内犯罪，适用《刑法》。

《刑法》相关法律条文：

《刑法》第六条　【属地管辖权】凡在中华人民共和国领域内犯罪的，除法律有特别规定的以外，都适用本法。

凡在中华人民共和国船舶或者航空器内犯罪的，也适用本法。

犯罪的行为或者结果有一项发生在中华人民共和国领域内的，就认为是在中华人民共和国领域内犯罪。

《刑法》第一百零二条　【背叛国家罪】勾结外国，危害中华人民共和国的主权、领土完整和安全的，处无期徒刑或者十年以上有期徒刑。

与境外机构、组织、个人相勾结，犯前款罪的，依照前款的规定处罚。

《刑法》第一百零六条　【与境外勾结的处罚规定】与境外机构、组织、个人相勾结，实施本章第一百零三条、第一百零四条、第一百零五条规定之罪的，依照各该条的规定从重处罚。

本案中，被告人李某某明知杨某某在境外实施危害我国国家安全的犯罪活动，仍资助杨某某实施了一系列危害我国国家安全的犯罪活动，给我国的国家安全造成严重危害，其行为触犯《国家安全法》第11条、第13条、第77条相关规定，其行为符合《刑法》规定的资助危害国家安全犯罪活动罪的构成要件，依法应以资助危害国家安全犯罪活动罪定罪处罚。

第十一条　中华人民共和国公民、一切国家机关和武装力量、各政党和各人民团体、企业事业组织和其他社会组织，都有维护国家安全的责任和义务。

中国的主权和领土完整不容侵犯和分割。维护国家主权、统一和领土完整是包括港澳同胞和台湾同胞在内的全中国人民的共同义务。

第十三条　国家机关工作人员在国家安全工作和涉及国家安全活动中，滥用职权、玩忽职守、徇私舞弊的，依法追究法律责任。

任何个人和组织违反本法和有关法律，不履行维护国家安全义务或者从事危害国家安全活动的，依法追究法律责任。

第七十七条　公民和组织应当履行下列维护国家安全的义务：

（一）遵守宪法、法律法规关于国家安全的有关规定；

（二）及时报告危害国家安全活动的线索；

（三）如实提供所知悉的涉及危害国家安全活动的证据；

（四）为国家安全工作提供便利条件或者其他协助；

（五）向国家安全机关、公安机关和有关军事机关提供必要的支持和协助；

（六）保守所知悉的国家秘密；

（七）法律、行政法规规定的其他义务。

任何个人和组织不得有危害国家安全的行为，不得向危害国家安全的个人或者组织提供任何资助或者协助。

《刑法》相关法律条文：

《刑法》第一百零七条　【资助危害国家安全犯罪活动罪】境内外机构、组织或者个人资助实施本章第一百零二条、第一百零三条、第一百零四条、第一百零五条规定之罪的，对直接责任人员，处五年以下有期徒刑、拘役、管制或者剥夺政治权利；情节严重的，处五年以上有期徒刑。

（三）典型意义

李某某资助危害国家安全犯罪活动案，是近年来人民法院审理的一起典型危害国家安全犯罪案件。李某某出生在中国，生意在中国，却资助境外反华分子实施危害我国国家安全的犯罪活动。案件的依法审理，依法追究法律责任，传递出国家安全不容侵犯的坚决态度。

维护国家安全，人人有责，也必须人人负责、人人尽责。公民和组织应当切实履行维护国家安全的义务，及时报告危害国家安全活动的线索，保守所知悉的国家秘密，为国家安全工作提供便利条件或者其他协助等。机关、人民团体、企业事业组织和其他社会组织应当对本单位的人员进行维护国家安全的教育，动员、组织本单位的人员防范、制止危害国家安全的行为。

国家安全是安邦定国的重要基石，维护国家安全是全国各族人民根本利益所在。

四、《中华人民共和国国家安全法》案例分析之昆明火车站“3·01”暴恐案

（一）基本案情

2014 年 3 月 1 日 21 时许，昆明火车站广场发生严重暴力恐怖事件，一群统一着装的暴徒蒙面持刀在昆明火车站广场、售票厅等处砍杀无辜群众，共造成 31 人死亡，141 人受伤。事发现场证据表明，这起事件是新疆分裂势力一手策划制造的严重暴力恐怖事件。

2014 年 3 月 3 日，案件成功告破。经查明，该案是以依斯坎达尔·某某某、阿卜杜热伊木·某某某为首的暴力恐怖团伙所为。该团伙共有 8 人（6 男 2 女），现场被公安机关击毙 4 名、击伤抓获 1 名（女），其余 3 名落网。

经法庭审理查明：受宗教极端思想影响，2013 年 12 月以来，原审被告人依斯坎达尔·某某某、某某某·托合尼亚孜、某某·买买提、帕提古丽·某某某和已被现场击毙的阿卜杜热伊木·某某某、艾合买提·某某某、阿尔米亚·某某某、盲沙尔·某某某等 8 人纠集他人形成恐怖组织，指挥该组织成员为实施暴力恐怖活动在广东、河南、甘肃等地进行暴力恐怖犯罪准备，并共同策划在昆明火车站进行暴力恐怖活动。

2014 年 2 月 27 日，依斯坎达尔·某某某、某某某·托合尼亚孜、某某·买买提因涉嫌偷越国境在云南沙甸被抓获。

2014 年 3 月 1 日中午，阿卜杜热伊木·某某某联系不上依斯坎达尔·某某某等人，阿卜杜热伊木·某某某、艾合买提·某某某、帕提古丽·某某某、阿尔米亚·某某某、盲沙尔·某某某遂商定即日按原计划在昆明火车站实施暴力恐怖活动。17 时 30 分许，阿卜杜热伊木·某某某等五人携带作案工具，租车从沙甸出发，20 时 30 分许到达昆明火车站。21 时 12 分许，五人持刀，从火车站临时候车区开始，经站前广场、第二售票区、售票大厅、小件寄存处等地，打出暴恐旗帜，肆意砍杀无辜群众，致 31 人死亡，141 人受伤，其中 40 人系重伤。因抗拒抓捕，被告人帕提古丽·某某某被民警开枪击伤并抓获，其余 4 人被当场击毙。

（二）处理过程

法院认为，被告人依斯坎达尔·某某某、某某·买买提邀约他人参加恐怖组织，被告人某某某·托合尼亚孜多次出资用于组织活动，三被告人均具体组织、策划在人员密集场所实施暴力恐怖活动，均系恐怖组织的组织、领导者；三被告人在被公安机关抓获后，明知其组织成员即将实施杀人恐怖活动，拒不供述犯罪事实，积极追求暴恐犯罪目的的实现，应对恐怖组织所犯全部罪行承担责任。

被告人帕提古丽·某某某实施杀人行为，犯罪情节特别恶劣，罪行极其严重，鉴于其在羁押时已怀孕，属于依法不适用死刑的情形，不应适用死刑。

2014 年 9 月 12 日下午，云南省昆明市中级人民法院对“3·01”昆明火车站严重暴力恐怖案件一审公开开庭审理完毕并当庭宣判，分别以组织、领导恐怖组织罪、故意杀人罪，数罪并罚，判处被告人依斯坎达尔·某某某、某某某·托合尼亚孜、某某·买买提死刑，剥夺政治权利终身；以参加恐怖组织罪、故意杀人罪，数罪并罚，判处被告人帕提古丽·某某某无期徒刑，剥夺政治权利终身。

2014 年 10 月 31 日上午，云南省高级人民法院二审公开开庭审理昆明火车站“3·01”严重暴力恐怖犯罪案件，并当庭裁定，驳回某某·买买提的上诉，维持一审对依斯坎达尔·某某某、某某某·托合尼亚孜、某某·买买提的死刑判决以及判处帕提古丽·某某某无期徒刑的判决。

法院依据物证、书证、证人证言、被害人陈述、被告人供述、鉴定意见等证据，依法作出上述判决。

庭审过程中，人民法院为各被告人聘请了翻译，依法保障其使用本民族语言文字进行诉讼的权利，并依法充分保障被告人的其他各项诉讼权利。人民法院依法指定的律师出庭为被告人进行了辩护，被告人对公诉机关指控的犯罪事实进行了供述和辩解。

（三）相关法律条文

《国家安全法》第二十八条　国家反对一切形式的恐怖主义和极端主义，加强防范和处置恐怖主义的能力建设，依法开展情报、调查、防范、处置以及资金监管等工作，依法取缔恐怖活动组织和严厉惩治暴力恐怖活动。

《反恐怖主义法》第七十九条 组织、策划、准备实施、实施恐怖活动，宣扬恐怖主义，煽动实施恐怖活动，非法持有宣扬恐怖主义的物品，强制他人在公共场所穿戴宣扬恐怖主义的服饰、标志，组织、领导、参加恐怖活动组织，为恐怖活动组织、恐怖活动人员、实施恐怖活动或者恐怖活动培训提供帮助的，依法追究刑事责任。

《刑法》第一百二十条 【组织、领导、参加恐怖组织罪】组织、领导恐怖活动组织的，处十年以上有期徒刑或者无期徒刑，并处没收财产；积极参加的，处三年以上十年以下有期徒刑，并处罚金；其他参加的，处三年以下有期徒刑、拘役、管制或者剥夺政治权利，可以并处罚金。

犯前款罪并实施杀人、爆炸、绑架等犯罪的，依照数罪并罚的规定处罚。

《刑法》第二百三十二条 【故意杀人罪】故意杀人的，处死刑、无期徒刑或者十年以上有期徒刑；情节较轻的，处三年以上十年以下有期徒刑。

五、国家安全机关公布一批危害国家安全典型案例

2023 年 4 月 15 日是第八个全民国家安全教育日。在传统安全和非传统安全问题交织互动，人民群众安全需求更趋强烈、更加多元的新形势下，国家安全机关坚持以总体国家安全观为指导，加快构建工作新格局，推动国家安全体系和能力现代化，依法防范、制止、惩治各类危害国家安全行为，坚定捍卫国家主权、安全、发展利益。国家安全机关公布一批危害国家安全典型案例，提醒广大人民群众，要增强国家安全意识，警惕危害国家安全行为，共同筑牢维护国家安全的坚固屏障。

（一）警惕“国门”之外的圈套陷阱

随着中国日益走近世界舞台中央，我们与世界的联系更加紧密，中国公民出国学习、工作、旅游也越来越方便。然而，“国门”之外不仅有异域风情、美景美食，境外间谍情报机关也看准一些人出国后放松心理戒备的时机，趁机设置圈套陷阱，对我国公民人身安全造成威胁，给我国国家安全和利益带来了风险隐患。

赵某某是一名航天领域的科研人员，在赴国外大学做访问学者期间，被境外间谍情报机关人员一步步拉拢策反，出卖科研进展情况，严重危害我国国家安全。起初，对方只是约他吃饭出游、赠送礼物。随着双方关系拉近，对方不时向他询问一些敏感问题，并支付不菲的咨询费用。赵某某临近回国前，对方向他亮明了间谍情报机关人员身份，将赵某某策反。随后，该国间谍情报机关为赵某某配备了专用 U 盘和网站，用于下达任务指令和回传情报信息。赵某某访学结束回国后，在国内多地继续与该国间谍情报机关人员多次见面，通过当面交谈及专用网站传递等方式向对方提供了大量涉密资料，并以现金形式收受间谍经费。不久后，赵某某的间谍行为引起了国家安全机关注意。2019 年 6 月，北京市国家安全机关依法对赵某某采取强制措施。2022 年 8 月，人民法院以间谍罪判处赵某某有期徒刑 7 年，剥夺政治权利 3 年，并处没收个人财产人民币 20 万元。

上述案例中，赵某某是因航天领域专家的身份被境外间谍情报机关重点关注，进而拉拢策反。与此类案件所不同的是，近年来，国家安全机关工作掌握，境外一些组织机构利用个别人对外国生活的向往，诱骗我国公民至国外，逼迫其从事污蔑抹黑我国家形象的活动，严重危害了我国家安全和公民人身安全。

河北省国家安全机关工作发现，郑某某和王某某是一家境外所谓“移民服务公司”的境内骨干成员。该公司以“正常渠道移民”为幌子，在我国境内招揽客户，号称仅需10万元“办证费”即可办理移民手续。该团伙通过办理旅游签证等方式，将“客户”运作出国。等到“客户”顺利抵达国外后，该团伙才暴露出真实嘴脸。他们通过威逼利诱等方式，要求“客户”伪造包括户口本、拘传证、强制堕胎证明在内的各类“证件文书”，公开宣称自己“在国内遭受迫害”，以“无中生有”的所谓“罪证”造谣抹黑我国家形象。随后，该团伙还会以“政治避难代办费”等各种名义向“客户”不断索要费用。“客户”当中的许多人最终因交不起费用，被该团伙抛弃，在家人的接济下艰难返回国内。2021年10月，河北省国家安全机关依法对郑某某和王某某采取强制措施。2022年5月，人民法院分别判处郑某某、王某某有期徒刑3年9个月、3年6个月。

无论是因蝇头小利逐渐落入圈套，还是以“移民美梦”诱骗利用他人，这些为个人私利损害国家利益、危害国家安全的行为，最终也使自己付出了惨痛代价。国家安全机关提示，国门之外非法外之地，无论身处何处，维护国家安全都是每一个中国公民应尽的责任和义务。

（二）认清网络伪装背后的违法犯罪

“用社交网络来生活，用生活来维系社交网络”日益成为当下人们生活的真实写照。全世界的人通过互联网联系起来，社交网络正强烈影响着人们的现实生活。我们在享受社交网络带来的身心愉悦、生活便利的同时，也应提高防范意识，警惕别有用心之人利用网络技术伪装身份，以“交友”“咨询”“兼职”等名义搜集情报，或以博人眼球的方式造谣生事甚至危害国家安全。

韩某是新疆某地的一名普通基层公务员。2016年12月，韩某赴外地旅游期间，通过手机交友软件与当地一网友结识，相谈甚欢。回到家中后，韩某经常在网上向对方分享自己的生活，并不时抱怨自己的工资太低。对方随即向韩某介绍，称自己的堂哥“陈某”能够提供兼职，帮助其赚取外快。随后，“陈某”添加韩某为微信好友，并要求韩某提供当地的一些敏感信息，并承诺支付报酬。韩某应允后，“陈某”进一步以金钱为诱惑，指挥韩某搜集党政机关涉密文件。对方对韩某提供的文件资料极为重视，为确保安全，专门对韩某进行了间谍培训，教授其沟通联络、传递情报的具体手法，并派专人向韩某提供经费以及手机、SIM卡等通信工具。此时，韩某在已经明知对方系境外间谍情报机关人员的情况下，为获取高额报酬，仍铤而走险继续搜集提供涉密文件。案发后，人民法院审理查明，韩某先后向对方提供文件资料19份，其中机密级文件6份，秘密级文件8份，被鉴定为情报的资料5份，累计收取间谍经费12万余元。2019年3月，韩某因犯间谍罪被判处有期徒刑11年6个月，剥夺政治权利4年，并处没收个人财产5万元人民币。

“人人都有麦克风的时代”催生了“网红”群体。他们当中的佼佼者以传播正能量为己任，以独特的创意为载体，激发了互联网的新兴生命力。然而，也有一部分人以博人眼球、毫无底线的方式吸引关注，甚至突破法律底线，编造谎言抹黑国家和政府，造成恶劣影响，后果十分严重。

江苏省国家安全机关工作发现，2020 年 6 月以来，张某一人假扮 8 名缅甸籍人员，在境外社交媒体网站开通数个账号，介绍国外日常生活、风土人情，发布 2 万余条贴文，吸引了数万粉丝关注。为了维持其虚假“人设”，张某恶意编造了大量耸人听闻的虚假消息和谣言，引发网民恐慌，造成恶劣影响。在吸引大量粉丝后，张某频繁以造谣、诽谤的方式，发布抹黑我国家形象、攻击党和政府的贴文，甚至煽动教唆他人以暴力方式推翻我国家政权，影响非常恶劣。在充分掌握张某违法犯罪证据后，2022 年 2 月，国家安全机关依法对张某采取强制措施。

再“精心”的策划和虚假的伪装，也无法掩盖危害国家安全违法犯罪行为的本质。国家安全机关提醒，互联网不是逃避法律责任的“飞地”，任何利用网络窃取国家秘密、制造传播谣言、危害国家安全的行为，都必将受到法律的严惩。清朗的网络空间需要依法治理，更需要我们每一个人的共同努力。

（三）识破非传统领域危害国家安全行为

随着我国综合国力的不断提升，境外间谍情报机关及反华敌对势力危害我国家安全的行为已经不再局限于传统安全领域。非传统安全领域的敌情形势，也给我国经济社会安全平稳发展带来风险隐患。一些组织和人员，打着境外非政府组织、调查咨询公司、高科技公司等旗号，从经济、生物、科技等领域入手，妄图在我国人权、产业链、供应链等领域“作文章”，给我国国家安全造成了危害。

李某是广东深圳一家咨询公司的负责人，他所经营的公司主要为境外公司提供供应链风险审核服务。为获得更多为境外企业服务的机会，几年前，李某的公司与境外非政府组织开展了合作。合作过程中，李某慢慢发现，这个非政府组织的态度渐渐发生了变化，他们对中国企业的审核标准越来越细，特别是针对所谓“新疆劳工”等内容提出了新的审核要求。尽管李某已经发觉，该境外非政府组织积极搜集所谓新疆“人权问题”的信息，是为了炮制“强迫劳动”谎言，为西方反华势力操弄涉疆问题、实施涉疆制裁提供“背书”，但为了追求经济利益，他们仍然承接执行了相关调查项目，给我国国家安全和利益带来了风险隐患。广东省国家安全机关依据《中华人民共和国反间谍法》《中华人民共和国反间谍法实施细则》《反间谍安全防范工作规定》对李某予以处罚，并责令其公司实施整改。

思考练习

【本节导入案例分析】

1. 本案中张某某有何违法行为？

张某某的行为构成宣扬恐怖主义、极端主义罪。

2. 该违法行为应当承担哪些法律责任？

法院经依法审理，认定被告人张某某犯宣扬恐怖主义、极端主义罪，判处有期徒刑 2 年 3 个月，并处罚金人民币 5000 元。

【法律条文】

《国家安全法》第二十八条 国家反对一切形式的恐怖主义和极端主义，加强防范和处置恐怖主义的能力建设，依法开展情报、调查、防范、处置以及资金监管等工作，依法取缔恐怖活动组织和严厉惩治暴力恐怖活动。

《反恐怖主义法》第四条第二款 国家反对一切形式的以歪曲宗教教义或者其他方法煽动仇恨、煽动歧视、鼓吹暴力等极端主义，消除恐怖主义的思想基础。

《刑法》第一百二十条之三 【宣扬恐怖主义、极端主义、煽动实施恐怖活动罪】以制作、散发宣扬恐怖主义、极端主义的图书、音频视频资料或者其他物品，或者通过讲授、发布信息等方式宣扬恐怖主义、极端主义的，或者煽动实施恐怖活动的，处五年以下有期徒刑、拘役、管制或者剥夺政治权利，并处罚金；情节严重的，处五年以上有期徒刑，并处罚金或者没收财产。

拓展学习

拓展学习

学习单元六　《中华人民共和国密码法》

学习目的

1. 了解《中华人民共和国密码法》的概念。
2. 掌握《中华人民共和国密码法》的法律条文以及法律责任。

知识要点

一、《中华人民共和国密码法》概述

2019 年 10 月 26 日十三届全国人大常委会第十四次会议审议通过《中华人民共和国密码法》(简称《密码法》)，自 2020 年 1 月 1 日起施行。

《密码法》共五章 44 条，是我国密码领域首部综合性、基础性法律，旨在规范密码应用和管理，促进密码事业发展，保障网络与信息安全，维护国家安全和社会公共利益，保护公民、法人和其他组织的合法权益。本法包含立法目的、密码工作的基本原则、领导和管理体制，以及密码发展促进和保障措施等。其中规定了核心密码、普通密码使用要求、安全管理制度以及国家加强核心密码、普通密码工作的一系列特殊保障制度和措施。

二、《中华人民共和国密码法》的主要内容

（一）什么是密码

根据《密码法》第2条的规定："本法所称密码，是指采用特定变换的方法对信息等进行加密保护、安全认证的技术、产品和服务。"

第二条　本法所称密码，是指采用特定变换的方法对信息等进行加密保护、安全认证的技术、产品和服务。

密码是保障网络与信息安全的核心技术和基础支撑，是解决网络与信息安全问题最有效、最可靠、最经济的手段。

密码是构筑网络信息系统免疫体系和网络信任体系的基石，直接关系国家政治安全、经济安全、国防安全和信息安全，是保护党和国家根本利益的战略性资源，是国之重器。

（二）密码实行分类管理

《密码法》第6条至第8条按照保护信息的种类不同，将密码分为核心密码、普通密码和商用密码。

核心密码用于保护国家绝密级、机密级、秘密级信息，普通密码用于保护国家机密级、秘密级信息，商用密码用于保护不属于国家秘密的信息。

同时，依法对核心密码、普通密码实行严格统一管理。

将密码分为核心密码、普通密码和商用密码，实行分类管理，是党中央确定的密码管理根本原则，是保障密码安全的基本策略，也是长期以来密码工作经验的科学总结。

第六条　国家对密码实行分类管理。

密码分为核心密码、普通密码和商用密码。

第七条　核心密码、普通密码用于保护国家秘密信息，核心密码保护信息的最高密级为绝密级，普通密码保护信息的最高密级为机密级。

核心密码、普通密码属于国家秘密。密码管理部门依照本法和有关法律、行政法规、国家有关规定对核心密码、普通密码实行严格统一管理。

第八条　商用密码用于保护不属于国家秘密的信息。

公民、法人和其他组织可以依法使用商用密码保护网络与信息安全。

（三）密码管理工作

《密码法》第4条规定，坚持党管密码根本原则，依法确立密码工作领导体制，明确中央密码工作领导机构，对全国密码工作实行统一领导。

中央密码工作领导机构统一领导全国密码工作，负责制定国家密码重大方针政策，统筹协调国家密码重大事项和重要工作，推进国家密码法治建设。

第四条　坚持中国共产党对密码工作的领导。中央密码工作领导机构对全国密码工作实行统一领导，制定国家密码工作重大方针政策，统筹协调国家密码重大事项和重要工作，推进国家密码法治建设。

《密码法》第5条依法确立国家、省、市、县、本机关、本单位或者本系统的五级密码工作管理体制：

1. 明确国家密码管理部门，国家密码管理局负责管理全国的密码工作；

2. 县级以上地方各级密码管理部门，即省、市、县级密码管理局负责管理本行政区域的密码工作；

3. 国家机关和涉及密码工作的单位在其职责范围内负责本机关、本单位或者本系统的密码工作。

第五条　国家密码管理部门负责管理全国的密码工作。县级以上地方各级密码管理部门负责管理本行政区域的密码工作。

国家机关和涉及密码工作的单位在其职责范围内负责本机关、本单位或者本系统的密码工作。

（四）密码管理制度

1. 核心密码、普通密码的主要管理制度。《密码法》第二章（第13条至第20条）规定了核心密码、普通密码的主要管理制度。

例如：

（1）加强制度建设，完善管理措施，增强密码安全保障能力。

第十三条　国家加强核心密码、普通密码的科学规划、管理和使用，加强制度建设，完善管理措施，增强密码安全保障能力。

（2）加密保护、安全认证。

第十四条　在有线、无线通信中传递的国家秘密信息，以及存储、处理国家秘密信息的信息系统，应当依照法律、行政法规和国家有关规定使用核心密码、普通密码进行加密保护、安全认证。

（3）建立健全安全管理制度，采取严格的保密措施和保密责任制，确保核心密码、普通密码的安全。

第十五条　从事核心密码、普通密码科研、生产、服务、检测、装备、使用和销毁等工作的机构（以下统称密码工作机构）应当按照法律、行政法规、国家有关规定以及核心密码、普通密码标准的要求，建立健全安全管理制度，采取严格的保密措施和保密责任制，确保核心密码、普通密码的安全。

（4）国家加强密码工作机构建设，保障其履行工作职责。

第十八条　国家加强密码工作机构建设，保障其履行工作职责。

国家建立适应核心密码、普通密码工作需要的人员录用、选调、保密、考核、培训、待遇、奖惩、交流、退出等管理制度。

（5）密码管理部门和密码工作机构应当建立健全严格的监督和安全审查制度。核心密码、普通密码用于保护国家秘密信息和涉密信息系统，有力地保障了中央政令军令安全，为维护国家网络空间主权、安全和发展利益构筑起牢不可破的密码屏障。《密码法》明确规定，密码管理部门依法对核心密码、普通密码实行严格统一管理，并规定了核心密码、普通密码使用要求、安全管理制度以及国家加强核心密码、普通密码工作的一系列特殊保障制度和措施。

第二十条　密码管理部门和密码工作机构应当建立健全严格的监督和安全审查制度，对其工作人员遵守法律和纪律等情况进行监督，并依法采取必要措施，定期或者不定期组织开展安全审查。

2. 商用密码的主要管理制度。《密码法》第三章（第 21 条至第 31 条）规定了商用密码的主要管理制度。例如：

（1）商用密码的科研、生产、销售、服务和进出口，不得损害国家安全、社会公共利益或者他人合法权益。

第二十一条　国家鼓励商用密码技术的研究开发、学术交流、成果转化和推广应用，健全统一、开放、竞争、有序的商用密码市场体系，鼓励和促进商用密码产业发展。

各级人民政府及其有关部门应当遵循非歧视原则，依法平等对待包括外商投资企业在内的商用密码科研、生产、销售、服务、进出口等单位（以下统称商用密码从业单位）。国家鼓励在外商投资过程中基于自愿原则和商业规则开展商用密码技术合作。行政机关及其工作人员不得利用行政手段强制转让商用密码技术。

商用密码的科研、生产、销售、服务和进出口，不得损害国家安全、社会公共利益或者他人合法权益。

（2）国家建立和完善商用密码标准体系。

第二十二条　国家建立和完善商用密码标准体系。

国务院标准化行政主管部门和国家密码管理部门依据各自职责，组织制定商用密码国家标准、行业标准。

国家支持社会团体、企业利用自主创新技术制定高于国家标准、行业标准相关技术要求的商用密码团体标准、企业标准。

3. 其他相关规定。

第二十三条　国家推动参与商用密码国际标准化活动，参与制定商用密码国际标准，推进商用密码中国标准与国外标准之间的转化运用。

国家鼓励企业、社会团体和教育、科研机构等参与商用密码国际标准化活动。

第二十五条　国家推进商用密码检测认证体系建设，制定商用密码检测认证技术规范、规则，鼓励商用密码从业单位自愿接受商用密码检测认证，提升市场竞争力。

商用密码检测、认证机构应当依法取得相关资质，并依照法律、行政法规的规定和商用密码检测认证技术规范、规则开展商用密码检测认证。

商用密码检测、认证机构应当对其在商用密码检测认证中所知悉的国家秘密和商业秘密承担保密义务。

第二十七条　法律、行政法规和国家有关规定要求使用商用密码进行保护的关键信息基础设施，其运营者应当使用商用密码进行保护，自行或者委托商用密码检测机构开展商用密码应用安全性评估。商用密码应用安全性评估应当与关键信息基础设施安全检测评估、网络安全等级测评制度相衔接，避免重复评估、测评。

关键信息基础设施的运营者采购涉及商用密码的网络产品和服务，可能影响国家安全的，应当按照《中华人民共和国网络安全法》的规定，通过国家网信部门会同国家密码管理部门等有关部门组织的国家安全审查。

第二十八条　国务院商务主管部门、国家密码管理部门依法对涉及国家安全、社会公共利益且具有加密保护功能的商用密码实施进口许可，对涉及国家安全、社会公共利益或者中国承担国际义务的商用密码实施出口管制。商用密码进口许可清单和出口管制清单由国务院商务主管部门会同国家密码管理部门和海关总署制定并公布。

大众消费类产品所采用的商用密码不实行进口许可和出口管制制度。

第二十九条　国家密码管理部门对采用商用密码技术从事电子政务电子认证服务的机构进行认定，会同有关部门负责政务活动中使用电子签名、数据电文的管理。

第三十一条　密码管理部门和有关部门建立日常监管和随机抽查相结合的商用密码事中事后监管制度，建立统一的商用密码监督管理信息平台，推进事中事后监管与社会信用体系相衔接，强化商用密码从业单位自律和社会监督。

密码管理部门和有关部门及其工作人员不得要求商用密码从业单位和商用密码检测、认证机构向其披露源代码等密码相关专有信息，并对其在履行职责中知悉的商业秘密和个人隐私严格保密，不得泄露或者非法向他人提供。

思考练习

问题：根据《密码法》，你认为哪些条文分别体现了“什么是密码”“谁来管密码”“怎么管密码”“怎么用密码”。

参考答案

拓展学习

拓展学习

学习单元七　《中华人民共和国刑法》

导入案例

【导入案例】

叶某某，男，1977年3月10日出生，超市网络维护员。

张某某，男，1972 年 8 月 14 日出生，小学教师。

谭某某，男，1993 年 4 月 5 日出生，农民。

2015 年 1 月，被告人叶某某编写了用于批量登录某电商平台账户的“小黄伞”撞库软件（“撞库”是指黑客通过收集已泄露的用户信息，利用账户使用者相同的注册习惯，如相同的用户名和密码，尝试批量登录其他网站，从而非法获取可登录用户信息的行为）供他人免费使用。“小黄伞”撞库软件运行时，配合使用叶某某编写的打码软件（“打码”是指利用人工大量输入验证码的行为）可以完成撞库过程中对大量验证码的识别。叶某某通过网络向他人有偿提供打码软件的验证码识别服务，同时将其中的人工输入验证码任务交由被告人张某某完成，并向其支付费用。

2015 年 1 月至 9 月，被告人谭某某通过下载使用“小黄伞”撞库软件，向叶某某购买打码服务，获取到某电商平台用户信息 2.2 万余组。

被告人叶某某、张某某通过实施上述行为，从被告人谭某某处获取违法所得共计人民币 4 万余元。谭某某通过向他人出售电商平台用户信息，获取违法所得共计人民币 25 万余元。法院审理期间，叶某某、张某某、谭某某退缴了全部违法所得。

问题：

1. 本案中被告人叶某某、张某某、谭某某有何违法行为？
2. 该违法行为应当承担哪些法律责任？

提示：请带着问题学习此节，具体分析见本节末。

学习目的

1. 了解《中华人民共和国刑法》的概念、法律条文以及法律责任。
2. 掌握《中华人民共和国刑法》案例分析方法。

知识要点

一、《中华人民共和国刑法》概述

《中华人民共和国刑法》（简称《刑法》）是国家基本法律，在中国特色社会主义法律体系中居于基础性、保障性地位，对于打击犯罪、维护国家安全、社会稳定和保护人民群众生命财产安全具有重要意义。自 1997 年全面修订《刑法》，形成一部统一的、比较完备的刑法以来，我国主要通过修正案的方式对刑法作出修改完善。

截至目前，一共出台十二个《中华人民共和国刑法修正案》（简称《刑法修正案》）。最新的《刑法修正案（十二）》[1] 于 2023 年 12 月 29 日第十四届全国人民代表大会常务委员会第七次会议通过，自 2024 年 3 月 1 日起施行。

网络安全离不开刑法的保护。刑法和其他部门法的关系，是后置法与前置法的关系，刑法是其他部门法的制裁力量。刑法作为所有部门法的后盾与保障，无论是犯罪圈的划定还是刑事责任的追究，既要在形式上受制于其保障的前置法之保护性规范的

〔1〕《中华人民共和国刑法修正案（十二）》，载中华人民共和国中央人民政府网，https：//www.gov.cn/yaowen/liebiao/202312/content_ 6923386.htm，最后访问日期：2025 年 1 月 7 日。

规定，更要在实质上受制于其与前置法之保护性规范共同保障的调整性规范的规定。

法律法规所规定的义务不要求一定是刑法所规定的，可以是其他部门法所规定的，但必须经过刑法的确认。

第一条　【立法目的】为了惩罚犯罪，保护人民，根据宪法，结合我国同犯罪作斗争的具体经验及实际情况，制定本法。

第二条　【任务】中华人民共和国刑法的任务，是用刑罚同一切犯罪行为作斗争，以保卫国家安全，保卫人民民主专政的政权和社会主义制度，保护国有财产和劳动群众集体所有的财产，保护公民私人所有的财产，保护公民的人身权利、民主权利和其他权利，维护社会秩序、经济秩序，保障社会主义建设事业的顺利进行。

二、《中华人民共和国刑法》的基本原则

根据《刑法》第 3 条、第 4 条、第 5 条的规定，《刑法》的基本原则，是指《刑法》明文规定的、在全部刑事立法和司法活动中应当遵循的根本准则。

通说认为，我国《刑法》规定了三个基本原则，罪刑法定原则、刑法适用平等原则和罪责刑相适应原则。

（一）罪刑法定原则

法无明文规定不为罪，法无明文规定不处罚。罪刑法定原则的精神就是限制国家的刑罚权。

第三条　【罪刑法定】法律明文规定为犯罪行为的，依照法律定罪处刑；法律没有明文规定为犯罪行为的，不得定罪处刑。

罪刑法定原则包括形式侧面和实质侧面。

1. 形式侧面。形式侧面派生四个方面：

第一，成文法主义或法律主义，是指规定犯罪与刑罚的法律必须是成文的法律；法官只能根据成文法律定罪量刑。

第二，禁止事后法。即事前的罪刑法定，不能用明天的法惩罚今天的行为。

第三，禁止类推。类推的本质是创建规则。但是，对行为人有利的类推可以允许，符合罪刑法定的限权精神。

第四，确定的罪刑法定。包括罪之法定和刑之法定。禁止绝对的不定期刑和不定刑。不定期刑主要是对司法权的限制，就是法官不仅要定罪还要量刑，量刑一定要确定；不定刑主要是对立法权的限制，就是法律的规定不仅要规定犯罪论，还要规定刑法论。但是允许相对的不定期刑和相对的不定刑。

2. 实质侧面。刑法的本质在限权。从实质上去探究罪刑法定的精神，罪刑法定的法必须是良法，因此有两个派生原则：

第一，明确性原则。定罪量刑的法，应该尽可能的明确，模糊的法会使民众彻底丧失对未来的预期。

第二，合理性原则。刑法的处罚范围和处罚程度应当具有合理性，即不能重罪轻刑，轻罪重刑。

（二）刑法适用平等原则

刑法适用平等原则也称为刑法面前人人平等原则。每个人的权利应该受到法律的平等保护，不应有法外施恩，也决不允许有超越法律的特权存在。

第四条 【法律面前人人平等】对任何人犯罪，在适用法律上一律平等。不允许任何人有超越法律的特权。

（三）罪责刑相适应原则

罪责刑相适应原则也称为罪刑均衡原则。重罪重刑，轻罪轻刑，无罪不刑。刑罚的轻重应当与犯罪的轻重相适应。

第五条 【罪责刑相适应】刑罚的轻重，应当与犯罪分子所犯罪行和承担的刑事责任相适应。

三、《中华人民共和国刑法》信息安全犯罪的相关规定

（一）《刑法》关于计算机犯罪的相关规定

现行《刑法》中计算机（网络）犯罪主要集中在第六章“妨害社会管理秩序罪”中第一节“扰乱公共秩序罪”，一共八个罪名，分别是：

第 285 条第 1 款“非法侵入计算机信息系统罪”；

第 285 条第 2 款“非法获取计算机信息系统数据、非法控制计算机信息系统罪”；

第 285 条第 3 款“提供侵入、非法控制计算机信息系统程序、工具罪”；

第 286 条“破坏计算机信息系统罪”；

第 286 条之一“拒不履行信息网络安全管理义务罪”；

第 287 条“利用计算机实施犯罪的提示性规定”（金融诈骗、盗窃、贪污、挪用公款、窃取国家秘密或其他犯罪）；

第 287 条之一“非法利用信息网络罪”；

第 287 条之二“帮助信息网络犯罪活动罪”；

第二百八十五条【非法侵入计算机信息系统罪】违反国家规定，侵入国家事务、国防建设、尖端科学技术领域的计算机信息系统的，处三年以下有期徒刑或者拘役。

【非法获取计算机信息系统数据、非法控制计算机信息系统罪】违反国家规定，侵入前款规定以外的计算机信息系统或者采用其他技术手段，获取该计算机信息系统中存储、处理或者传输的数据，或者对该计算机信息系统实施非法控制，情节严重的，处三年以下有期徒刑或者拘役，并处或者单处罚金；情节特别严重的，处三年以上七年以下有期徒刑，并处罚金。

【提供侵入、非法控制计算机信息系统程序、工具罪】提供专门用于侵入、非法控制计算机信息系统的程序、工具，或者明知他人实施侵入、非法控制计算机信息系统的违法犯罪行为而为其提供程序、工具，情节严重的，依照前款的规定处罚。

单位犯前三款罪的，对单位判处罚金，并对其直接负责的主管人员和其他直接责任人员，依照各该款的规定处罚。

第二百八十六条【破坏计算机信息系统罪】违反国家规定，对计算机信息系统功能进行删除、修改、增加、干扰，造成计算机信息系统不能正常运行，后果严重的，处五年以下有期徒刑或者拘役；后果特别严重的，处五年以上有期徒刑。

违反国家规定，对计算机信息系统中存储、处理或者传输的数据和应用程序进行删除、修改、增加的操作，后果严重的，依照前款的规定处罚。

故意制作、传播计算机病毒等破坏性程序，影响计算机系统正常运行，后果严重的，依照第一款的规定处罚。

单位犯前三款罪的，对单位判处罚金，并对其直接负责的主管人员和其他直接责任人员，依照第一款的规定处罚。

第二百八十六条之一【拒不履行信息网络安全管理义务罪】网络服务提供者不履行法律、行政法规规定的信息网络安全管理义务，经监管部门责令采取改正措施而拒不改正，有下列情形之一的，处三年以下有期徒刑、拘役或者管制，并处或者单处罚金：

（一）致使违法信息大量传播的；

（二）致使用户信息泄露，造成严重后果的；

（三）致使刑事案件证据灭失，情节严重的；

（四）有其他严重情节的。

单位犯前款罪的，对单位判处罚金，并对其直接负责的主管人员和其他直接责任人员，依照前款的规定处罚。

有前两款行为，同时构成其他犯罪的，依照处罚较重的规定定罪处罚。

第二百八十七条【利用计算机实施犯罪的提示性规定】利用计算机实施金融诈骗、盗窃、贪污、挪用公款、窃取国家秘密或者其他犯罪的，依照本法有关规定定罪处罚。

第二百八十七条之一【非法利用信息网络罪】利用信息网络实施下列行为之一，情节严重的，处三年以下有期徒刑或者拘役，并处或者单处罚金：

（一）设立用于实施诈骗、传授犯罪方法、制作或者销售违禁物品、管制物品等违法犯罪活动的网站、通讯群组的；

（二）发布有关制作或者销售毒品、枪支、淫秽物品等违禁物品、管制物品或者其他违法犯罪信息的；

（三）为实施诈骗等违法犯罪活动发布信息的。

单位犯前款罪的，对单位判处罚金，并对其直接负责的主管人员和其他直接责任人员，依照第一款的规定处罚。

有前两款行为，同时构成其他犯罪的，依照处罚较重的规定定罪处罚。

第二百八十七条之二【帮助信息网络犯罪活动罪】明知他人利用信息网络实施犯罪，为其犯罪提供互联网接入、服务器托管、网络存储、通讯传输等技术支持，或者提供广告推广、支付结算等帮助，情节严重的，处三年以下有期徒刑或者拘役，并处或者单处罚金。

单位犯前款罪的，对单位判处罚金，并对其直接负责的主管人员和其他直接责任人员，依照第一款的规定处罚。

有前两款行为，同时构成其他犯罪的，依照处罚较重的规定定罪处罚。

（二）《刑法》关于电信网络诈骗犯罪的相关规定

现行《刑法》中诈骗犯罪（电信网络诈骗）的罪名是第266条规定的诈骗罪。

第二百六十六条【诈骗罪】诈骗公私财物，数额较大的，处三年以下有期徒刑、拘役或者管制，并处或者单处罚金；数额巨大或者有其他严重情节的，处三年以上十年以下有期徒刑，并处罚金；数额特别巨大或者有其他特别严重情节的，处十年以上有期徒刑或者无期徒刑，并处罚金或者没收财产。本法另有规定的，依照规定。

第二百八十七条之一【非法利用信息网络罪】利用信息网络实施下列行为之一，情节严重的，处三年以下有期徒刑或者拘役，并处或者单处罚金：

（一）设立用于实施诈骗、传授犯罪方法、制作或者销售违禁物品、管制物品等违法犯罪活动的网站、通讯群组的；

（二）发布有关制作或者销售毒品、枪支、淫秽物品等违禁物品、管制物品或者其他违法犯罪信息的；

（三）为实施诈骗等违法犯罪活动发布信息的。

单位犯前款罪的，对单位判处罚金，并对其直接负责的主管人员和其他直接责任人员，依照第一款的规定处罚。

有前两款行为，同时构成其他犯罪的，依照处罚较重的规定定罪处罚。

1. 第266条“诈骗”的定义是，以非法占有为目的，用虚构事实或者隐瞒真相的方法，骗取公私财物的行为。

2. 诈骗罪具有以下特征：

（1）行为人主观上是出于故意，并且具有非法占有公私财物的目的。

（2）行为人实施了诈骗行为。至于诈骗财物是归自己挥霍享用，还是转归第三人，都不影响本罪的成立。

（3）诈骗公私财物数额较大才能构成犯罪，如果诈骗数额较小，则不构成犯罪。但是诈骗多少公私财物才构成“数额较大”，本条没有作出具体规定，可由司法机关依据各地具体情况作出具体规定。“情节严重”以及“情节特别严重”也是如此。

3. 电信网络诈骗。近年来，随着网络技术的发展，诈骗手段快速翻新，迷惑性不断增强，严重侵害公众财产安全与合法权益，电信网络诈骗犯罪活动形势严峻。

《反电信网络诈骗法》第38条规定，构成犯罪的，依法追究刑事责任。

《反电信网络诈骗法》第三十八条　组织、策划、实施、参与电信网络诈骗活动或者为电信网络诈骗活动提供帮助，构成犯罪的，依法追究刑事责任。

前款行为尚不构成犯罪的，由公安机关处十日以上十五日以下拘留；没收违法所得，处违法所得一倍以上十倍以下罚款，没有违法所得或者违法所得不足一万元的，处十万元以下罚款。

防范新型电信网络诈骗风险，警惕花样翻新的骗局，增强风险防范意识和识别能力。

（1）新型电信网络诈骗主要有以下几类：

● “共享屏幕”类诈骗。

● “AI换脸拟声”类诈骗。

●虚假网络投资理财类诈骗。

●网络游戏产品虚假交易类诈骗。

（2）诈骗形式不断演变翻新，伪装性越来越强，我们要强化反诈意识、不断提升以下反诈能力：

●不盲目不轻信，不贪小利防骗局。

●拒绝“共享屏幕”，保护信息防泄露。

●转账汇款严把关，谨慎操作护财产。

●正规渠道保权益，遭遇诈骗速报警。

（三）《刑法》关于侵犯公民个人信息犯罪的相关规定

现行《刑法》中侵犯公民个人信息犯罪的罪名是第253条私自开拆、隐匿、毁弃邮件、电报罪，第253条之一侵犯公民个人信息罪。

第二百五十三条【私自开拆、隐匿、毁弃邮件、电报罪】邮政工作人员私自开拆或者隐匿、毁弃邮件、电报的，处二年以下有期徒刑或者拘役。

【盗窃罪】犯前款罪而窃取财物的，依照本法第二百六十四条的规定定罪从重处罚。

第二百五十三条之一【侵犯公民个人信息罪】违反国家有关规定，向他人出售或者提供公民个人信息，情节严重的，处三年以下有期徒刑或者拘役，并处或者单处罚金；情节特别严重的，处三年以上七年以下有期徒刑，并处罚金。

违反国家有关规定，将在履行职责或者提供服务过程中获得的公民个人信息，出售或者提供给他人的，依照前款的规定从重处罚。

窃取或者以其他方法非法获取公民个人信息的，依照第一款的规定处罚。

单位犯前三款罪的，对单位判处罚金，并对其直接负责的主管人员和其他直接责任人员，依照各该款的规定处罚。

（四）与计算机网络犯罪相关的现有刑法体系

我国法律中对于网络犯罪刑法规制主要有三类法律法规：其一，《刑法》，主要集中在第六章第一节；其二，有关互联网安全和信息保护等方面的法律规范；其三，相关的司法解释。

1.《刑法修正案》关于计算机网络犯罪的相关规定。现行《刑法》中计算机（网络）犯罪主要集中在第六章妨害社会管理秩序罪中第一节扰乱公共秩序罪，一共八个罪名。

1997年刑法主要是对计算机犯罪的规定，此后的《刑法修正案（七）》《刑法修正案（九）》则完成了从计算机犯罪到互联网犯罪的立法嬗变。

《中华人民共和国刑法》已由中华人民共和国第八届全国人民代表大会第五次会议于1997年3月14日修订。1997年刑法规定的计算机犯罪包含了两种犯罪类型：第一种是以计算机为对象的犯罪，这就是《刑法》第285条、第286条规定的非法侵入计算机信息系统罪、破坏计算机信息系统罪。第二种是以计算机为工具的犯罪。刑法第287条设立了照应性条款，规定对利用计算机进行诈骗、盗窃、贪污、挪用等犯罪的，依照刑法有关规定处罚。

2009年2月28日第十一届全国人民代表大会常务委员会第七次会议通过《刑法修正案（七）》，其对《刑法》第285条增设了第2款、第3款，即设立了非法获取计算机信息系统数据、非法控制计算机信息系统罪，提供侵入、非法控制计算机信息系统程序、工具罪。

《刑法修正案（七）》进一步扩大了非法侵入计算机信息系统罪的打击范围，实现对计算机信息系统的全面保护（非法控制计算机信息系统罪），增设了非法获取计算机数据罪，增设了提供专门用于侵入、非法控制计算机信息系统的程序、工具罪，将网络犯罪的帮助犯正犯化。

《刑法修正案（七）》规定：在刑法第 285 条中增加两款作为第 2 款、第 3 款："违反国家规定，侵入前款规定以外的计算机信息系统或者采用其他技术手段，获取该计算机信息系统中存储、处理或者传输的数据，或者对该计算机信息系统实施非法控制，情节严重的，处三年以下有期徒刑或者拘役，并处或者单处罚金；情节特别严重的，处三年以上七年以下有期徒刑，并处罚金。提供专门用于侵入、非法控制计算机信息系统的程序、工具，或者明知他人实施侵入、非法控制计算机信息系统的违法犯罪行为而为其提供程序、工具，情节严重的，依照前款的规定处罚。"

2015 年 8 月 29 日第十二届全国人民代表大会常务委员会第十六次会议通过《刑法修正案（九）》，其对《刑法》第 285 条增设了第 4 款，规定了单位犯罪。《刑法》第 285 条规定了三种行为方式：第一种是侵入行为，第二种是获取行为，第三种是控制行为。以上三种行为针对的是计算机信息系统。这里的计算机信息系统，是指具备自动处理数据功能的系统，包括计算机、网络设备、通信设备、自动化控制设备等。《刑法》第 286 条规定的是破坏计算机信息系统罪，这是一种毁坏型的计算机犯罪，主要是针对计算机信息系统的功能。应当指出的是，毁坏型的计算机犯罪，因其毁坏对象并非计算机的物理设备而是计算机的信息系统，因此，这种毁坏行为必然以侵入计算机信息系统为前提，对计算机信息系统的程序进行删除等，由此导致计算机信息系统丧失其功能。

《刑法修正案（九）》增设了非法利用信息网络罪，帮助信息网络犯罪活动罪，编造、故意传播虚假信息罪，再次拓宽了网络犯罪的罪名体系。

《刑法修正案（九）》在《刑法》第 285 条中增加一款作为第 4 款："单位犯前三款罪的，对单位判处罚金，并对其直接负责的主管人员和其他直接责任人员，依照各该款的规定处罚。"

在《刑法》第 286 条后增加一条，作为第 286 条之一："网络服务提供者不履行法律、行政法规规定的信息网络安全管理义务，经监管部门责令采取改正措施而拒不改正，有下列情形之一的，处三年以下有期徒刑、拘役或者管制，并处或者单处罚金：（一）致使违法信息大量传播的；（二）致使用户信息泄露，造成严重后果的；（三）致使刑事案件证据灭失，情节严重的；（四）有其他严重情节的。单位犯前款罪的，对单位判处罚金，并对其直接负责的主管人员和其他直接责任人员，依照前款的规定处罚。有前两款行为，同时构成其他犯罪的，依照处罚较重的规定定罪处罚。"

在《刑法》第 287 条后增加二条，作为第 287 条之一、第 287 条之二："利用信息网络实施下列行为之一，情节严重的，处三年以下有期徒刑或者拘役，并处或者单处罚金：（一）设立用于实施诈骗、传授犯罪方法、制作或者销售违禁物品、管制物品等违法犯罪活动的网站、通讯群组的；（二）发布有关制作或者销售毒品、枪支、淫秽物品等违禁物品、管制物品或者其他违法犯罪信息的；（三）为实施诈骗等违法犯罪活动发布信息的。单位犯前款罪的，对单位判处罚金，并对其直接负责的主管人员和其他直接责任人员，依照第一款的规定处罚。有前两款行为，同时构成其他犯罪的，依照处罚较重的规定定罪处罚。”“明知他人利用信息网络实施犯罪，为其犯罪提供互联网接入、服务器托管、网络存储、通讯传输等技术支持，或者提供广告推广、支付结算等帮助，情节严重的，处三年以下有期徒刑或者拘役，并处或者单处罚金。单位犯前款罪的，对单位判处罚金，并对其直接负责的主管人员和其他直接责任人员，依照第一款的规定处罚。有前两款行为，同时构成其他犯罪的，依照处罚较重的规定定罪处罚。”

2. 有关互联网安全和信息保护等方面的法律规范，主要有全国人大常委会颁布的两个决定，以及国务院制定的一个办法。分别是：

2000 年全国人大常委会颁布的《关于维护互联网安全的决定》，对于以网络为犯罪工具实施的传统型犯罪进行了体系性阐述和系统解释，该决定是较早规定网络犯罪的法律法规，其从不同层面规定各种网络犯罪，如侵入计算机系统，利用网络造谣、诽谤、传播、煽动等犯罪行为。

2012 年全国人大常委会颁布的《关于加强网络信息保护的决定》，其主要内容针对的是网络信息安全。

2000 年国务院制定的《互联网信息服务管理办法》，该办法针对的是互联网信息服务提供者的信息服务规范问题。

3. 相关的司法解释。与计算机网络犯罪相关的主要有 6 个司法解释，包括：

2013 年最高人民法院、最高人民检察院《关于办理利用信息网络实施诽谤等刑事案件适用法律若干问题的解释》；2004 年、2010 年最高人民法院、最高人民检察院《关于办理利用互联网、移动通讯终端、声讯台制作、复制、出版、贩卖、传播淫秽电子信息刑事案件具体应用法律若干问题的解释（一）》及《关于办理利用互联网、移动通讯终端、声讯台制作、复制、出版、贩卖、传播淫秽电子信息刑事案件具体应用法律若干问题的解释（二）》；2010 年最高人民法院、最高人民检察院、公安部《关于办理网络赌博犯罪案件适用法律若干问题的意见》；2011 年最高人民法院、最高人民检察院《关于办理危害计算机信息系统安全刑事案件应用法律若干问题的解释》；2013 年最高人民法院《关于审理编造、故意传播虚假恐怖信息刑事案件适用法律若干问题的解释》。

四、《中华人民共和国刑法》案例分析之“熊猫烧香”案（破坏计算机信息系统罪）

（一）基本案情

被告人李某于 2003 年开始自学计算机编程技术，并经常向自己的好朋友、也是本案被告人之一的雷某请教。

2006 年 10 月，被告人李某从武汉某软件技术开发培训学校毕业后，便将自己以前在国外某网站下载的计算机病毒源代码调出来进行研究、修改，在对此病毒进行修改的基础上完成了“熊猫烧香”电脑病毒的制作，并采取将该病毒非法挂在别人网站上及赠送给网友等方式在互联网上传播。“熊猫烧香”病毒具有本机感染功能、局域网感染功能及U盘感染功能，并能中止许多反病毒软件和防火墙的运行，中了该病毒的电脑会自动链接访问指定的网站、下载恶意程序等。其后，李某请雷某对该病毒提修改建议。雷某认为该病毒存在两个问题，一是改变被感染文件的图标，二是没有隐藏病毒进程。电脑感染了该病毒后，很容易被电脑用户发现，建议李某从这两个方面对“熊猫烧香”病毒进行修改，但没有告诉李某具体的修改方法。

2006年11月中旬，李某在互联网上叫卖该病毒，同时也请被告人王某及其他网友帮助出售该病毒。王某、李某及其网友一共卖出了约三十个“熊猫烧香”病毒。其中，王某帮李某卖出了三个“熊猫烧香”病毒，并先后三次共汇款给李某人民币1450元。此外，李某还赠送给其他网友约十个“熊猫烧香”病毒。随着病毒的出售和赠送给网友，“熊猫烧香”病毒迅速在互联网上传播，导致自动链接访问李某网站的流量大幅上升。王某得知此情形后，提出为李某卖“流量”，并联系被告人张某购买李某网站的“流量”，所得收入由王某和李某平分。为了提高访问李某网站的速度，减少网络拥堵，王某和李某商量后，由王某化名董磊为李某的网站在南昌某网络科技有限公司租了一个2G内存、百兆独享线路的服务器，租金由李某、王某每月各负担800元。张某购买李某网站的流量后，先后将九个游戏木马（也就是盗号木马）通过互联网发给王某，王某将这九个游戏木马转发给李某，然后由李某将这九个游戏木马挂在其个人网站上，盗取自动链接访问其网站的游戏玩家的“游戏信封（即含有游戏账号和密码的电子邮件）”，游戏木马将盗取的“游戏信封”自动地发给张某，张某则将盗取的“游戏信封”进行拆封、转卖，从而获取利益。

2006年12月初，李某按照雷某的建议修改“熊猫烧香”病毒，由于技术方面的原因，修改后的病毒虽然可以不改变别人的图标，但会使别人的图标变花、变模糊，并且隐藏病毒进程问题也没解决。尽管没有完全解决雷某提出的两个问题，李某还是将修改后的病毒挂在其个人网站上，但修改后的病毒没有卖给别人，也没有赠送给他人。

2007年1月下旬，被告人雷某得知某网警在抓“熊猫烧香”病毒的制作者，便通过电话和网络联系李某，但没有联系上。2007年1月24日，雷某到李某的租住屋将此消息告诉李某，并和李某一起离开租住屋住进武汉市某宾馆。在宾馆里，雷某与其在新疆的同学联系准备带李某到新疆去避风，但因故没有成行（关于这一情节，检察院起诉书没有指控）。尔后，二人又从某宾馆转至房价相对较低的武汉市某某宾馆。在某某宾馆，雷某亲自在手提电脑上对李某修改后的“熊猫烧香”病毒再进行修改，也没能解决图标变花及隐藏病毒进程问题。

从2006年12月至2007年2月，通过“熊猫烧香”病毒的传播，李某获利145 149元，王某获利80 000元，张某获利12 000元。“熊猫烧香”病毒的传播，导致北京、上海、天津、山西、河北、辽宁、广东、湖北等省市众多单位和个人的计算机不能正常运行。2007年2月2日，李某将其网站关闭，之后再未开启该网站。

（二）处理过程

2007年2月12日，湖北省公安厅宣布，湖北网监在浙江、山东、广西、天津、广东、四川等地公安机关的配合下，一举侦破了制作传播“熊猫烧香”病毒案，抓获李某等8名犯罪嫌疑人。

公诉机关认为，被告人李某、王某、张某、雷某故意制作、传播计算机病毒，影响计算机系统的正常运行，后果严重，其行为均已构成破坏计算机信息系统罪。

2007 年 9 月 24 日，湖北省仙桃市人民法院以破坏计算机信息系统罪判处李某有期徒刑 4 年、王某有期徒刑 2 年 6 个月、张某有期徒刑 2 年、雷某有期徒刑 1 年，并判决李某、王某、张某的违法所得予以追缴，上缴国库。

（三）典型意义

"熊猫烧香"案是我国破获的国内首例制作计算机病毒的大案。

本案宣判后，有些网友认为判得太轻，应该认定"熊猫烧香"病毒所造成后果为特别严重，对被告人处 5 年以上有期徒刑。这虽然有一定的道理，并且"熊猫烧香"病毒所造成的危害后果也可能确实是特别严重。但是，法院审判案件依靠的是证据和法律。即使"熊猫烧香"病毒所造成的危害后果确实是特别严重，但如果公诉机关没有提供足够的证据证实的话，法院就不能认定"后果特别严重"。本案公诉机关在庭上出示的受害用户的证言只有 13 份，且这些受害用户的证言只是反映中毒后出现运行速度慢、死机等现象。受害用户大多是网吧业主，其反映中毒后一般只是停业几天，损失几千元。从现有的这些证据来看，难以认定"熊猫烧香"病毒所造成的危害后果为特别严重的。此外，由于当时此类案件进入审判程序的不多，同时还没有出台有关破坏计算机信息系统罪"后果严重"和"后果特别严重"的相关标准和具体的司法解释，加上公诉机关也只是以"后果严重"对四被告人进行指控。基于以上原因，法院只能以"后果严重"来对四被告人来进行处罚，即在 5 年以下量刑。如果否定公诉机关对四被告人以"后果严重"进行的指控，而按"后果特别严重"来对四被告人进行处罚，这样既缺乏证据，也缺乏法律依据。

（四）法律条文

"熊猫烧香"病毒具有本机感染功能、局域网感染功能及 U 盘感染功能，并能中止许多反病毒软件和防火墙的运行，中了该病毒的计算机会自动链接访问指定的网站、下载恶意程序等。

"熊猫烧香"病毒符合第 286 条破坏计算机信息系统罪的相关规定，"对计算机信息系统功能进行删除、修改、增加、干扰，造成计算机信息系统不能正常运行，后果严重的"和"故意制作、传播计算机病毒等破坏性程序，影响计算机系统正常运行，后果严重的"。

第二百八十六条【破坏计算机信息系统罪】违反国家规定，对计算机信息系统功能进行删除、修改、增加、干扰，造成计算机信息系统不能正常运行，后果严重的，处五年以下有期徒刑或者拘役；后果特别严重的，处五年以上有期徒刑。

违反国家规定，对计算机信息系统中存储、处理或者传输的数据和应用程序进行删除、修改、增加的操作，后果严重的，依照前款的规定处罚。

故意制作、传播计算机病毒等破坏性程序，影响计算机系统正常运行，后果严重的，依照第一款的规定处罚。

单位犯前三款罪的，对单位判处罚金，并对其直接负责的主管人员和其他直接责任人员，依照第一款的规定处罚。

五、《中华人民共和国刑法》案例分析之李某龙破坏计算机信息系统案（破坏计算机信息系统罪）

（一）基本案情

被告人李某龙，男，1991 年 8 月生，个体工商户。

被告人李某龙为牟取非法利益，预谋以修改大型互联网网站域名解析指向的方法，劫持互联网流量访问相关赌博网站，获取境外赌博网站广告推广流量提成。2014 年 10 月 20 日，李某龙冒充某知名网站工作人员，采取伪造该网站公司营业执照等方式，骗取该网站注册服务提供商信任，获取网站域名解析服务管理权限。10 月 21 日，李某龙通过其在域名解析服务网站平台注册的账号，利用该平台相关功能自动生成了该知名网站二级子域名部分 DNS（域名系统）解析列表，修改该知名网站子域名的 IP 指向，使其连接至自己租用境外虚拟服务器建立的赌博网站广告发布页面。当日 19 时许，李某龙对该知名网站域名解析服务器指向的修改生效，致使该知名网站不能正常运行。23 时许，该知名网站经技术排查恢复了正常运行。11 月 25 日，李某龙被公安机关抓获。至案发时，李某龙未及获利。

经司法鉴定，该知名网站共有 559 万有效用户，其中邮箱系统有 36 万有效用户。按日均电脑客户端访问量计算，10 月 7 日至 10 月 20 日邮箱系统日均访问量达 12. 3 万。李某龙的行为造成该知名网站 10 月 21 日 19 时至 23 时长达四小时左右无法正常发挥其服务功能，案发当日仅邮件系统电脑客户端访问量就从 12. 3 万减少至 4. 43 万。

（二）案情分析及处理过程

上海市徐汇区人民检察院于 2015 年 4 月 9 日以被告人李某龙犯破坏计算机信息系统罪向上海市徐汇区人民法院提起公诉。11 月 4 日，徐汇区人民法院作出判决，认定李某龙的行为构成破坏计算机信息系统罪。根据最高人民法院、最高人民检察院《关于办理危害计算机信息系统安全刑事案件应用法律若干问题的解释》第 4 条规定，李某龙的行为符合“造成为五万以上用户提供服务的计算机信息系统不能正常运行累计一小时以上”“后果特别严重”的情形。结合量刑情节，判处李某龙有期徒刑 5 年。一审宣判后，被告人李某龙提出上诉，经上海市第一中级人民法院终审裁定，维持原判。

（三）典型意义

以修改域名解析服务器指向的方式劫持域名，造成计算机信息系统不能正常运行，是破坏计算机信息系统的行为。修改域名解析服务器指向，强制用户偏离目标网站或网页进入指定网站或网页，是典型的域名劫持行为。行为人使用恶意代码修改目标网站域名解析服务器，目标网站域名被恶意解析到其他 IP 地址，无法正常发挥网站服务功能，这种行为实质是对计算机信息系统功能的修改、干扰，符合《刑法》第 286 条第 1 款“对计算机信息系统功能进行删除、修改、增加、干扰”的规定。根据最高人民法院、最高人民检察院《关于办理危害计算机信息系统安全刑事案件应用法律若干问题的解释》第 4 条的规定，造成为一万以上用户提供服务的计算机信息系统不能正常运行累计一小时以上的，属于“后果严重”；造成为五万以上用户提供服务的计算机信息系统不能正常运行累计一小时以上的，属于“后果特别严重”。

认定遭受破坏的计算机信息系统服务用户数，可以根据计算机信息系统的功能和使用特点，结合网站注册用户、浏览用户等具体情况，作出客观判断。

（四）相关法律条文（破坏计算机信息系统罪）

最高人民法院、最高人民检察院《关于办理危害计算机信息系统安全刑事案件应用法律若干问题的解释》第四条 破坏计算机信息系统功能、数据或者应用程序，具有下列情形之一的，应当认定为刑法第二百八十六条第一款和第二款规定的“后果严重”：

……

（四）造成为一百台以上计算机信息系统提供域名解析、身份认证、计费等基础服务或者为一万以上用户提供服务的计算机信息系统不能正常运行累计一小时以上的；

……

实施前款规定行为，具有下列情形之一的，应当认定为破坏计算机信息系统“后果特别严重”：

……

（二）造成为五百台以上计算机信息系统提供域名解析、身份认证、计费等基础服务或者为五万以上用户提供服务的计算机信息系统不能正常运行累计一小时以上的；

……

六、《中华人民共和国刑法》案例之帮助信息网络犯罪活动罪

唐某琪、方某帮助信息网络犯罪活动案——非法买卖 GOIP 设备并提供后续维护支持，为电信网络诈骗犯罪提供技术帮助。

（一）基本案情

被告人唐某琪，系某科技有限公司法定代表人；

被告人方某，系某信息工程有限公司销售经理。

被告人唐某琪曾因其销售的 GOIP 设备（GOIP-Gsm Over Internet Protocol 设备是一种虚拟拨号设备，该设备能将传统电话信号转化为网络信号，供上百张手机卡同时运作，并通过卡池远程控制异地设备，实现人机分离、人卡分离、机卡分离等功能）涉及违法犯罪被公安机关查扣并口头警告，之后其仍以某科技有限公司名义向方某购买该设备，并通过网络销售给他人。方某明知唐某琪将 GOIP 设备出售给从事电信网络诈骗犯罪的人员，仍然长期向唐某琪出售。

在长达 1 年的时间内，唐某琪从方某处购买 130 台 GOIP 设备并销售给他人，并提供后续安装、调试及配置系统等技术支持。期间，公安机关在 3 个省份多地查获唐某琪、方某出售的 GOIP 设备 20 台。经查，其中 5 台设备被他人用于实施电信网络诈骗，造成张某淘、李某兰等人被诈骗人民币共计 34 万余元。

（二）案情分析及处理过程

本案由 BH 市公安局立案侦查，BH 市人民检察院介入案件侦查。公安机关以唐某琪、方某涉嫌帮助信息网络犯罪活动罪移送起诉，BH 市人民检察院将本案指定由 HC 区人民检察院审查起诉。检察机关经审查认为，唐某琪曾因其销售的 GOIP 设备涉及违法犯罪被公安机关查扣并口头警告，后仍然实施有关行为；方某作为行业销售商，明知 GOIP 设备多用于电信网络诈骗犯罪且收到公司警示通知的情况下，对销售对象不加审核，仍然长期向唐某琪出售，导致所出售设备被用于电信网络诈骗犯罪，造成严重危害，依法均应认定为构成帮助信息网络犯罪活动罪。

同年6月21日，检察机关以帮助信息网络犯罪活动罪对唐某琪、方某提起公诉。同年8月2日，HC区人民法院以帮助信息网络犯罪活动罪分别判处被告人唐某琪、方某有期徒刑9个月、8个月，并处罚金人民币12 000元、10 000元。唐某琪提出上诉，同年10月18日，BH市中级人民法院裁定驳回上诉，维持原判。

电信网络诈骗犯罪分子利用GOIP设备拨打电话、发送信息，加大了打击治理难度。检察机关依法从严惩治为实施电信网络诈骗犯罪提供GOIP设备等行为，源头打击治理涉网络设备的黑色产业链。坚持主客观相统一，准确认定帮助信息网络犯罪活动罪中的“明知”要件。

（三）典型意义

1. GOIP设备被诈骗犯罪分子使用助推电信网络诈骗犯罪，要坚持打源头斩链条，防止该类网络黑灰产滋生发展。当前，GOIP设备在电信网络诈骗犯罪中被广泛使用，尤其是一些诈骗团伙在境外远程控制在境内安置的设备，加大反制拦截和信号溯源的难度，给案件侦办带来诸多难题。检察机关要聚焦违法使用GOIP设备所形成的黑灰产业链，既要从严惩治不法生产商、销售商，又要注重惩治专门负责设备安装、调试、维修以及提供专门场所放置设备的不法人员，还要加大对为设备运转提供大量电话卡的职业“卡商”的打击力度，全链条阻断诈骗分子作案工具来源。

2. 坚持主客观相统一，准确认定帮助信息网络犯罪活动罪中的“明知”要件。行为人主观上明知他人利用信息网络实施犯罪是认定帮助信息网络犯罪活动罪的前提条件。对于这一明知条件的认定，要坚持主客观相统一原则予以综合认定。对于曾因实施有关技术支持或帮助行为，被监管部门告诫、处罚的，仍然实施有关行为的，如没有其他相反证据，可依法认定其明知。对于行业内人员出售、提供相关设备工具被用于网络犯罪的，结合其从业经历、对设备工具性能了解程度、交易对象等因素，可依法认定其明知，但有相反证据的除外。

七、《中华人民共和国刑法》案例分析之徐某某案（诈骗罪）

（一）基本案情

一纸高考录取通知书带给山东18岁女生徐某某对美好未来的无尽憧憬，然而，一通诈骗电话却将她的生命及梦想永远定格在了18岁。2017年6月27日，备受社会关注，最高人民检察院、公安部联合挂牌督办的徐某某被电信诈骗致死案在山东省临沂市中级人民法院开庭审理。

2016年8月19日下午4点30分，刚刚被南京邮电大学录取的徐某某接到陌生电话，对方称自己是教育局的人，有一笔助学金要发放给她。可她并没有想到，这通来电是从江西省九江市一间出租屋里打出的。随后，徐某某拨打了“教育局”提供的“财政局”电话，按照对方以“激活账户”的指令，将准备交学费的9900元打入了骗子提供的账号。

8月19日下午，发现被骗后，徐某某万分难过。当晚，在报案后回家的途中，徐某某突然晕厥，不省人事，后经抢救无效死亡。

案发后，杜某禹、陈某辉、郑某锋、黄某春、熊某、陈某生、郑某聪、陈某地、吴某某（系未成年人）等9名犯罪嫌疑人陆续被警方抓获。

检察机关经审查认定，2015年11月至2016年8月，被告人陈某辉、郑某锋、黄某春等人交叉结伙，通过网络购买学生信息和公民购房信息，分别在海南省海口市、江西省新余市等地，冒充教育局、财政局、房产局工作人员，以发放贫困学生助学金、购房补贴为名，以高考学生为主要诈骗对象，拨打电话，骗取他人钱款，金额共计人民币56万余元，通话次数共计2.3万余次，并造成山东省临沂市高考录取新生徐某某死亡。

从案件本身看，陈某辉等7名被告人结成犯罪团伙、分工明确、流窜性强、危害性大。该团伙诈骗过程可分"四个环节"，成员分工负责，流程环环相扣——

首先，被告人陈某辉、郑某锋通过网络购买公民个人信息、台词剧本，租赁诈骗场所，购买手机、手机卡等作案工具。其次，被告人黄某春、熊某、陈某生、郑某聪冒充教育局、房产局工作人员拨打一线电话，照本宣读发放助学金、购房补贴的台词剧本，诱骗被害人拨打二线电话领取款项。再次，陈某辉、郑某锋冒充财政局工作人员，接听被害人回拨的二线电话，以发放助学金、补贴款为由，诱骗被害人向特定账户汇款、存款。最后，被告人郑某锋、熊某、陈某地负责转移诈骗赃款，并汇入陈某辉、郑某锋的专门存放赃款账户，完成犯罪。

（二）案情分析及处理过程

"徐某某被电信诈骗案"于2017年7月19日10时在山东省临沂市中级人民法院公开宣判。主犯陈某辉犯诈骗罪和侵犯公民个人信息罪，被判处无期徒刑，剥夺政治权利终身，并处没收个人全部财产。

公诉机关认为，被告人陈某辉等人以非法占有为目的，实施电信诈骗，触犯《刑法》第266条的规定，犯罪事实清楚，证据确实、充分，均应当以诈骗罪追究刑事责任，被告人陈某辉以非法方法获取公民个人信息，触犯《刑法》第253条之一的规定，应当以侵犯公民个人信息罪追究其刑事责任。

第二百五十三条之一　【侵犯公民个人信息罪】违反国家有关规定，向他人出售或者提供公民个人信息，情节严重的，处三年以下有期徒刑或者拘役，并处或者单处罚金；情节特别严重的，处三年以上七年以下有期徒刑，并处罚金。

违反国家有关规定，将在履行职责或者提供服务过程中获得的公民个人信息，出售或者提供给他人的，依照前款的规定从重处罚。

窃取或者以其他方法非法获取公民个人信息的，依照第一款的规定处罚。

单位犯前三款罪的，对单位判处罚金，并对其直接负责的主管人员和其他直接责任人员，依照各该款的规定处罚。

第二百六十六条【诈骗罪】诈骗公私财物，数额较大的，处三年以下有期徒刑、拘役或者管制，并处或者单处罚金；数额巨大或者有其他严重情节的，处三年以上十年以下有期徒刑，并处罚金；数额特别巨大或者有其他特别严重情节的，处十年以上有期徒刑或者无期徒刑，并处罚金或者没收财产。本法另有规定的，依照规定。

法院审理认为，被告人陈某辉、郑某锋、黄某春、熊某、陈某生、郑某聪、陈某地以非法占有为目的，结成电信诈骗犯罪团伙，冒充国家机关工作人员，通过拨打电话对不特定多数人实施诈骗，各被告人行为均构成诈骗罪。被告人陈某辉还以非法方法获取公民个人信息，其行为还构成侵犯公民个人信息罪。

法院以诈骗罪判处被告人陈某辉无期徒刑，剥夺政治权利终身，并处没收个人全部财产，以侵犯公民个人信息罪判处其有期徒刑 5 年，并处罚金人民币 3 万元，决定执行无期徒刑，剥夺政治权利终身，并处没收个人全部财产。

其余 6 名被告人因犯诈骗罪分别被判处 3 年至 15 年有期徒刑，并处罚金。法院还责令各被告人向被害人退赔诈骗款项。

（三）典型意义

徐某某案 7 名被告人一年内在三个省四个地市进行交叉结伙作案，其从重处罚的情节、拨打电话次数的认定、共同犯罪的认定都曾是检察机关办案需要攻克的难题。

2016 年 9 月 23 日，最高人民法院、最高人民检察院、公安部、工信部、中国人民银行、中国银监会等六部门联合发布《关于防范和打击电信网络诈骗犯罪的通告》。通告要求，凡是实施电信网络诈骗犯罪的人员，必须立即停止一切违法犯罪活动。

2016 年 12 月 2 日，公安部会同银监会制定出台了《电信网络新型违法犯罪案件冻结资金返还若干规定实施细则》。

2016 年 12 月 19 日，公安部会同最高人民法院、最高人民检察院研究出台了《关于办理电信网络诈骗等刑事案件适用法律若干问题的意见》（简称《意见》），明确了达到相应数额标准的电信网络诈骗犯罪“酌情从重处罚”的 10 种情形。

2017 年 5 月，最高人民法院、最高人民检察院出台了《关于办理侵犯公民个人信息刑事案件适用法律若干问题的解释》（简称《解释》）。

上述两个司法解释性文件的出台对于徐某某案的犯罪数额、情节、主从犯的认定起到了决定性作用。以犯罪嫌疑人陈某辉为例，按照《意见》，陈某辉主动提起犯意，选择犯罪地点，购买犯罪工具，组织犯罪人员，指挥犯罪活动，决定分赃比例，且获得最多赃款，实施诈骗并造成徐某某死亡，在共同犯罪中起主要作用，应当认定为主犯。

与此同时，陈某辉组织、指挥他人实施电信诈骗，在九江市、新余市共计拨打 1.3 万余人次，应当认定为情节特别严重，诈骗 31.199 万元，数额巨大。陈某辉非法获得公民个人信息 10 万余条，情节属特别严重。

6 月 27 日，庭审过程中，公诉人逐一分析论证了诈骗罪、侵犯公民个人信息罪的事实认定、证据分析和法律适用，以及各被告人应负的法律责任。其中，公诉人当庭建议，陈某辉、郑某锋、熊某、郑某聪、陈某地实施诈骗造成徐某某死亡，应酌情从重处罚。

八、《中华人民共和国刑法》案例分析之诽谤罪、猥亵儿童罪

（一）基本案情

2020 年 7 月，杭州市民谷女士在取快递时被郎某偷拍。郎某与何某编造“谷女士出轨快递小哥”的对话内容发至微信群，在网上迅速发酵，谷女士向警方报警。公安机关对郎某、何某作出行政拘留处罚。但因造谣者道歉态度消极，谷女士向法院提起

刑事自诉。期间，谣言在网络持续传播发酵，不仅严重损害被害人的名誉权，还严重扰乱网络公共秩序。杭州市余杭区人民检察院依据《刑法》第 246 条第 2 款之规定，建议杭州市公安局余杭分局以郎某、何某涉嫌诽谤罪立案侦查。2020 年 12 月 25 日，杭州市公安局余杭分局对郎某、何某涉嫌诽谤案立案侦查。2021 年 2 月 26 日，余杭区人民检察院对郎某、何某提起公诉；4 月 30 日，余杭区人民法院开庭审理，当庭判处郎某、何某有期徒刑 1 年，缓刑 2 年。

2017 年 1 月，骆某使用化名，通过 QQ 软件将 13 岁女童小羽（化名）加为好友，通过言语恐吓，向其索要裸照，并通过小羽的校友周某施加压力。小羽被迫自拍裸照十张，通过 QQ 软件传送给骆某观看。后骆某又以在网上公布裸照相威胁，要求与其见面、开房，企图实施猥亵行为。某市某区人民检察院经审查认为，骆某行为构成猥亵儿童罪，于当年 6 月 5 日提起公诉。后经人民法院审理，作出终审判决，认定被告人骆某犯猥亵儿童罪，判处有期徒刑 2 年。

（二）案情分析及相关法条

第二百四十六条【侮辱罪、诽谤罪】以暴力或者其他方法公然侮辱他人或者捏造事实诽谤他人，情节严重的，处三年以下有期徒刑、拘役、管制或者剥夺政治权利。

前款罪，告诉的才处理，但是严重危害社会秩序和国家利益的除外。通过信息网络实施第一款规定的行为，被害人向人民法院告诉，他提供证据确有困难的人民法院可以要求公安机关提供协助。

第二百三十七条第三款【猥亵儿童罪】猥亵儿童的，处五年以下有期徒刑；有下列情形之一的，处五年以上有期徒刑：

（一）猥亵儿童多人或者多次的；

（二）聚众猥亵儿童的，或者在公共场所当众猥亵儿童，情节恶劣的；

（三）造成儿童伤害或者其他严重后果的；

（四）猥亵手段恶劣或者有其他恶劣情节的。

最高人民法院、最高人民检察院《关于办理强奸、猥亵未成年人刑事案件适用法律若干问题的解释》强调，依法从严惩处强奸、猥亵未成年人犯罪，加强对未成年人特殊、优先保护，进一步提升未成年人司法保护水平。

该解释明确了猥亵儿童罪加重处罚情节。猥亵儿童的，处 5 年以下有期徒刑，加重处罚情节意思是应该在 5 年~15 年之间量刑。

该解释还明确了一些特殊情形下的法律适用标准问题。如第 9 条，对于非接触性的、利用网络猥亵未成年人的手段，比如说胁迫、引诱未成年人进行网络裸聊，向未成年人索要裸照、视频等特殊的猥亵行为，该解释把它上升到具有法律强制的高度，明确应该以猥亵儿童罪或者强制猥亵罪定罪处罚。

（三）典型意义

网络时代刑事犯罪表现出新的样态特征，隐蔽性更强、危害传播更快，对被害人、网络秩序造成损害也更大。司法机关积极作为，依法精准惩治网络空间违法犯罪，向社会释放“网络空间不是法外之地”的强烈信号，体现了加强网络时代公民权益保护、推动网络空间治理的责任担当。同时，通过理念变革进一步明确了法律条文在网络空间的适用，为处理这一类问题树立标准。

九、《中华人民共和国刑法》案例分析之侵犯公民个人信息罪

（一）基本案情

2020 年 6 月至 9 月间，被告人李某祥制作一款具有非法窃取安装者相册照片功能的手机“黑客软件”，打包成安卓手机端的“APK 安装包”，发布于暗网“茶马古道”论坛售卖，并伪装成“颜值检测”软件发布于“芥子论坛”（后更名为“快猫社区”）提供访客免费下载。用户下载安装“颜值检测”软件使用时，“颜值检测”软件会自动在后台获取手机相册里的照片，并自动上传到被告人搭建的腾讯云服务器后台，从而窃取安装者相册照片共计 1751 张，其中部分照片含有人脸信息、自然人姓名、身份号码、联系方式、家庭住址等公民个人信息 100 余条。

2020 年 9 月，被告人李某祥在暗网“茶马古道”论坛看到“黑客资料”帖子，后用其此前在暗网售卖“APK 安装包”部分所得购买、下载标题为“社工库资料”数据转存于“MEGA”网盘，经其本人查看，确认含有个人真实信息。2021 年 2 月，被告人李某祥明知“社工库资料”中含有户籍信息、QQ 账号注册信息、京东账号注册信息、车主信息、借贷信息等，仍将网盘链接分享至其担任管理员的“翠湖庄园业主交流”QQ 群，提供给群成员免费下载。经鉴定，“社工库资料”经去除无效数据并进行合并去重后，包含各类公民个人信息共计 8100 万余条。

上海市奉贤区人民检察院以社会公共利益受到损害为由，向上海市奉贤区人民法院提起刑事附带民事公益诉讼。

被告人李某祥对起诉指控的基本犯罪事实及定性无异议，且自愿认罪认罚。

辩护人提出被告人李某祥系初犯，到案后如实供述所犯罪行，且自愿认罪认罚等辩护意见，建议对被告人李某祥从轻处罚，请求法庭对其适用缓刑。辩护人另辩称，检察机关未对涉案 8100 万余条数据信息的真实性核实确认。

（二）案情分析

法院生效裁判认为：本案争议焦点为利用涉案“颜值检测”软件窃取的“人脸信息”是否属于刑法规制范畴的“公民个人信息”。法院经审理认为，“人脸信息”属于《刑法》第 253 条之一规定的公民个人信息，利用“颜值检测”黑客软件窃取软件使用者“人脸信息”等公民个人信息的行为，属于刑法中“窃取或者以其他方法非法获取公民个人信息”的行为，依法应予惩处。主要理由如下：其一，“人脸信息”与其他明确列举的个人信息种类均具有明显的“可识别性”特征。最高人民法院、最高人民检察院《关于办理侵犯公民个人信息刑事案件适用法律若干问题的解释》中列举了公民个人信息种类，虽未对“人脸信息”单独列举，但允许依法在列举之外认定其他形式的个人信息。《解释》中对公民个人信息的定义及明确列举与民法典等法律规定中有关公民个人信息的认定标准一致，即将“可识别性”作为个人信息的认定标准，强调信息与信息主体之间被直接或间接识别出来的可能性。“人脸信息”属于生物识别信息，其具有不可更改性和唯一性，人脸与自然人个体一一对应，无需结合其他信息即可直接识别到特定自然人身份，具有极高的“可识别性”。其二，将“人脸信息”认定为公民个人信息遵循了法秩序统一性原理。民法等前置法将“人脸信息”作为公民个人信息予以保护。《民法典》第1034条规定了个人信息的定义和具体种类，《个人信息保护法》进一步将“人脸信息”纳入个人信息的保护范畴，侵犯“人脸信息”的行为构成侵犯自然人人格权益等侵权行为的，须承担相应的民事责任或行政、刑事责任。其三，采用“颜值检测”黑客软件窃取“人脸信息”具有较大的社会危害性和刑事可罚性。因“人脸信息”是识别特定个人的敏感信息，亦是社交属性较强、采集方便的个人信息，极易被他人直接利用或制作合成，从而破解人脸识别验证程序，引发侵害隐私权、名誉权等违法行为，甚至盗窃、诈骗等犯罪行为，社会危害较大。被告人李某祥操纵黑客软件伪装的“颜值检测”软件窃取用户自拍照片和手机相册中的存储照片，利用了互联网平台的开放性，以不特定公众为目标，手段隐蔽、欺骗性强、窃取面广，具有明显的社会危害性，需用刑法加以规制。

关于辩护人提出本案公民个人信息数量认定依据不足的辩护意见，法院经审理认为，公安机关侦查过程中采用了抽样验证的方法，随机挑选部分个人信息进行核实，能够确认涉案个人信息的真实性，被告人、辩护人亦未提出涉案信息不真实的线索或证据。司法鉴定机构通过去除无效信息，并采用合并去重的方法进行鉴定，检出有效个人信息8100万余条，公诉机关指控的公民个人信息数量客观、真实，且符合《解释》中确立的对批量公民个人信息具体数量的认定规则，故对辩护人的辩护意见不予采纳。

综上，被告人李某祥违反国家有关规定，非法获取并向他人提供公民个人信息，情节特别严重，其行为已构成侵犯公民个人信息罪。被告人李某祥到案后能如实供述自己的罪行，依法可以从轻处罚，且自愿认罪认罚，依法可以从宽处理。李某祥非法获取并向他人提供公民个人信息的侵权行为，侵害了众多公民个人信息安全，损害社会公共利益，应当承担相应的民事责任。

（三）处理过程

上海市奉贤区人民法院于2021年8月23日以（2021）沪0120刑初828号刑事判决，认定被告人李某祥犯侵犯公民个人信息罪，判处有期徒刑3年，宣告缓刑3年，并处罚金人民币1万元；扣押在案的犯罪工具予以没收。判决李某祥在国家级新闻媒体上对其侵犯公民个人信息的行为公开赔礼道歉、删除“颜值检测”软件及相关代码、删除腾讯云网盘上存储的涉案照片、删除存储在“MEGA”网盘上相关公民个人信息，并注销侵权所用QQ号码。一审判决后，没有抗诉、上诉，判决现已生效。

（四）法条释义

使用人脸识别技术处理的人脸信息以及基于人脸识别技术生成的人脸信息均具有高度的可识别性，能够单独或者与其他信息结合识别特定自然人身份或者反映特定自然人活动情况，属于刑法规定的公民个人信息。

行为人未经公民本人同意，未具备获得法律、相关部门授权等个人信息保护法规定的处理个人信息的合法事由，利用软件程序等方式窃取或者以其他方法非法获取上述信息，情节严重的，应依照最高人民法院、最高人民检察院《关于办理侵犯公民个人信息刑事案件适用法律若干问题的解释》第5条第1款第4项等规定定罪处罚。

《解释》第五条　非法获取、出售或者提供公民个人信息，具有下列情形之一的，应当认定为刑法第二百五十三条之一规定的“情节严重”：

（四）非法获取、出售或者提供住宿信息、通信记录、健康生理信息、交易信息等其他可能影响人身、财产安全的公民个人信息五百条以上的；

《刑法》第二百五十三条之一【侵犯公民个人信息罪】违反国家有关规定，向他人出售或者提供公民个人信息，情节严重的，处三年以下有期徒刑或者拘役，并处或者单处罚金；情节特别严重的，处三年以上七年以下有期徒刑，并处罚金。

违反国家有关规定，将在履行职责或者提供服务过程中获得的公民个人信息，出售或者提供给他人的，依照前款的规定从重处罚。

窃取或者以其他方法非法获取公民个人信息的，依照第一款的规定处罚。

单位犯前三款罪的，对单位判处罚金，并对其直接负责的主管人员和其他直接责任人员，依照各该款的规定处罚。

十、《中华人民共和国刑法》案例分析之境外非法提供国家秘密罪

（一）基本案情

成某，女，1975 年 6 月生于湖南省岳阳市，澳大利亚籍，原系境内媒体聘用人员。1985 年跟随父母定居澳大利亚，获得昆士兰大学商学学位后曾就职于澳大利亚金融企业，后返回中国，并进入中国国际电视台担任节目主持人。

2020 年 5 月，成某受某境外机构人员攀拉，违反与聘用单位签署的保密条款，非法将工作中掌握的国家秘密内容通过手机提供给该境外机构。

工作期间，成某接触到不少政商知名人士，如美国前总统克林顿、欧盟前主席巴罗佐、比尔·盖茨等，也算打响了知名度，一度被澳大利亚政府选为全球教育品牌大使。在中国事业上的成功，不仅没有增强成某对国家的认同感，反而让其欲壑难填，凭着工作带来的种种便利，向国家秘密伸出黑手。

（二）案情分析及处理过程

北京市国家安全局经立案侦查，于 2020 年 8 月对成某依法采取刑事强制措施。成某到案后，如实供述犯罪事实，自愿认罪认罚。

中国司法机关经依法审查，认为澳大利亚籍人士成某涉嫌为境外非法提供国家秘密罪，依据《中华人民共和国刑事诉讼法》，于 2021 年 2 月 5 日批准逮捕犯罪嫌疑人成某。

2022 年 3 月 31 日，北京市第二中级人民法院一审不公开开庭审理了澳大利亚籍被告人成某为境外非法提供国家秘密一案，成某及其辩护律师到庭参加诉讼。

北京市第二中级人民法院经开庭审理，以为境外非法提供国家秘密罪判处成某有期徒刑 2 年 11 个月，附加驱逐出境。成某未提起上诉。

2023 年 10 月 11 日，澳大利亚籍人员成某在服刑期满后，被北京市国家安全局依法执行驱逐出境。

（三）典型意义

成某利用工作便利，窃取我国家秘密并向境外提供，最终难逃法网。中国司法机关依法审理相关案件并作出判决，充分保障了当事人依法享有的各项权利。

（四）相关法条

《刑法》第一百一十一条【为境外窃取、刺探、收买、非法提供国家秘密、情报

罪】为境外的机构、组织、人员窃取、刺探、收买、非法提供国家秘密或者情报的，处五年以上十年以下有期徒刑；情节特别严重的，处十年以上有期徒刑或者无期徒刑；情节较轻的，处五年以下有期徒刑、拘役、管制或者剥夺政治权利。

（五）检察机关依法惩治危害国家安全犯罪典型案例

1. 陈某某为境外刺探、非法提供国家秘密案。

被告人陈某某系某职业技术学院学生。2020 年 2 月中旬，陈某某通过“探某”APP 结识了境外人员“涵”。陈某某在明知“涵”是境外人员的情况下，为获取报酬，于 2020 年 3 月至 2020 年 7 月间，按照“涵”的要求，多次前往军港等军事基地，观察、搜集、拍摄涉军装备及部队位置等信息，并通过微某、坚某云、rocket. chat 等软件发送给“涵”。陈某某先后收受“涵”通过微信、支付宝转账的报酬共计人民币 1 万余元以及鱼竿、卡西欧手表等财物。经密级鉴定，陈某某发送给“涵”的图片涉及 1 项机密级军事秘密、2 项秘密级军事秘密和 2 项内部事项。

最终，陈某某因犯为境外刺探、非法提供国家秘密罪被判处有期徒刑 6 年，剥夺政治权利 2 年，并处没收个人财产人民币 1 万元。

2. 黄某某为境外刺探、非法提供国家秘密案。

黄某某，案发前系婚纱摄影师。2019 年 7 月，被告人黄某某通过微信聊天与境外人员“琪姐”结识。在“琪姐”的指示下，于 2019 年 7 月至 2020 年 5 月间，黄某某利用在某军港附近海滩从事婚纱摄影的便利，使用专业照相器材、手机等远景拍摄军港周边停泊的军舰，为了避免暴露自己，黄某某还采用欺骗、金钱引诱等方式委托他人为自己拍摄该军港附近海湾全景。黄某某以每周 2~3 次的频率，累计拍摄达 90 余次，其中涉及军港军舰照片 384 张。黄某某将拍摄的照片通过网络以共用网盘、群组共享等方式发送给境外人员“琪姐”，共收取对方提供的报酬人民币 4 万余元。经鉴定，涉案照片涉及绝密级秘密 3 项，机密级秘密 2 项。

最终，黄某某因犯为境外刺探、非法提供国家秘密罪被判处有期徒刑 14 年，剥夺政治权利 5 年，并处没收个人财产人民币 4 万元。

思考练习

【本节导入案例分析】

1. 本案中被告人叶某某、张某某、谭某某有何违法行为？

叶某某、张某某的行为已构成提供侵入计算机信息系统程序罪，且系共同犯罪；谭某某的行为已构成非法获取计算机信息系统数据罪。

2. 该违法行为应当承担哪些法律责任？

浙江省杭州市余杭区人民法院采纳了检察机关的指控意见，判决认定被告人叶某某、张某某的行为已构成提供侵入计算机信息系统程序罪，且系共同犯罪；被告人谭某某的行为已构成非法获取计算机信息系统数据罪。

鉴于 3 名被告人均自愿认罪，并退出违法所得，对 3 名被告人判处 3 年有期徒刑，适用缓刑，并处罚金。宣判后，3 名被告人均未提出上诉，判决已生效。

【典型意义】

审查认定“专门用于侵入计算机信息系统的程序”，一般应要求公安机关提供以下证据：一是从被扣押、封存的涉案电脑、U盘等原始存储介质中收集、提取相关的电子数据。二是对涉案程序、被侵入的计算机信息系统及电子数据进行勘验、检查后制作的笔录。三是能够证实涉案程序的技术原理、制作目的、功能用途和运行效果的书证材料。四是涉案程序的制作人、提供人、使用人对该程序的技术原理、制作目的、功能用途和运行效果进行阐述的言词证据，或能够展示涉案程序功能的视听资料。五是能够证实被侵入计算机信息系统安全保护措施的技术原理、功能以及被侵入后果的专业人员的证言等证据。六是对有运行条件的，应要求公安机关进行侦查实验。对有充分证据证明涉案程序是专门设计用于侵入计算机信息系统、非法获取计算机信息系统数据的，可直接认定为“专门用于侵入计算机信息系统的程序”。

证据审查中，可从以下方面对涉案程序是否属于“专门用于侵入计算机信息系统的程序”进行判断：一是结合被侵入的计算机信息系统的安全保护措施，分析涉案程序是否具有侵入的目的，是否具有避开或者突破计算机信息系统安全保护措施的功能。二是结合计算机信息系统被侵入的具体情形，查明涉案程序是否在未经授权或超越授权的情况下，获取计算机信息系统数据。三是分析涉案程序是否属于“专门”用于侵入计算机信息系统的程序。

根据最高人民法院、最高人民检察院《关于办理危害计算机信息系统安全刑事案件应用法律若干问题的解释》第10条和最高人民法院、最高人民检察院、公安部《关于办理刑事案件收集提取和审查判断电子数据若干问题的规定》第17条的规定，对是否属于“专门用于侵入计算机信息系统的程序”难以确定的，一般应当委托省级以上负责计算机信息系统安全保护管理工作的部门检验，也可由司法鉴定机构出具鉴定意见，或者由公安部指定的机构出具报告。实践中，应重点审查检验报告、鉴定意见对程序运行过程和运行结果的判断，结合案件具体情况，认定涉案程序是否具有突破或避开计算机信息系统安全保护措施，未经授权或超越授权获取计算机信息系统数据的功能。

【相关法条】

《中华人民共和国刑法》第285条、第25条

最高人民法院、最高人民检察院《关于办理危害计算机信息系统安全刑事案件应用法律若干问题的解释》第1条、第2条、第3条、第10条、第11条

最高人民法院、最高人民检察院、公安部《关于办理刑事案件收集提取和审查判断电子数据若干问题的规定》第17条

拓展学习

拓展学习

思政园地

全面部署依法治理网络空间

2020年12月，中共中央印发《法治社会建设实施纲要（2020—2025年）》（以下简称《纲要》），将“依法治理网络空间”作为法治社会建设的重要内容，从“完善网络法律制度、培育良好的网络法治意识、保障公民依法安全用网”三个方面，全面推进网络空间法治化。

在“完善网络法律制度”方面，《纲要》指出完善网络信息服务方面的法律法规、网络安全法配套规定和标准体系，健全互联网技术、商业模式、大数据等创新成果的知识产权保护方面的法律法规，制定未成年人网络保护条例，完善跨境电商制度等。在“培育良好的网络法治意识”方面，《纲要》指出加强和创新互联网内容建设、提升网络媒介素养、加强全社会网络法治和网络素养教育、加强青少年网络安全教育等。在“保障公民依法安全用网”方面，《纲要》指出落实网络安全责任制、加强对网络空间通信秘密、商业秘密、个人隐私以及名誉权、财产权等合法权益的保护，严格规范收集使用个人信息行为、依法查处网络金融犯罪、网络诽谤、网络诈骗、网络色情、攻击窃密等违法犯罪行为。

党的十九大报告提出，加强互联网内容建设，建立网络综合治理体系，营造清朗的网络空间。《纲要》贯彻落实党中央的决策部署，将依法治理网络空间纳入法治社会建设全局中统筹规划、一体推进。《纲要》的出台，为依法治网勾勒了长远发展“蓝图”和具体“路线图”，推动社会治理从现实社会向网络空间覆盖，建立健全网络综合治理体系，促进国家治理体系和治理能力现代化。[1]

模块小结

党的十八大以来，全国人大及其常委会落实党中央关于建设网络强国、数字中国的决策部署，积极推进网络立法工作，不断完善相关法律制度规范，初步形成了相对完备的网络法律体系，网络立法取得了显著成就，为推动互联网持续健康发展提供了法律保障。近年来，先后制定了《网络安全法》《电子商务法》《数据安全法》《个人信息保护法》《反电信网络诈骗法》等信息安全相关专门法律。

深入贯彻习近平新时代中国特色社会主义思想，深入贯彻党的二十大精神，紧紧围绕习近平法治思想和习近平总书记关于建设网络强国的一系列重要论述。

党的十八大以来，中国网络立法、网络执法、网络司法、网络普法、网络法治教育一体推进，网络法治建设取得积极进展，互联网法治化水平显著提升。

网络安全法律是重要的起点，是依法治国精神的具体体现，是网络空间法制化的里程碑，标志着我国网络空间领域的发展和现代化治理迈出了坚实的一步。

---

〔1〕《党的十九大以来网络法治典型案事例》，载中华人民共和国最高人民检察院网，https：//www.spp.gov.cn/spp/zdgz/202111/t20211119_535923.shtml，最后访问日期：2025年1月7日。

本模块阐述了信息安全相关法律规范要求，明确了信息安全法律主要内容，分析信息安全法律相关典型案例。主要内容包括：

- 《中华人民共和国网络安全法》
- 《中华人民共和国数据安全法》
- 《中华人民共和国个人信息保护法》
- 《中华人民共和国反电信网络诈骗法》
- 《中华人民共和国国家安全法》
- 《中华人民共和国密码法》
- 《中华人民共和国刑法》

拓展思考

1. 如何更加有效地推进信息安全法律建设？
2. 如何持续完善网络安全配套法规体系？
3. 如何理解网络安全离不开刑法的保护？
4. 刑法和其他网络安全法的关系是什么？
5. 为什么要加强网络法治？怎样加强网络法治？

学习模块二　信息安全法规

要推动依法管网、依法办网、依法上网，确保互联网在法治轨道上健康运行。

——习近平

模块背景

法者，治之端也。执政兴国，离不开法治支撑；社会发展，离不开法治护航；百姓福祉，离不开法治保障。

扎根中国特色社会主义法治实践沃土的习近平法治思想，在引领法治中国建设波澜壮阔的进程中充分彰显实践伟力。在习近平法治思想的指引下，我国全面依法治国实践取得了重大进展，筑起了法治中国的坚实大厦：党的领导、人民当家作主、依法治国有机统一的制度建设全面加强，党的领导体制机制不断完善；科学立法、严格执法、公正司法、全民守法深入推进，法治国家、法治政府、法治社会建设相互促进，中国特色社会主义法治体系日益完善，全社会法治观念明显增强。

习近平总书记指出，要积极推进国家安全、科技创新、公共卫生、生物安全、生态文明、防范风险、涉外法治等重要领域立法，健全国家治理急需的法律制度、满足人民日益增长的美好生活需要必备的法律制度，以良法善治保障新业态新模式健康发展。

习近平总书记强调："我们要加强重要领域立法，确保国家发展、重大改革于法有据，把发展改革决策同立法决策更好结合起来。"

以习近平同志为核心的党中央高度重视立法工作，夯实立法这一全面依法治国的前提和基础，立法覆盖广、数量多、节奏快、要求高，以宪法为核心、与推进国家治理体系和治理能力现代化进程相适应的中国特色社会主义法律体系不断发展完善。[1]

学习目标

知识目标

- 了解信息安全相关法规概念
- 熟悉信息安全相关法规内容
- 掌握信息安全相关法规案例分析方法

能力目标

- 能够分析信息安全相关法规问题
- 能够判断信息安全相关法规责任
- 能够遵守信息安全相关法规规范

素养目标

- 科学立法、严格执法、公正司法、全民守法
- 文武兼备、追求卓越
- 创新方式方法、坚持知行合一
- 团结协作、弘扬团结奋斗的精神
- 提高正确认识问题、分析问题和解决问题的能力
- 提升信息安全法治素养，培养信息安全法治思维

思政目标

●以爱党、爱国、爱社会主义、爱人民、爱集体为主线，培养追求科学真理、维护网络空间安全的家国情怀。

●学思践悟习近平全面依法治国新理念新思想新战略，牢固树立法治观念，坚定走中国特色社会主义法治道路的理想和信念。

●深化对法治理念、法治原则、重要法律概念的认知，提高运用法治思维和法治方式维护自身权利、参与社会公共事务、化解矛盾纠纷的意识和能力。

重点内容

本模块的重点是信息安全法规的相关概念和内容，难点是如何通过学习分析相关案例，深化对法治理念、法治原则、重要法律概念的认知，提高运用法治思维和法治方式维护自身权利、参与社会公共事务、化解矛盾纠纷的意识和能力。

通过学习信息安全法规，深入开展法治教育，纪律教育，教育引导学生学思践悟习近平全面依法治国新理念新思想新战略，牢固树立法治观念，坚定走中国特色社会

---

〔1〕《一砖一瓦建设法治中国坚实大厦——深入学习贯彻习近平法治思想综述》，载中华人民共和国中央人民政府网，https：//www. gov. cn/xinwen/2021-11/19/content_ 5651966. htm，最后访问日期：2025 年 1 月 7 日。

主义法治道路的理想和信念。培育学生经世济民、诚信服务、德法兼修的职业素养。

知识图谱

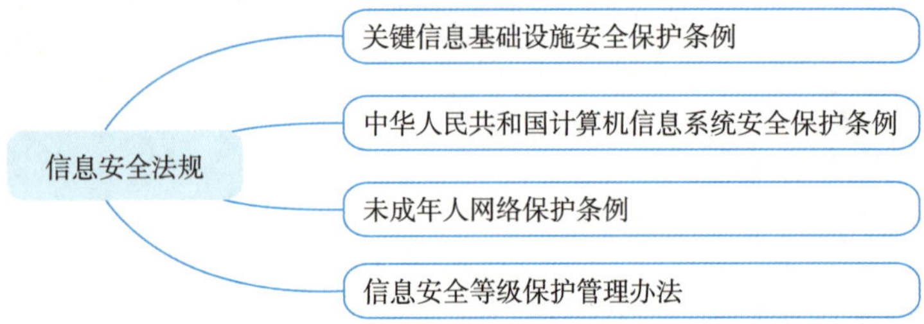

学习单元一 《关键信息基础设施安全保护条例》

学习目的

1. 了解《关键信息基础设施安全保护条例》的概念、法规条文以及相关责任。
2. 掌握《关键信息基础设施安全保护条例》案例分析方法。

知识要点

一、《关键信息基础设施安全保护条例》概述

《关键信息基础设施安全保护条例》(简称《条例》)于2021年4月27日由国务院第133次常务会议通过，自2021年9月1日起施行。

关键信息基础设施是经济社会运行的神经中枢，是网络安全的重中之重。

当前，关键信息基础设施面临的网络安全形势日趋严峻，网络攻击威胁上升，事故隐患易发多发，《条例》是在《网络安全法》框架下全面规范关键信息基础设施安全保护的基础性法规，是加强网络安全领域立法、完善网络安全保护法律法规体系的重要举措，是依法治理关键信息基础设施的纲领性文件之一，是化解关键信息基础设施安全风险的法律法规重器和重要里程碑。

《条例》共六章51条，详细阐明了关键信息基础设施的范围及认定、运营者责任义务，对政府机构、行业主管及监管部门，以及公共通信和信息服务、能源、交通、水利、金融、公共服务、电子政务、国防科技工业等重要行业和领域的关键信息基础设施运营者的责任进行了规定，并对建立关键信息基础设施网络安全监测预警体系、信息通报制度以及网络安全人才培养等提出了要求，还就违反该条例可能会受到的行政处罚、判处罚金甚至是承担刑事法律责任作出了明确规定。

二、《关键信息基础设施安全保护条例》的主要内容

(一)《条例》出台的背景

党中央、国务院高度重视关键信息基础设施安全保护工作。关键信息基础设施是经济社会运行的神经中枢，是网络安全的重中之重。保障关键信息基础设施安全，对

于维护国家网络空间主权和国家安全、保障经济社会健康发展、维护公共利益和公民合法权益具有重大意义。

2017年施行的《网络安全法》规定，关键信息基础设施的具体范围和安全保护办法由国务院制定。出台《条例》旨在落实《网络安全法》有关要求，为我国深入开展关键信息基础设施安全保护工作提供有力法治保障。

《条例》对关键信息基础设施运营者未履行安全保护主体责任、有关主管部门以及工作人员未能依法依规履行职责等情况，明确了处罚、处分、追究刑事责任等处理措施。对实施非法侵入、干扰、破坏关键信息基础设施，危害其安全活动的组织和个人，依法予以处罚。

第五条　国家对关键信息基础设施实行重点保护，采取措施，监测、防御、处置来源于中华人民共和国境内外的网络安全风险和威胁，保护关键信息基础设施免受攻击、侵入、干扰和破坏，依法惩治危害关键信息基础设施安全的违法犯罪活动。

任何个人和组织不得实施非法侵入、干扰、破坏关键信息基础设施的活动，不得危害关键信息基础设施安全。

（二）制定《条例》的总体思路

1. 坚持问题导向。针对关键信息基础设施安全保护工作实践中的突出问题，细化《网络安全法》有关规定，将实践证明成熟有效的做法上升为法律制度，为保护工作提供法治保障。

2. 压实责任。坚持综合协调、分工负责、依法保护，强化和落实关键信息基础设施运营者主体责任，充分发挥政府及社会各方面的作用，共同保护关键信息基础设施安全。

3. 做好与相关法律、行政法规的衔接。在《网络安全法》确立的制度框架下，细化相关制度措施，同时处理好与相关法律、行政法规的关系。

（三）开展关键信息基础设施安全保护工作，各部门的职责分工

《条例》第3条规定，在国家网信部门统筹协调下，国务院公安部门负责指导监督关键信息基础设施安全保护工作；国务院电信主管部门和其他有关部门依照本条例和有关法律、行政法规的规定，在各自职责范围内负责关键信息基础设施安全保护和监督管理工作。省级人民政府有关部门依据各自职责对关键信息基础设施实施安全保护和监督管理。

第三条　在国家网信部门统筹协调下，国务院公安部门负责指导监督关键信息基础设施安全保护工作。国务院电信主管部门和其他有关部门依照本条例和有关法律、行政法规的规定，在各自职责范围内负责关键信息基础设施安全保护和监督管理工作。

省级人民政府有关部门依据各自职责对关键信息基础设施实施安全保护和监督管理。

第四条　关键信息基础设施安全保护坚持综合协调、分工负责、依法保护，强化和落实关键信息基础设施运营者（以下简称运营者）主体责任，充分发挥政府及社会各方面的作用，共同保护关键信息基础设施安全。

（四）关键信息基础设施认定

《条例》从我国国情出发，借鉴国外通行做法，明确了关键信息基础设施的定义和

认定程序。

1. 明确关键信息基础设施的定义。

第二条 本条例所称关键信息基础设施，是指公共通信和信息服务、能源、交通、水利、金融、公共服务、电子政务、国防科技工业等重要行业和领域的，以及其他一旦遭到破坏、丧失功能或者数据泄露，可能严重危害国家安全、国计民生、公共利益的重要网络设施、信息系统等。

2. 明确关键信息基础设施所在行业和领域的主管部门、监督管理部门是负责关键信息基础设施安全保护工作的部门。

第八条 本条例第二条涉及的重要行业和领域的主管部门、监督管理部门是负责关键信息基础设施安全保护工作的部门（以下简称保护工作部门）。

3. 明确由保护工作部门结合本行业、本领域实际，制定关键信息基础设施认定规则，并组织认定本行业、本领域的关键信息基础设施。

第九条 保护工作部门结合本行业、本领域实际，制定关键信息基础设施认定规则，并报国务院公安部门备案。

制定认定规则应当主要考虑下列因素：

（一）网络设施、信息系统等对于本行业、本领域关键核心业务的重要程度；

（二）网络设施、信息系统等一旦遭到破坏、丧失功能或者数据泄露可能带来的危害程度；

（三）对其他行业和领域的关联性影响。

第十条 保护工作部门根据认定规则负责组织认定本行业、本领域的关键信息基础设施，及时将认定结果通知运营者，并通报国务院公安部门。

4. 规定关键信息基础设施发生较大变化，可能影响其认定结果时，运营者应当及时报告保护工作部门，由保护工作部门重新认定。

第十一条 关键信息基础设施发生较大变化，可能影响其认定结果的，运营者应当及时将相关情况报告保护工作部门。保护工作部门自收到报告之日起3个月内完成重新认定，将认定结果通知运营者，并通报国务院公安部门。

（五）《条例》对保护工作部门职责的规定

依据《网络安全法》有关规定，按照“谁主管谁负责”的原则，《条例》明确了保护工作部门对本行业、本领域关键信息基础设施的安全保护责任：

1. 制定关键信息基础设施安全规划，明确保护目标、基本要求、工作任务、具体措施。

第二十二条 保护工作部门应当制定本行业、本领域关键信息基础设施安全规划，明确保护目标、基本要求、工作任务、具体措施。

2. 建立健全网络安全监测预警制度，及时掌握关键信息基础设施运行状况、安全态势，预警通报网络安全威胁和隐患，指导做好安全防范工作。

第二十四条 保护工作部门应当建立健全本行业、本领域的关键信息基础设施网络安全监测预警制度，及时掌握本行业、本领域关键信息基础设施运行状况、安全态势，预警通报网络安全威胁和隐患，指导做好安全防范工作。

3. 建立健全网络安全事件应急预案，定期组织应急演练。

4. 指导运营者做好网络安全事件应对处置，并根据需要组织提供技术支持与协助。

第二十五条　保护工作部门应当按照国家网络安全事件应急预案的要求，建立健全本行业、本领域的网络安全事件应急预案，定期组织应急演练；指导运营者做好网络安全事件应对处置，并根据需要组织提供技术支持与协助。

5. 定期组织开展网络安全检查检测，指导监督运营者及时整改安全隐患、完善安全措施。

第二十六条　保护工作部门应当定期组织开展本行业、本领域关键信息基础设施网络安全检查检测，指导监督运营者及时整改安全隐患、完善安全措施。

6. 国家网信部门统筹协调有关部门建立网络安全信息共享机制。

第二十三条　国家网信部门统筹协调有关部门建立网络安全信息共享机制，及时汇总、研判、共享、发布网络安全威胁、漏洞、事件等信息，促进有关部门、保护工作部门、运营者以及网络安全服务机构等之间的网络安全信息共享。

7. 不得对关键信息基础设施实施漏洞探测、渗透性测试等可能影响或者危害关键信息基础设施安全的活动。

第三十一条　未经国家网信部门、国务院公安部门批准或者保护工作部门、运营者授权，任何个人和组织不得对关键信息基础设施实施漏洞探测、渗透性测试等可能影响或者危害关键信息基础设施安全的活动。对基础电信网络实施漏洞探测、渗透性测试等活动，应当事先向国务院电信主管部门报告。

（六）《条例》关于为强化和落实关键信息基础设施运营者主体责任的规定

《条例》在总则部分对运营者责任作了原则规定，要求运营者依照本条例和有关法律、行政法规的规定以及国家标准的强制性要求，在网络安全等级保护的基础上，采取技术保护措施和其他必要措施，应对网络安全事件，防范网络攻击和违法犯罪活动，保障关键信息基础设施安全稳定运行，维护数据的完整性、保密性和可用性。

《条例》还设专章细化了有关义务要求，主要包括：一是建立健全网络安全保护制度和责任制，实行“一把手负责制”，明确运营者主要负责人负总责，保障人财物投入。二是设置专门安全管理机构，履行安全保护职责，参与本单位与网络安全和信息化有关的决策，并对机构负责人和关键岗位人员进行安全背景审查。三是对关键信息基础设施每年进行网络安全检测和风险评估，及时整改问题并按要求向保护工作部门报送情况。四是关键信息基础设施发生重大网络安全事件或者发现重大网络安全威胁时，按规定向保护工作部门、公安机关报告。五是优先采购安全可信的网络产品和服务，并与提供者签订安全保密协议；可能影响国家安全的，应当按规定通过安全审查。

（七）《条例》对于关键信息基础设施安全保护工作的保障和促进措施

保障关键信息基础设施安全，需要统筹资源和力量，全方位实施保护。《条例》在保障方面，一是明确建立网络安全信息共享机制，并规定工作中获取的信息只能用于维护网络安全，不得泄露、出售或者非法向他人提供。二是对国家有关部门开展安全检查作出规定，要求避免不必要的检查和交叉重复检查，检查不得收费，不得要求被检查单位购买指定产品和服务；同时规定任何个人和组织未经授权不得对关键信息基础设施进行探测测试等活动。三是规定国家网信部门和国务院电信主管部门、公安部门等根据保护工作部门需要，提供技术支持和协助。四是明确国家对能源、电信等关键信息基础设施安全运行实施优先保障。五是规定公安机关、国家安全机关依据各自职责依法加强关键信息基础设施安全保卫，防范打击针对和利用关键信息基础设施实施的违法犯罪活动。六是明确国家出台安全标准，指导规范关键信息基础设施安全保护工作。《条例》在支持促进方面，从人才培养、技术创新和产业发展、网络安全服务机构建设与管理、军民融合、表彰奖励等方面作了相应规定。

《数据安全法》第 31 条规定，关键信息基础设施的运营者在中华人民共和国境内运营中收集和产生的重要数据的出境安全管理，适用《网络安全法》的规定。《网络安全法》第 37 条规定，关键信息基础设施的运营者在中华人民共和国境内运营中收集和产生的个人信息和重要数据应当在境内存储。因业务需要，确需向境外提供的，应当按照国家网信部门会同国务院有关部门制定的办法进行安全评估；法律、行政法规另有规定的，依照其规定。

（八）《条例》对关键信息基础设施实施漏洞探测、渗透性测试等活动的个人和组织的相关规定

实践中，一些个人和组织擅自对关键信息基础设施实施漏洞探测、渗透性测试等活动，影响关键信息基础设施安全。《条例》一是明确任何个人和组织不得实施非法侵入、干扰、破坏关键信息基础设施的活动，不得危害关键信息基础设施安全。二是规定未经国家网信部门、国务院公安部门批准或者保护工作部门、运营者授权，任何个人和组织不得对关键信息基础设施实施漏洞探测、渗透性测试等可能影响或者危害关键信息基础设施安全的活动。对基础电信网络实施漏洞探测、渗透性测试等活动，应当事先向国务院电信主管部门报告。三是在法律责任章节中专门规定了相应罚则。

三、《关键信息基础设施安全保护条例》中的法律责任

（一）运营者法律责任

第三十九条　运营者有下列情形之一的，由有关主管部门依据职责责令改正，给予警告；拒不改正或者导致危害网络安全等后果的，处 10 万元以上 100 万元以下罚款，对直接负责的主管人员处 1 万元以上 10 万元以下罚款：

（一）在关键信息基础设施发生较大变化，可能影响其认定结果时未及时将相关情况报告保护工作部门的；

（二）安全保护措施未与关键信息基础设施同步规划、同步建设、同步使用的；

（三）未建立健全网络安全保护制度和责任制的；

（四）未设置专门安全管理机构的；

（五）未对专门安全管理机构负责人和关键岗位人员进行安全背景审查的；

（六）开展与网络安全和信息化有关的决策没有专门安全管理机构人员参与的；

（七）专门安全管理机构未履行本条例第十五条规定的职责的；

（八）未对关键信息基础设施每年至少进行一次网络安全检测和风险评估，未对发现的安全问题及时整改，或者未按照保护工作部门要求报送情况的；

（九）采购网络产品和服务，未按照国家有关规定与网络产品和服务提供者签订安

全保密协议的；

（十）发生合并、分立、解散等情况，未及时报告保护工作部门，或者未按照保护工作部门的要求对关键信息基础设施进行处置的。

第四十条　运营者在关键信息基础设施发生重大网络安全事件或者发现重大网络安全威胁时，未按照有关规定向保护工作部门、公安机关报告的，由保护工作部门、公安机关依据职责责令改正，给予警告；拒不改正或者导致危害网络安全等后果的，处 10 万元以上 100 万元以下罚款，对直接负责的主管人员处 1 万元以上 10 万元以下罚款。

第四十一条　运营者采购可能影响国家安全的网络产品和服务，未按照国家网络安全规定进行安全审查的，由国家网信部门等有关主管部门依据职责责令改正，处采购金额 1 倍以上 10 倍以下罚款，对直接负责的主管人员和其他直接责任人员处 1 万元以上 10 万元以下罚款。

第四十二条　运营者对保护工作部门开展的关键信息基础设施网络安全检查检测工作，以及公安、国家安全、保密行政管理、密码管理等有关部门依法开展的关键信息基础设施网络安全检查工作不予配合的，由有关主管部门责令改正；拒不改正的，处 5 万元以上 50 万元以下罚款，对直接负责的主管人员和其他直接责任人员处 1 万元以上 10 万元以下罚款；情节严重的，依法追究相应法律责任。

第四十七条　关键信息基础设施发生重大和特别重大网络安全事件，经调查确定为责任事故的，除应当查明运营者责任并依法予以追究外，还应查明相关网络安全服务机构及有关部门的责任，对有失职、渎职及其他违法行为的，依法追究责任。

第四十八条　电子政务关键信息基础设施的运营者不履行本条例规定的网络安全保护义务的，依照《中华人民共和国网络安全法》有关规定予以处理。

（二）实施非法侵入、干扰、破坏关键信息基础设施，危害其安全的活动尚不构成犯罪的相关处罚规定

第四十三条　实施非法侵入、干扰、破坏关键信息基础设施，危害其安全的活动尚不构成犯罪的，依照《中华人民共和国网络安全法》有关规定，由公安机关没收违法所得，处 5 日以下拘留，可以并处 5 万元以上 50 万元以下罚款；情节较重的，处 5 日以上 15 日以下拘留，可以并处 10 万元以上 100 万元以下罚款。

单位有前款行为的，由公安机关没收违法所得，处 10 万元以上 100 万元以下罚款，并对直接负责的主管人员和其他直接责任人员依照前款规定处罚。

违反本条例第五条第二款和第三十一条规定，受到治安管理处罚的人员，5 年内不得从事网络安全管理和网络运营关键岗位的工作；受到刑事处罚的人员，终身不得从事网络安全管理和网络运营关键岗位的工作。

（三）网信部门、公安机关、保护工作部门和其他有关部门及其工作人员未履责的相关规定

第四十四条　网信部门、公安机关、保护工作部门和其他有关部门及其工作人员未履行关键信息基础设施安全保护和监督管理职责或者玩忽职守、滥用职权、徇私舞弊的，依法对直接负责的主管人员和其他直接责任人员给予处分。

第四十五条　公安机关、保护工作部门和其他有关部门在开展关键信息基础设施网络安全检查工作中收取费用，或者要求被检查单位购买指定品牌或者指定生产、销售单位的产品和服务的，由其上级机关责令改正，退还收取的费用；情节严重的，依法对直接负责的主管人员和其他直接责任人员给予处分。

第四十六条　网信部门、公安机关、保护工作部门等有关部门、网络安全服务机构及其工作人员将在关键信息基础设施安全保护工作中获取的信息用于其他用途，或者泄露、出售、非法向他人提供的，依法对直接负责的主管人员和其他直接责任人员给予处分。

（四）发生重大网络安全事件，依法追究责任的相关规定

第四十七条　关键信息基础设施发生重大和特别重大网络安全事件，经调查确定为责任事故的，除应当查明运营者责任并依法予以追究外，还应查明相关网络安全服务机构及有关部门的责任，对有失职、渎职及其他违法行为的，依法追究责任。

（五）未履行本条例规定的网络安全保护义务的处理规定

第四十八条　电子政务关键信息基础设施的运营者不履行本条例规定的网络安全保护义务的，依照《中华人民共和国网络安全法》有关规定予以处理。

（六）民事责任、刑事责任的相关规定

第四十九条　违反本条例规定，给他人造成损害的，依法承担民事责任。

违反本条例规定，构成违反治安管理行为的，依法给予治安管理处罚；构成犯罪的，依法追究刑事责任。

四、《关键信息基础设施安全保护条例》案例分析

（一）基本案情

2021 年 6 月 30 日，中国企业滴某全球股份有限公司完成在美国纳斯达克上市。7 月 2 日，在滴某上市第三天，网络安全审查办公室发布对“滴某出行”App 启动网络安全审查的公告。

关键基础设施范围的确定有赖于保护工作部门的认定，而收到认定结果的运营者作为 CIIO（关键信息基础设施运营者）在采购网络产品和服务时，需要申报安全审查的流程。

必须申报不等于必须审查，申报存在三种结果：无需审查、审查后放行（批准赴国外上市）、审查后禁行（不允许赴国外上市）。

（二）案情分析及处理过程

根据国家网信办整改要求，各大应用商店集体下架了“滴某出行”App，包括安卓版、iOS 版。“滴某出行”官方回应称，将严格按照有关部门的要求下架整改，同时已于当年 7 月 3 日暂停新用户注册。

国家互联网信息办公室依据《网络安全法》《数据安全法》《个人信息保护法》《行政处罚法》等法律法规，对滴某全球股份有限公司处人民币 80.2 亿元罚款，对滴某全球股份有限公司董事长、CEO、总裁各处人民币 100 万元罚款。

（三）典型意义

《条例》第 2 条仍然通过“非穷尽列举行业领域+危害后果”的方式，确定了关键

信息基础设施范围；第 10 条则规定“保护工作部门根据认定规则负责组织认定本行业、本领域的关键信息基础设施，及时将认定结果通知运营者，并通报国务院公安部门”。即收到主管部门或监督管理部门的认定结果的运营者，在采购网络产品和服务时可能影响国家安全的，需要申报安全审查。

思考练习

问题：《条例》如何构建起新型关键信息基础设施网络安全工作体系？

参考答案

拓展学习

拓展学习

学习单元二　《中华人民共和国计算机信息系统安全保护条例》

学习目的

1. 了解《中华人民共和国计算机信息系统安全保护条例》的概念、法规条文以及相关责任。

2. 掌握《中华人民共和国计算机信息系统安全保护条例》案例分析方法。

知识要点

一、《中华人民共和国计算机信息系统安全保护条例》概述

（一）宗旨和法律地位

1994 年 2 月 18 日中华人民共和国国务院令第 147 号发布《中华人民共和国计算机信息系统安全保护条例》（简称《安保条例》），根据 2011 年 1 月 8 日《国务院关于废止和修改部分行政法规的决定》修订。《安保条例》规定国家对计算机信息系统实行安全等级保护，公安部主管全国计算机信息系统安全保护工作。

第一条　为了保护计算机信息系统的安全，促进计算机的应用和发展，保障社会主义现代化建设的顺利进行，制定本条例。

（二）适用范围

《安保条例》第5条明确规定，中华人民共和国境内的计算机信息系统的安全保护，适用本条例。

第五条　中华人民共和国境内的计算机信息系统的安全保护，适用本条例。

未联网的微型计算机的安全保护办法，另行制定。

二、《中华人民共和国计算机信息系统安全保护条例》法律责任

1. 违反本条例的规定的行为，公安机关处以警告或者停机整顿的情形。

第二十条　违反本条例的规定，有下列行为之一的，由公安机关处以警告或者停机整顿：

（一）违反计算机信息系统安全等级保护制度，危害计算机信息系统安全的；

（二）违反计算机信息系统国际联网备案制度的；

（三）不按照规定时间报告计算机信息系统中发生的案件的；

（四）接到公安机关要求改进安全状况的通知后，在限期内拒不改进的；

（五）有危害计算机信息系统安全的其他行为的。

2. 计算机机房不符合国家标准和国家其他有关规定的，或者施工危害计算机信息系统安全的相关规定。

第二十一条　计算机机房不符合国家标准和国家其他有关规定的，或者在计算机机房附近施工危害计算机信息系统安全的，由公安机关会同有关单位进行处理。

3. 运输、携带、邮寄计算机信息媒体进出境，不如实向海关申报的相关规定。

第二十二条　运输、携带、邮寄计算机信息媒体进出境，不如实向海关申报的，由海关依照《中华人民共和国海关法》和本条例以及其他有关法律、法规的规定处理。

4. 故意输入计算机病毒以及其他有害数据危害计算机信息系统安全的，或者未经许可出售计算机信息系统安全专用产品的相关规定。

第二十三条　故意输入计算机病毒以及其他有害数据危害计算机信息系统安全的，或者未经许可出售计算机信息系统安全专用产品的，由公安机关处以警告或者对个人处以5000元以下的罚款、对单位处以1.5万元以下的罚款；有违法所得的，除予以没收外，可以处以违法所得1至3倍的罚款。

5. 违反《安保条例》，依法追究刑事责任、依法承担民事责任、行政处分、行政复议或者行政诉讼的相关规定

第二十四条　违反本条例的规定，构成违反治安管理行为的，依照《中华人民共和国治安管理处罚法》的有关规定处罚；构成犯罪的，依法追究刑事责任。

第二十五条　任何组织或者个人违反本条例的规定，给国家、集体或者他人财产造成损失的，应当依法承担民事责任。

第二十六条　当事人对公安机关依照本条例所作出的具体行政行为不服的，可以依法申请行政复议或者提起行政诉讼。

第二十七条　执行本条例的国家公务员利用职权，索取、收受贿赂或者有其他违

法、失职行为，构成犯罪的，依法追究刑事责任；尚不构成犯罪的，给予行政处分。

三、《中华人民共和国计算机信息系统安全保护条例》在正版软件中设置破坏性程序的案例

（一）基本案情

1997 年 6 月 24 日，王某民在其网站主页上发布了北京江民新技术有限公司（简称“江某公司”）的杀毒软件 KV300 的最新版本，KV300L++内含逻辑炸弹。该逻辑炸弹会在盗版使用者使用“中国某岛论坛”提供的解密匙复制盗版盘时启动，锁死盗版者的电脑硬盘导致电脑停止工作，硬盘数据无法使用。

1997 年 7 月 23 日，北京北某源自动化技术有限公司、北京华某星际科技发展有限责任公司、北京瑞某电脑科技开发公司、河南省经某软件有限公司、四川蓝某科技服务公司等五家计算机反病毒公司（简称“五家厂商”）在北京召开新闻发布会，对江某公司逻辑炸弹发表了《联合声明》。

五家厂商的《联合声明》声称江某公司推出的 KV300L++含有“逻辑炸弹”，盗版使用者升级到这一版本会导致计算机系统受到破坏，造成数据丢失、无法开机等现象；今后五家厂商要加强交流与合作，联合一致统一反病毒的科学概念，规范反病毒软件的商业行为与市场秩序，培育市场环境，缔结有利于全国用户利益的其他约定，更好地为广大计算机用户服务。

1997 年 7 月 24 日，江某公司对五家厂商的《联合声明》表示这是“不正当的侵权行为”，并在各专业计算机媒体登载《严正声明》，称 KV300L++装载的不是反病毒厂商所说的“逻辑炸弹”而是“逻辑锁”，被锁定的硬盘数据不会被破坏，而正版使用者不会被锁定。解锁方式是盗版使用者向江某公司总部承认盗版行为，经江某公司向有关部门登记备案后就能获得解锁条件恢复硬盘工作，有利于追查盗版窝点。王某民称 KV300L++一度致使盗版活动受阻，一些盗版使用者向江某公司承认盗版经过，以换取解锁。

（二）案件处理

1997 年 9 月 1 日，公安部发出题为《增强法制观念确保我国计算机信息系统安全》的新闻通稿，就江某公司逻辑炸弹事件正式表态。

公安部计算机管理监察司负责人在公安部召开的新闻发布会上指出：鉴定证实，KV300L++中有破坏计算机功能的子程序。江某公司的这一行为违反了《安保条例》规定。北京市公安局计算机安全监察部门将根据以上事实对江某公司的违法行为进行处罚。

公安部有关负责人在强调了 1997 年 10 月 1 日起实施的新《刑法》第 286 条第 3 款的规定后指出：计算机信息系统安全是关系到国家、集体、个人的利益的重要问题。从事计算机信息系统安全专用产品研制的单位、个人要有高度的责任心和高尚的职业道德，严格按照法律、法规和规章从事商业活动。

1997 年 9 月 8 日，北京市公安局计算机安全监察处作出处理决定。决定指出，江某公司在软件中加入逻辑炸弹属于故意输入有害数据危害计算机信息系统安全的行为。根据《安保条例》第 23 条规定，决定给予 3000 元罚款的处罚。

（三）相关法律责任

根据1994年2月18日发布施行的《安保条例》第23条的规定，故意输入计算机病毒以及其他有害数据危害计算机信息系统安全的，应由公安机关处以警告或者罚款。而1991年6月发布的我国《计算机软件保护条例》还规定，因课堂教学、科学研究、国家机关执行公务等非商业性目的的需要对软件少量复制，可以不经软件著作权人或者其合法受让者的同意，不向其支付报酬。因此，在软件里设置“逻辑炸弹”是违法的。

1. 违法行为的认定。关于“计算机病毒”，《安保条例》第28条给出了定义，即“编制或者在计算机程序中插入的破坏计算机功能或者毁坏数据，影响计算机使用，并能自我复制的一组计算机指令或者程序代码”。

关于“数据”，《安保条例》第23条所说的“其他有害数据”，就包括计算机病毒以外的其他有害的计算机程序。

第七条　任何组织或者个人，不得利用计算机信息系统从事危害国家利益、集体利益和公民合法利益的活动，不得危害计算机信息系统的安全。

第二十三条　故意输入计算机病毒以及其他有害数据危害计算机信息系统安全的，或者未经许可出售计算机信息系统安全专用产品的，由公安机关处以警告或者对个人处以5000元以下的罚款、对单位处以15000元以下的罚款；有违法所得的，除予以没收外，可以处以违法所得1至3倍的罚款。

第二十八条　本条例下列用语的含义：

计算机病毒，是指编制或者在计算机程序中插入的破坏计算机功能或者毁坏数据，影响计算机使用，并能自我复制的一组计算机指令或者程序代码。

计算机信息系统安全专用产品，是指用于保护计算机信息系统安全的专用硬件和软件产品。

2. 公安机关和司法机关可以依据《安保条例》的规定，对本事件中设置行为的性质进行认定和处理。

第二十四条　违反本条例的规定，构成违反治安管理行为的，依照《中华人民共和国治安管理处罚法》的有关规定处罚；构成犯罪的，依法追究刑事责任。

第二十五条　任何组织或者个人违反本条例的规定，给国家、集体或者他人财产造成损失的，应当依法承担民事责任。

如果构成犯罪的，依法追究刑事责任，可以依据刑法第二百八十六条量刑。

《刑法》第二百八十六条　【破坏计算机信息系统罪；网络服务渎职罪】违反国家规定，对计算机信息系统功能进行删除、修改、增加、干扰，造成计算机信息系统不能正常运行，后果严重的，处五年以下有期徒刑或者拘役；后果特别严重的，处五年以上有期徒刑。

违反国家规定，对计算机信息系统中存储、处理或者传输的数据和应用程序进行删除、修改、增加的操作，后果严重的，依照前款的规定处罚。

故意制作、传播计算机病毒等破坏性程序，影响计算机系统正常运行，后果严重的，依照第一款的规定处罚。

单位犯前三款罪的，对单位判处罚金，并对其直接负责的主管人员和其他直接责任人员，依照第一款的规定处罚。

思考练习

问题：对于江某公司的逻辑炸弹，公安部将其定性为“破坏计算机功能的子程序”，实质就是《刑法》所称的“破坏性程序”，北京市公安局定性为“有害数据”。如何理解“有害数据”？

参考答案

拓展学习

拓展学习

学习单元三　《未成年人网络保护条例》

学习目的

1. 了解《未成年人网络保护条例》的概念、法规条文以及相关责任。
2. 掌握《未成年人网络保护条例》案例分析方法。

知识要点

一、《未成年人网络保护条例》概述

2023 年 10 月 16 日，国务院总理李强签署第 766 号国务院令，公布《未成年人网络保护条例》（简称《未保条例》），《未保条例》自 2024 年 1 月 1 日起施行。

党中央、国务院高度重视未成年人网络保护工作。近年来，互联网的飞速发展拓展了未成年人学习、生活空间，同时也引发了全社会对未成年人网络保护问题的关注。《未保条例》旨在营造有利于未成年人身心健康的网络环境，保障未成年人合法权益，为未成年人网络保护提供有力的法治保障。《未保条例》共七章 60 条，重点规定了以下内容。

第一，健全未成年人网络保护体制机制。明确国家网信部门负责统筹协调未成年人网络保护工作，并依据职责做好未成年人网络保护工作。明确国家新闻出版、电影部门和国务院教育、电信、公安、民政、文化和旅游、卫生健康、市场监督管理、广播电视等有关部门依据各自职责做好未成年人网络保护工作。明确县级以上地方人民政府及其有关部门依据各自职责做好未成年人网络保护工作。

第二，促进未成年人网络素养。明确将网络素养教育纳入学校素质教育内容。要求改善未成年人上网条件，提供优质的网络素养教育课程。强化学校、监护人网络素养教育责任，建立健全学生在校期间上网管理制度。明确未成年人网络保护软件、专门供未成年人使用的智能终端产品的功能要求。规定未成年人用户数量巨大或者对未成年人群体具有显著影响的网络平台服务提供者应当履行的未成年人网络保护义务。

第三，加强网络信息内容建设。规定国家鼓励和支持制作、复制、发布、传播有利于未成年人健康成长的网络信息。明确网络产品和服务提供者发现危害或者可能影响未成年人身心健康信息的处置措施和报告义务。禁止任何组织和个人对未成年人实施网络欺凌行为。要求网络产品和服务提供者建立健全网络欺凌行为的预警预防、识别监测和处置机制。

第四，保护未成年人个人信息。规定监护人应当教育引导未成年人增强个人信息保护意识和能力、指导未成年人行使相关权利。明确发生或者可能发生未成年人个人信息泄露、篡改、丢失时，个人信息处理者的安全事件应急处置要求。规定个人信息处理者应当严格设定未成年人个人信息访问权限、开展个人信息合规审计。明确加强未成年人私密信息保护。

第五，防治未成年人沉迷网络。要求提高教师对未成年学生沉迷网络的早期识别和干预能力，加强监护人对未成年人安全合理使用网络的指导。规定网络服务提供者应当合理限制不同年龄阶段未成年人在使用其服务中的消费数额，防范和抵制流量至上等不良价值倾向。要求网络游戏服务提供者建立、完善预防未成年人沉迷网络的游戏规则，对游戏产品进行分类并予以适龄提示。[1]

二、《未成年人网络保护条例》中的法律责任

1. 地方各级人民政府和县级以上有关部门违反本条例规定，不履行未成年人网络保护职责的处分规定。

第五十条　地方各级人民政府和县级以上有关部门违反本条例规定，不履行未成年人网络保护职责的，由其上级机关责令改正；拒不改正或者情节严重的，对负有责任的领导人员和直接责任人员依法给予处分。

2. 学校、社区、图书馆、文化馆、青少年宫等违反本条例规定，不履行未成年人网络保护职责的处分规定。

第五十一条　学校、社区、图书馆、文化馆、青少年宫等违反本条例规定，不履行未成年人网络保护职责的，由教育、文化和旅游等部门依据各自职责责令改正；拒不改正或者情节严重的，对负有责任的领导人员和直接责任人员依法给予处分。

---

〔1〕《李强签署国务院令 公布〈未成年人网络保护条例〉》，载中华人民共和国中央人民政府网，www. gov. cn/yaowen/liebiao/201310/content_6911333. htm，最后访问日期：2025 年 1 月 8 日。

3. 未成年人的监护人不履行本条例规定的监护职责或者侵犯未成年人合法权益的相关规定。

第五十二条　未成年人的监护人不履行本条例规定的监护职责或者侵犯未成年人合法权益的，由未成年人居住地的居民委员会、村民委员会、妇女联合会，监护人所在单位，中小学校、幼儿园等有关密切接触未成年人的单位依法予以批评教育、劝诫制止、督促其接受家庭教育指导等。

4. 网信、新闻出版、电影、教育、电信、公安、民政、文化和旅游、市场监督管理、广播电视等部门依据各自职责责令改正，以及相关处罚规定。

第五十三条　违反本条例第七条、第十九条第三款、第三十八条第二款规定的，由网信、新闻出版、电影、教育、电信、公安、民政、文化和旅游、市场监督管理、广播电视等部门依据各自职责责令改正；拒不改正或者情节严重的，处5万元以上50万元以下罚款，对直接负责的主管人员和其他直接责任人员处1万元以上10万元以下罚款。

第五十四条　违反本条例第二十条第一款规定的，由网信、新闻出版、电信、公安、文化和旅游、广播电视等部门依据各自职责责令改正，给予警告，没收违法所得；拒不改正的，并处100万元以下罚款，对直接负责的主管人员和其他直接责任人员处1万元以上10万元以下罚款。

违反本条例第二十条第一款第一项和第五项规定，情节严重的，由省级以上网信、新闻出版、电信、公安、文化和旅游、广播电视等部门依据各自职责责令改正，没收违法所得，并处5000万元以下或者上一年度营业额百分之五以下罚款，并可以责令暂停相关业务或者停业整顿、通报有关部门依法吊销相关业务许可证或者吊销营业执照；对直接负责的主管人员和其他直接责任人员处10万元以上100万元以下罚款，并可以决定禁止其在一定期限内担任相关企业的董事、监事、高级管理人员和未成年人保护负责人。

第五十五条　违反本条例第二十四条、第二十五条规定的，由网信、新闻出版、电影、电信、公安、文化和旅游、市场监督管理、广播电视等部门依据各自职责责令限期改正，给予警告，没收违法所得，可以并处10万元以下罚款；拒不改正或者情节严重的，责令暂停相关业务、停产停业或者吊销相关业务许可证、吊销营业执照，违法所得100万元以上的，并处违法所得1倍以上10倍以下罚款，没有违法所得或者违法所得不足100万元的，并处10万元以上100万元以下罚款。

第五十六条　违反本条例第二十六条第二款和第三款、第二十八条、第二十九条第一款、第三十一条第二款、第三十六条、第三十八条第一款、第四十二条至第四十五条、第四十六条第二款、第四十七条规定的，由网信、新闻出版、电影、教育、电信、公安、文化和旅游、广播电视等部门依据各自职责责令改正，给予警告，没收违法所得，违法所得100万元以上的，并处违法所得1倍以上10倍以下罚款，没有违法所得或者违法所得不足100万元的，并处10万元以上100万元以下罚款，对直接负责的主管人员和其他直接责任人员处1万元以上10万元以下罚款；拒不改正或者情节严重的，并可以责令暂停相关业务、停业整顿、关闭网站、吊销相关业务许可证或者吊销营业执照。

5. 网络产品和服务提供者违反本条例规定的相关处罚。

第五十七条　网络产品和服务提供者违反本条例规定，受到关闭网站、吊销相关业务许可证或者吊销营业执照处罚的，5 年内不得重新申请相关许可，其直接负责的主管人员和其他直接责任人员 5 年内不得从事同类网络产品和服务业务。

6. 违反本条例规定，依法承担民事责任；依法追究刑事责任。

第五十八条　违反本条例规定，侵犯未成年人合法权益，给未成年人造成损害的，依法承担民事责任；构成违反治安管理行为的，依法给予治安管理处罚；构成犯罪的，依法追究刑事责任。

三、《未成年人网络保护条例》解读

（一）出台背景

未成年人网络保护关系国家未来和民族希望，关系亿万家庭幸福安宁。党中央、国务院高度重视未成年人网络保护工作。习近平总书记指出，我们要本着对社会负责、对人民负责的态度，依法加强网络空间治理，加强网络内容建设，为广大网民特别是青少年营造一个风清气正的网络空间。

近年来，随着互联网的普及应用，特别是移动互联网迅速发展，越来越多的未成年人开始接触和使用互联网。据统计，截至 2023 年 6 月，我国网民规模已达 10.79 亿，未成年网民规模已突破 1.91 亿。互联网在拓展未成年人学习、生活空间的同时，也带来了一些问题，如未成年人安全合理使用网络的意识和能力不强、网上违法和不良信息影响未成年人身心健康、未成年人个人信息被滥采滥用、一些未成年人沉迷网络等，亟待通过立法加以制度性解决。党的十八大以来，党中央、国务院有关文件多次提出要制定《未保条例》，国务院也多次将制定《未保条例》列入立法工作计划。

2023 年 9 月 20 日，国务院常务会议审议通过《未保条例》，于 2024 年 1 月 1 日起实施。

《未保条例》相关要点如下：

1. 《未保条例》是我国第一部专门性的未成年人网络保护综合立法。体现了党和国家对未成年人成长成才的高度重视和亲切关怀，为未成年人在网络空间的健康成长提供了坚实的法治保障。

2. 可能影响未成年人身心健康的网络信息，不得在首页首屏、弹窗、热搜等重点环节呈现。

3. 在网络游戏管理中，进一步明确网络游戏适龄提示要求。根据不同年龄阶段未成年人的身心发展特点和认知能力，对游戏产品进行分类。

4. 为防止未成年人在网络游戏、网络直播等方面的沉迷问题，相关网络产品和服务提供者已经按照法律规定，推出升级防沉迷系统，推动“青少年模式”升级为“未成年人模式”。

5. 网络服务提供者不得向未成年人提供与其民事行为能力不符的付费服务。

（二）总体思路

1. 坚持党的领导，贯彻落实党中央、国务院关于未成年人网络保护工作的决策部署，并将其转化为法规制度。

2. 坚持问题导向，聚焦未成年人网络保护工作面临的突出问题，增强制度针对性。

3. 坚持社会共治，明确有关政府部门和企业、学校、家庭、行业组织、新闻媒体等在未成年人网络保护工作中的职责。

4. 坚持立法协同，处理好条例与相关法律法规的关系，并将未成年人网络保护实践中成熟有效的做法上升为制度规定。

（三）关于各部门和地方未成年人网络保护职责的规定

《未保条例》明确，一是国家网信部门负责统筹协调未成年人网络保护工作，并依据职责做好未成年人网络保护工作。二是国家新闻出版、电影部门和国务院教育、电信、公安、民政、文化和旅游、卫生健康、市场监督管理、广播电视等有关部门依据各自职责做好未成年人网络保护工作。三是县级以上地方人民政府及其有关部门依据各自职责做好未成年人网络保护工作。

第三条 国家网信部门负责统筹协调未成年人网络保护工作，并依据职责做好未成年人网络保护工作。

国家新闻出版、电影部门和国务院教育、电信、公安、民政、文化和旅游、卫生健康、市场监督管理、广播电视等有关部门依据各自职责做好未成年人网络保护工作。

县级以上地方人民政府及其有关部门依据各自职责做好未成年人网络保护工作。

（四）在未成年人网络素养促进方面的制度规定

随着网络日益成为未成年人获取知识的重要渠道，网络素养促进也已经成为未成年人网络保护的重要课题。

《未保条例》在《中华人民共和国未成年人保护法》规定的基础上，明确了网络素养促进的相关规定。

1. 明确国务院教育部门会同国家网信部门制定未成年人网络素养测评指标。

第十三条 国务院教育部门应当将网络素养教育纳入学校素质教育内容，并会同国家网信部门制定未成年人网络素养测评指标。

教育部门应当指导、支持学校开展未成年人网络素养教育，围绕网络道德意识形成、网络法治观念培养、网络使用能力建设、人身财产安全保护等，培育未成年人网络安全意识、文明素养、行为习惯和防护技能。

2. 县级以上人民政府加强提供公益性上网服务的公共文化设施建设，改善未成年人上网条件。

第十四条 县级以上人民政府应当科学规划、合理布局，促进公益性上网服务均衡协调发展，加强提供公益性上网服务的公共文化设施建设，改善未成年人上网条件。

县级以上地方人民政府应当通过为中小学校配备具有相应专业能力的指导教师、政府购买服务或者鼓励中小学校自行采购相关服务等方式，为学生提供优质的网络素养教育课程。

3. 明确未成年人的监护人应当加强家庭家教家风建设，加强对未成年人使用网络行为的教育、示范、引导和监督。

第十七条 未成年人的监护人应当加强家庭家教家风建设，提高自身网络素养，规范自身使用网络的行为，加强对未成年人使用网络行为的教育、示范、引导和监督。

4. 规定未成年人网络保护软件以及专门供未成年人使用的智能终端产品应当具有保护未成年人个人信息权益、预防未成年人沉迷网络等功能。

第十九条　未成年人网络保护软件、专门供未成年人使用的智能终端产品应当具有有效识别违法信息和可能影响未成年人身心健康的信息、保护未成年人个人信息权益、预防未成年人沉迷网络、便于监护人履行监护职责等功能。

国家网信部门会同国务院有关部门根据未成年人网络保护工作的需要，明确未成年人网络保护软件、专门供未成年人使用的智能终端产品的相关技术标准或者要求，指导监督网络相关行业组织按照有关技术标准和要求对未成年人网络保护软件、专门供未成年人使用的智能终端产品的使用效果进行评估。

智能终端产品制造者应当在产品出厂前安装未成年人网络保护软件，或者采用显著方式告知用户安装渠道和方法。智能终端产品销售者在产品销售前应当采用显著方式告知用户安装未成年人网络保护软件的情况以及安装渠道和方法。

未成年人的监护人应当合理使用并指导未成年人使用网络保护软件、智能终端产品等，创造良好的网络使用家庭环境。

第五十九条　本条例所称智能终端产品，是指可以接入网络、具有操作系统、能够由用户自行安装应用软件的手机、计算机等网络终端产品。

5. 针对未成年人用户数量巨大或者对未成年人群体具有显著影响的网络平台服务提供者，提出了定期开展未成年人网络保护影响评估、提供未成年人模式或者未成年人专区、制定专门的平台规则等要求。

第二十条　未成年人用户数量巨大或者对未成年人群体具有显著影响的网络平台服务提供者，应当履行下列义务：

（一）在网络平台服务的设计、研发、运营等阶段，充分考虑未成年人身心健康发展特点，定期开展未成年人网络保护影响评估；

（二）提供未成年人模式或者未成年人专区等，便利未成年人获取有益身心健康的平台内产品或者服务；

（三）按照国家规定建立健全未成年人网络保护合规制度体系，成立主要由外部成员组成的独立机构，对未成年人网络保护情况进行监督；

（四）遵循公开、公平、公正的原则，制定专门的平台规则，明确平台内产品或者服务提供者的未成年人网络保护义务，并以显著方式提示未成年人用户依法享有的网络保护权利和遭受网络侵害的救济途径；

（五）对违反法律、行政法规严重侵害未成年人身心健康或者侵犯未成年人其他合法权益的平台内产品或者服务提供者，停止提供服务；

（六）每年发布专门的未成年人网络保护社会责任报告，并接受社会监督。

前款所称的未成年人用户数量巨大或者对未成年人群体具有显著影响的网络平台服务提供者的具体认定办法，由国家网信部门会同有关部门另行制定。

（五）在网络信息内容规范方面的要求

网络空间是亿万民众的精神家园。为加强网络信息内容规范，《未保条例》规定，一是明确有利于未成年人健康成长的网络信息包括弘扬社会主义核心价值观和社会主义先进文化、革命文化、中华优秀传统文化，铸牢中华民族共同体意识等信息。二是明确危害和可能影响未成年人身心健康的信息范围，规定任何组织和个人不得制作、复制、发布、传播危害未成年人身心健康内容的网络信息，要求网络产品和服务提供者不得在首页首屏、弹窗、热搜等重点环节呈现可能影响未成年人身心健康的信息。三是要求以未成年人为服务对象的在线教育网络产品和服务提供者应当根据不同年龄阶段未成年人身心发展特点和认知能力提供相应的产品和服务。

（六）关于防治未成年人网络欺凌制度的规定

网络欺凌行为严重侵害未成年人名誉权、荣誉权、隐私权等，甚至危害未成年人生命安全，引发社会广泛关注。《中华人民共和国未成年人保护法》禁止任何组织或者个人对未成年人实施网络欺凌，未成年人及其监护人有权通知网络服务提供者采取删除、屏蔽、断开链接等措施。《未保条例》在《中华人民共和国未成年人保护法》的基础上，将网信等有关部门管网治网实践中的成熟做法上升为法规制度，规定网络产品和服务提供者应当建立健全网络欺凌行为的预警预防、识别监测和处置机制，设置便利未成年人及其监护人保存遭受网络欺凌记录、行使通知权利的功能、渠道，提供便利未成年人设置屏蔽陌生用户、本人发布信息可见范围、禁止转载或者评论本人发布信息、禁止向本人发送信息等网络欺凌信息防护选项等，健全完善网络欺凌防治机制，进一步强化对遭受网络欺凌的未成年人当事人的保护。

（七）在未成年人个人信息网络保护方面的制度规定

《未保条例》在《中华人民共和国个人信息保护法》等的基础上，进一步健全了未成年人个人信息保护规则：一是网络直播服务提供者应当建立网络直播发布者真实身份信息动态核验机制。二是明确规定未成年人的监护人也可以请求行使查阅、复制、更正、补充、删除未成年人个人信息的权利，拒绝请求的应当书面告知申请人并说明理由。三是规定网络服务提供者发现未成年人私密信息或者未成年人通过网络发布的个人信息中涉及私密信息的，应当及时提示并采取必要保护措施。四是规定个人信息处理者的工作人员访问未成年人个人信息的，应当经过相关负责人或者其授权的管理人员审批，记录访问情况，并采取技术措施，避免违法处理未成年人个人信息。

（八）在加强未成年人网络沉迷防治方面的制度规定

未成年人处在成长成才的关键时期，沉迷网络给未成年人身心健康和正常的学习生活造成严重影响，为此，《未保条例》规定，一是加强学校、监护人对未成年人沉迷网络的预防和干预，提高教师对未成年学生沉迷网络的早期识别和干预能力，加强监护人对未成年人安全合理使用网络的指导。二是要求网络产品和服务提供者建立健全防沉迷制度，合理限制未成年人网络消费行为，防范和抵制流量至上等不良价值倾向。三是细化网络游戏实名制规定，要求网络游戏服务提供者建立完善预防未成年人沉迷网络的游戏规则，对游戏产品进行分类并予以适龄提示。四是明确有关部门在未成年人沉迷网络防治工作方面的职责。五是严禁以侵害未成年人身心健康的方式干预未成年人沉迷网络。

（九）对于未成年人在网络上非理性消费的问题的制度应对

《未保条例》立足维护未成年人合法权益，支持未成年人科学、文明、安全、合理使用网络。一是规定网络游戏、网络直播、网络音视频、网络社交等网络服务提供者应当针对不同年龄阶段未成年人使用其服务的特点，坚持融合、友好、实用、有效的原则，设置未成年人模式，以醒目便捷的方式为监护人履行监护职责提供权限管理、消费管理等功能。二是规定网络游戏、网络直播、网络音视频、网络社交等网络服务提供者应当采取措施，合理限制不同年龄阶段未成年人在使用其服务中的单次消费数额和单日累计消费数额，不得向未成年人提供与其民事行为能力不符的付费服务。三是规定国家新闻出版部门会同有关部门制定关于向未成年人提供网络游戏服务的消费上限等管理规定。

四、《未成年人网络保护条例》案例之姚某某等人网络诈骗案

（一）基本案情

被告人姚某某，男，1984 年 10 月 5 日出生，初中文化，无业。

未成年被告人赵某某、张某某、邹某等 16 人。

被附条件不起诉人王某、成某、李某某等 12 人。

被不起诉未成年人许某某、王某某、任某某等 41 人。

2018 年 3 月至 2019 年 8 月，姚某某伙同他人组建诈骗团伙，在诈骗团伙中设置团长、师傅、助理、外宣四个层级，通过在网络平台虚构网络兼职、工资待遇等信息，骗取兼职人员缴纳会员费的方式实施诈骗，涉案人员 750 名，犯罪金额达 1300 余万元。在实施诈骗过程中，姚某某拉拢、招募、吸收大量未成年人参与违法犯罪，涉案未成年人达 560 人，其中 450 余人系在校学生。在诈骗团伙中，未成年人赵某某等 4 人担任师傅，承担小组管理职责，犯罪数额为 30 万至 350 万余元不等；王某等 30 人担任助理，协助师傅进行培训指导，犯罪数额为 1 万至 95 万余元不等；许某某、任某某等 35 人担任外宣，负责骗取新成员缴纳会费，犯罪数额为 3000 元至 1 万余元不等。

检察机关经审查认定，姚某某为首要分子，应按照诈骗团伙所犯的全部罪行处罚，并且犯罪数额特别巨大。检察机关依法提起公诉后，姚某某被人民法院判处有期徒刑 13 年 9 个月，并处罚金。

（二）案件处理

2019 年 11 月至 2022 年 1 月，公安机关陆续将 69 名涉罪未成年人以诈骗罪移送审查起诉。检察机关受理后，依托社会支持体系对涉罪未成年人及时开展补充社会调查，从个体、家庭、成长经历、帮教条件、社会交往等方面进行综合评估，并结合案件事实依法分类处理：

对在共同犯罪中起主要作用、社会危害性大的，依法提起公诉；对在共同犯罪中起次要作用、认罪悔罪态度好、认知行为存在偏差需要矫正，符合附条件不起诉条件的，设置考察条件，作出附条件不起诉决定；对符合不起诉条件的，作出不起诉决定。

某区检察院先后对赵某某等 16 人提起公诉，对王某等 12 人作出附条件不起诉决定，对许某某等 41 人作出不起诉决定。赵某某等 16 人均被判处有期徒刑。

（三）相关法律责任

《刑法》第 266 条；《刑事诉讼法》第 177 条、第 277 条、第 279 条、第 282 条；《未成年人保护法》第 100 条；《预防未成年人犯罪法》第 2 条、第 28 条、第 38 条；

《未保条例》第3条、第22条、第27条、第30条。

第三条　国家网信部门负责统筹协调未成年人网络保护工作，并依据职责做好未成年人网络保护工作。

国家新闻出版、电影部门和国务院教育、电信、公安、民政、文化和旅游、卫生健康、市场监督管理、广播电视等有关部门依据各自职责做好未成年人网络保护工作。

县级以上地方人民政府及其有关部门依据各自职责做好未成年人网络保护工作。

第二十二条　任何组织和个人不得制作、复制、发布、传播含有宣扬淫秽、色情、暴力、邪教、迷信、赌博、引诱自残自杀、恐怖主义、分裂主义、极端主义等危害未成年人身心健康内容的网络信息。

任何组织和个人不得制作、复制、发布、传播或者持有有关未成年人的淫秽色情网络信息。

第二十七条　任何组织和个人不得通过网络以文字、图片、音视频等形式，组织、教唆、胁迫、引诱、欺骗、帮助未成年人实施违法犯罪行为。

第三十条　国家网信、新闻出版、电影部门和国务院教育、电信、公安、文化和旅游、广播电视等部门发现违反本条例第二十二条、第二十四条、第二十五条、第二十六条第一款、第二十七条规定的信息的，或者发现本条例第二十三条第一款规定的信息未予显著提示的，应当要求网络产品和服务提供者按照本条例第二十九条的规定予以处理；对来源于境外的上述信息，应当依法通知有关机构采取技术措施和其他必要措施阻断传播。

五、《未成年人网络保护条例》案例之禁止向未成年人租售网络游戏账号检察监督案

（一）基本案情

被告人孙某，男，2000年7月19日生，汉族，中专文化，原系某房地产公司销售人员。

2021年1月，被告人孙某以诈骗为目的，在某互联网平台发布出售网络游戏账号的虚假信息，骗取未成年被害人华某某信任后，向其提供虚假的游戏账号密码，并编造钱款被冻结、需支付保证金、过户费等理由，共骗取华某某人民币15 347元。

孙某用以出售网络游戏账号的互联网平台是上海某公司开发运营的电子商务应用类平台。该平台上有数十家经营者不经身份核实，向包括未成年人在内的用户提供多款热门网络游戏账号的租售服务，部分经营者的累计订单数已达十万余件。

（二）案件处理

1. 刑事案件办理。2021年4月2日，孙某自首。2021年11月8日，上海市公安局某区分局以孙某涉嫌诈骗罪向某区检察院移送审查起诉。检察机关在办案过程中，责令孙某向被害人退赔诈骗钱款，弥补财产损失，并向被害人赔礼道歉。2021年12月6日，检察机关以孙某犯诈骗罪向人民法院提起公诉。2021年12月16日，人民法院以孙某犯诈骗罪判处其有期徒刑7个月，缓刑1年，并处罚金人民币2000元。

2. 行政公益诉讼案件办理。检察机关经调查发现，本案中孙某用以出售网络游戏账号的互联网平台上还有数十家经营者在商品详情中使用“未防沉迷”“直接上号”

等表述，不经核验身份，向包括未成年人在内的用户提供多款热门网络游戏账号的租售服务。检察机关认为，该互联网平台上的经营者为未成年人规避网络游戏监管提供便利条件，违反《中华人民共和国未成年人保护法》有关向未成年人提供游戏服务的时间管理限制性规定。该互联网平台未根据《中华人民共和国电子商务法》对相关经营者违规行为予以及时处置、报告，增加了不特定未成年人沉迷网络游戏的潜在风险，损害了社会公共利益。根据未成年人网络保护法律法规，上海市某区网络安全和信息化委员会办公室（简称“区网信办”）对未成年人网络保护落实情况有监督管理职责，应当依法查处违规经营者和平台。2021 年 9 月 14 日，检察机关向区网信办发出行政公益诉讼诉前检察建议，督促依法查处违法向未成年人提供网络游戏账号租售服务的经营者，并对互联网平台上租售网络游戏账号的情况进行全面检查和监督，压实平台责任。区网信办积极落实检察建议，督促该互联网平台对违法租售账号的经营者进行处理、增设实名购买功能，对平台落实未成年人网络保护规定的情况进行常态化检查督导。该互联网平台共清理违规游戏租号类商品 469 件，关闭相关店铺 26 家，对“某某租号”等关键词予以屏蔽；对游戏账号租售商品设置购买实名认证和上号二次实名认证环节，有效防止向未成年人租售游戏账号。针对未成年被害人华某某沉迷网络游戏的情况，检察机关根据《中华人民共和国预防未成年人犯罪法》关于不良行为干预的相关规定，积极对接学校、街道未成年人保护工作站组建协作干预小组，落实针对性管理教育措施。检察机关针对监护人放任华某某沉迷网络及处分大额钱款等问题，向华某某的监护人制发督促监护令，要求其履行监护职责，并委托家庭教育指导师开展家庭教育指导。目前，华某某已摆脱网络游戏沉迷，并顺利考入大学。

（三）相关法律责任

《刑法》第 266 条；《未成年人保护法》第 66 条、第 67 条、第 74 条、第 75 条、第 106 条、第 127 条；《预防未成年人犯罪法》第 28 条第 4 项、第 29 条、第 31 条、第 32 条；《家庭教育促进法》第 22 条、第 49 条；《行政诉讼法》第 25 条第 4 款；《电子商务法》第 13 条、第 29 条；《未保条例》第 46 条第 2 款。

第四十六条　网络游戏服务提供者应当通过统一的未成年人网络游戏电子身份认证系统等必要手段验证未成年人用户真实身份信息。

网络产品和服务提供者不得为未成年人提供游戏账号租售服务。

思考练习

问题：《未保条例》对于未成年人在网络上非理性消费问题的制度有哪些规定？

参考答案

拓展学习

拓展学习

学习单元四　《信息安全等级保护管理办法》

学习目的

1. 了解《信息安全等级保护管理办法》的概念、基本原则。
2. 掌握《信息安全等级保护管理办法》的法规条文以及相关责任。

知识要点

一、《信息安全等级保护管理办法》概述

公安部、国家保密局、国家密码管理局、国务院信息工作办公室于 2007 年 6 月 22 日发布《信息安全等级保护管理办法》。《信息安全等级保护管理办法》是为规范信息安全等级保护管理，提高信息安全保障能力和水平，维护国家安全、社会稳定和公共利益，保障和促进信息化建设，根据《安保条例》等有关法律法规而制定的办法。《信息安全等级保护管理办法》实施的具体技术标准由原来的《信息安全技术 信息系统安全等级保护基本要求》（GB/T 22239-2008）升级为《信息安全技术 网络安全等级保护基本要求》（GB/T 22239-2019）。

2019 年 12 月 1 日，《信息安全技术 网络安全等级保护基本要求》开始实施。信息安全等级保护制度在我国已实施了十多年，但大部分人对该制度的理解还只是停留在表面，对该制度的很多内容有不少误解。信息安全等级保护对象已由原来的信息系统调整为基础信息网络、信息系统（含采用移动互联技术的系统）、云计算平台/系统、大数据应用/平台/资源、物联网和工业控制系统等。

网络安全等级保护是国家网络安全保障的基本制度、基本策略、基本方法。由公安部牵头，经过十多年的探索和实践，网络安全等级保护的政策体系、标准体系已经基本形成，并在全国范围内全面实施。开展网络安全等级保护工作是保护信息化发展、维护网络安全的根本保障，是网络安全保障工作中国家意志的体现。

网络安全等级保护工作包括定级、备案、建设整改、等级测评、监督检查五个阶段。定级对象建设完成后，运营、使用单位或者其主管部门应当选择符合国家要求的测评机构，依据《信息安全技术 网络安全等级保护测评要求》（GB/T 28448-2019）等技术标准，定期对定级对象安全等级状况开展等级测评。《信息安全等级保护管理办

法》共七章44条。

二、《信息安全等级保护管理办法》的基本原则

1. 国家通过制定统一的信息安全等级保护管理规范和技术标准，实施进行监督、管理。

第二条　国家通过制定统一的信息安全等级保护管理规范和技术标准，组织公民、法人和其他组织对信息系统分等级实行安全保护，对等级保护工作的实施进行监督、管理。

2. 国家信息安全等级保护坚持自主定级、自主保护的原则。

第六条　国家信息安全等级保护坚持自主定级、自主保护的原则。信息系统的安全保护等级应当根据信息系统在国家安全、经济建设、社会生活中的重要程度，信息系统遭到破坏后对国家安全、社会秩序、公共利益以及公民、法人和其他组织的合法权益的危害程度等因素确定。

3. 信息系统的安全保护等级分为五级。

第七条　信息系统的安全保护等级分为以下五级：

第一级，信息系统受到破坏后，会对公民、法人和其他组织的合法权益造成损害，但不损害国家安全、社会秩序和公共利益。

第二级，信息系统受到破坏后，会对公民、法人和其他组织的合法权益产生严重损害，或者对社会秩序和公共利益造成损害，但不损害国家安全。

第三级，信息系统受到破坏后，会对社会秩序和公共利益造成严重损害，或者对国家安全造成损害。

第四级，信息系统受到破坏后，会对社会秩序和公共利益造成特别严重损害，或者对国家安全造成严重损害。

第五级，信息系统受到破坏后，会对国家安全造成特别严重损害。

三、《信息安全等级保护管理办法》的法律责任

1. 第三级以上信息系统运营、使用单位违反本办法规定的相关处理规定。

第四十条　第三级以上信息系统运营、使用单位违反本办法规定，有下列行为之一的，由公安机关、国家保密工作部门和国 家密码工作管理部门按照职责分工责令其限期改正；逾期不改正 的，给予警告，并向其上级主管部门通报情况，建议对其直接负责的主管人员和其他直接责任人员予以处理，并及时反馈处理结果：

（一）未按本办法规定备案、审批的；

（二）未按本办法规定落实安全管理制度、措施的；

（三）未按本办法规定开展系统安全状况检查的；

（四）未按本办法规定开展系统安全技术测评的；

（五）接到整改通知后，拒不整改的；

（六）未按本办法规定选择使用信息安全产品和测评机构的；

（七）未按本办法规定如实提供有关文件和证明材料的；

（八）违反保密管理规定的；

（九）违反密码管理规定的；

（十）违反本办法其他规定的。

违反前款规定，造成严重损害的，由相关部门依照有关法律、法规予以处理。

2. 依法给予行政处分；构成犯罪的，依法追究刑事责任的规定。

第四十一条　信息安全监管部门及其工作人员在履行监督管理职责中，玩忽职守、滥用职权、徇私舞弊的，依法给予行政处分；构成犯罪的，依法追究刑事责任。

思考练习

问题：信息系统的安全保护等级分为哪五级？

参考答案

拓展学习

拓展学习

思政园地

“八五”普法规划部署网络普法工作
——深化“法律进网络”提升网民法治意识[1]

党中央高度重视网络普法工作，加强顶层设计，在“七五”普法规划的基础上，2021年“八五”普法规划进一步提出，深化“法律进网络”，加强对网络企业管理和从业人员法治教育，推动网络企业自觉履行责任，做到依法依规经营；完善网络管理制度规范，培育符合互联网发展规律、体现公序良俗的网络伦理、网络规则；加强网络安全教育，提高网民法治意识，引导广大网民崇德守法、文明互动、理性表达。

围绕普法规划实施，国家每年举办“网络安全宣传周”，面向公众开展网络普法宣传教育，营造网络安全人人有责、人人参与的良好氛围。各地区各部门认真落实“谁执法谁普法”普法责任制，深入开展网络法治教育进校园、进社区、进企业等活动，发布典型案例，通过以案释法，向社会传递网络法治观念，建设网络法治文明。

加强全民网络普法是学习贯彻习近平法治思想的重要举措，是全面依法治国、依

〔1〕《党的十九大以来网络法治典型案事例》，载中华人民共和国最高人民检察院网，https://www.spp.gov.cn/spp/zdgz/202111/t20211119_535923.shtml，最后访问日期：2025年1月8日。

法治网的基础性工作。"八五"普法规划在"七五"规划的基础上，把普法融入网络法治实践、融入网络空间治理、融入日常网络生活，让法治成为网络社会共识和行为准则，推动全社会网络法治观念培育提升，更好地加强网络社会文明建设，共建清朗安靖的网络空间。

模块小结

法治思维贯穿网络安全工作的始终。近年来，从网络安全法、数据安全法、个人信息保护法等重要法律的人大立法，到《国家网络空间安全战略》《关键信息基础设施安全保护条例》等战略规划、法律法规的制定出台，再到《网络安全审查办法》《数据出境安全评估办法》《未成年人网络保护条例》等部门规章和规范性文件的发布实施，网络安全法律法规体系基本建立。

本模块阐述了信息安全相关法规规范要求，明确了信息安全法规主要内容，分析信息安全法规相关典型案例。主要内容包括：

- 《关键信息基础设施安全保护条例》
- 《中华人民共和国计算机信息系统安全保护条例》
- 《未成年人网络保护条例》
- 《信息安全等级保护管理办法》

拓展思考

1. 如何更加有效地推进信息安全法规建设？
2. 如何持续完善网络安全配套法规体系？

学习领域三

信息安全标准

学习模块一　信息安全标准

网络空间不是“法外之地”。网络空间是虚拟的，但运用网络空间的主体是现实的，大家都应该遵守法律，明确各方权利义务。

——习近平

模块背景

以习近平新时代中国特色社会主义思想为指导，深入贯彻党的十九大和十九届二中、三中、四中、五中全会精神，按照统筹推进“五位一体”总体布局和协调推进“四个全面”战略布局要求，坚持以人民为中心的发展思想，立足新发展阶段、贯彻新发展理念、构建新发展格局，优化标准化治理结构，增强标准化治理效能，提升标准国际化水平，加快构建推动高质量发展的标准体系，助力高技术创新，促进高水平开放，引领高质量发展，为全面建成社会主义现代化强国、实现中华民族伟大复兴的中国梦提供有力支撑。

做好新时代网络安全标准化工作，是推进网络强国建设的重要支撑，是提升网络空间国际话语权和影响力的重要途径。

面对新形势新任务新要求，要坚持问题导向，积极推动标准化工作创新发展；践行为民宗旨，努力让人民群众有更多获得感、幸福感、安全感；强化依法治网，加快推动网信领域法律法规落地落实；拓展全球视野，积极参与网络空间国际标准规则制定。

为了加强标准化工作，提升产品和服务质量，促进科学技术进步，保障人身健康和生命财产安全，维护国家安全、生态环境安全，提高经济社会发展水平。深刻认识加强网络安全标准化工作对统筹发展和安全、做强做优做大数字经济、构建网络空间命运共同体的重要战略意义，积极推动网络安全标准化工作开创新局面。

截至目前，成立于 2002 年的全国信息安全标准化技术委员会，已组织制订网络安全国家标准 332 项。

学习目标

知识目标

- 了解信息安全相关标准概念
- 熟悉信息安全相关标准内容
- 掌握信息安全相关标准案例分析方法

能力目标

- 能够判断信息安全相关标准内涵
- 能够分析信息安全相关标准问题
- 能够遵守信息安全相关标准规范

素养目标

- 强化标准意识，提升标准化服务能力
- 文武兼备、追求卓越
- 创新方式方法、坚持知行合一
- 团结协作、弘扬团结奋斗的精神
- 提高正确认识问题、分析问题和解决问题的能力
- 提升信息安全法治素养，培养信息安全法治思维

思政目标

●以爱党、爱国、爱社会主义、爱人民、爱集体为主线，培养追求科学真理、维护网络空间安全的家国情怀。

●学思践悟习近平全面依法治国新理念新思想新战略，牢固树立法治观念，坚定走中国特色社会主义法治道路的理想和信念。

●深化对法治理念、法治原则、重要法律概念的认知，提高运用法治思维和法治方式维护自身权利、参与社会公共事务、化解矛盾纠纷的意识和能力。

重点内容

本模块的重点是信息安全标准，难点是如何通过学习案例分析，建立信息安全标准理念。决策科学、信息灵敏、反应迅速、打击精确、防控严密、执法规范、保障有力、能有效驾驭各种复杂局势的信息安全标准场景。

通过学习信息安全标准，贯彻新发展理念，强化标准意识，提升标准化服务能力，不断推动标准化与科技创新互动发展。

知识图谱

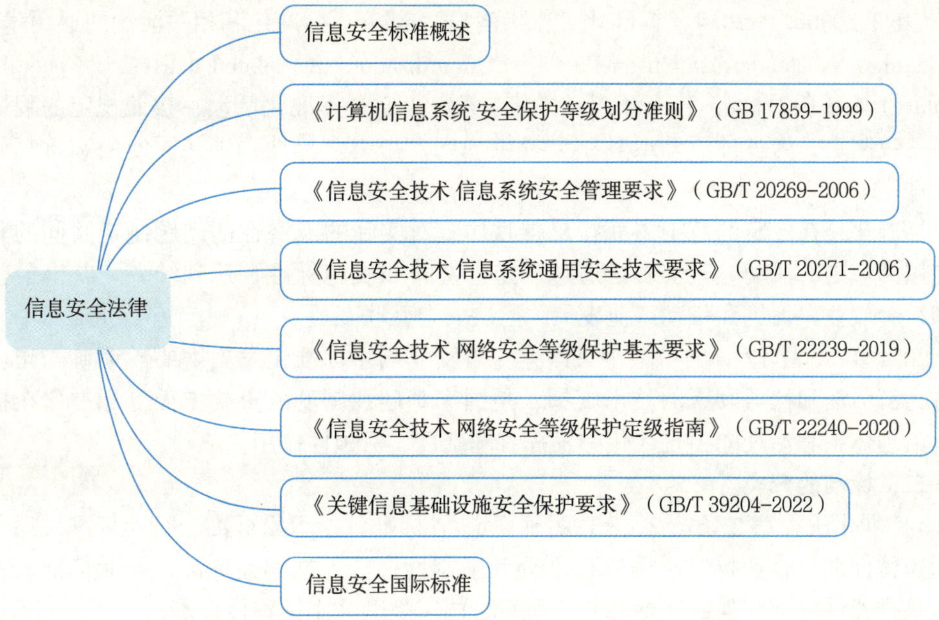

学习单元一　信息安全标准概述

学习目的

1. 了解信息安全标准的概念以及相关内涵。
2. 掌握信息安全标准的分类和分级。

知识要点

一、标准的定义

《中华人民共和国标准化法》（简称《标准化法》）由中华人民共和国第十二届全国人民代表大会常务委员会第三十次会议于2017年11月4日修订通过。

《标准化法》第2条第1款规定："本法所称标准（含标准样品），是指农业、工业、服务业以及社会事业等领域需要统一的技术要求。"

第二条　本法所称标准（含标准样品），是指农业、工业、服务业以及社会事业等领域需要统一的技术要求。

标准包括国家标准、行业标准、地方标准和团体标准、企业标准。国家标准分为强制性标准、推荐性标准，行业标准、地方标准是推荐性标准。

强制性标准必须执行。国家鼓励采用推荐性标准。

国际标准化组织于 1983 年 7 月发布的 ISO 第二号指南（第四版）对标准的定义为：由有关各方根据科学技术成就与先进经验，共同合作起草，一致或基本上同意的技术规范或其他公开文件，其目的在于促进最佳的公共利益，并由标准化团体批准。

GB/T 20000. 1-2014《标准化工作指南 第 1 部分：标准化和相关活动的通用术语》(Guidelines for standardization — Part 1：Standardization and related actives — General vocabulary) 5. 3 条对标准（standard）的定义为："通过标准化活动，按照规定的程序经协商一致制定，为各种活动或其结果提供规则、指南或特性，供共同使用和重复使用的文件。"

标准化是在一定的范围内获得最佳秩序，对实际的或潜在的问题制定共同的和重复使用的规则的活动。其实质是通过制定、发布和实施标准，达到统一。获得最佳秩序和社会效益，促进和带动产业发展；解决安全互联互通。

2021 年 10 月 10 日，中共中央国务院印发《国家标准化发展纲要》明确指出：标准是经济活动和社会发展的技术支撑，是国家基础性制度的重要方面。标准化在推进国家治理体系和治理能力现代化中发挥着基础性、引领性作用。

二、标准的分类

《标准化法》第 2 条第 2、3 款明确规定："标准包括国家标准、行业标准、地方标准和团体标准、企业标准。国家标准分为强制性标准、推荐性标准，行业标准、地方标准是推荐性标准。强制性标准必须执行。国家鼓励采用推荐性标准。"

第二条　本法所称标准（含标准样品），是指农业、工业、服务业以及社会事业等领域需要统一的技术要求。

标准包括国家标准、行业标准、地方标准和团体标准、企业标准。国家标准分为强制性标准、推荐性标准，行业标准、地方标准是推荐性标准。

强制性标准必须执行。国家鼓励采用推荐性标准。

（一）标准的层次分类

从国际范围来看，标准的层次分为国际标准、区域标准、国家标准、行业标准、地方标准、企业标准六类。我国标准包括国家标准、行业标准、地方标准和团体标准、企业标准。

1. 国际标准，通常是由国际标准化组织（ISO）和国际电工委员会（IEC）等组织制定的标准。

2. 区域标准，是世界区域性标准化组织制定的标准。

3. 国家标准，是在一个国家内通用的标准。对需要在全国范围内统一的技术要求，应当制定国家标准。国家标准是标准体系中的主体，在全国范围内使用，其他各级标准不得与之相抵触。国家标准一经发布，与其重复的行业标准、地方标准相应废止。

我国的国家标准由国务院标准化行政主管部门国家市场监督管理总局（国家标准化管理委员会）制定。国家标准化管理委员会编制计划、审批、编号、发布。

我国的国家标准还分为强制性国家标准和推荐性国家标准两大类。其代号为 GB（强制性国家标准）和 GB/T（推荐性国家标准）。1998 年增加一种"国家标准化指导性技术文件"，作为国家标准的补充，其代号为 GB/Z（指导性技术文件）。

强制性国家标准是保障人体健康、人身、财产安全的国家标准和法律及行政法规规定强制执行的标准。强制性标准必须执行。国家鼓励采用推荐性标准。

4. 行业标准，是在某个行业或专业范围内适用的标准。我国的行业标准由国务院相关行政主管部门制定。

国务院有关行政主管部门依法承担本部门职责范围内的行业标准制定、实施、复审等管理工作，及时将行业标准制定情况报国务院标准化行政主管部门备案。

如果没有国家标准又需要在全国某个行业范围内统一的技术要求，可以制定行业标准。当相应的国家标准实施后，该行业标准应自行废止。行业标准由行业标准归口部门编制计划、审批、编号、发布、管理。

5. 地方标准：我国的地方标准由省、自治区和直辖市标准化行政主管部门制定。

如果没有国家标准和行业标准而又需要在省、自治区、直辖市范围内统一的要求，可以制定地方标准。地方标准由省、自治区、直辖市标准化行政主管部门统一编制计划、组织制定、审批、编号、发布。地方标准在本行政区域内使用，不得与国家标准和行业标准相抵触。国家标准、行业标准公布实施后，相应的地方标准自行废止。

6. 企业标准，是由企业自己制定的标准。

（二）标准的具体分类

1. 按标准发生作用的范围和审批标准级别来分，分为国家标准、行业标准、地方标准、企业标准四类。

2. 按标准的约束性来分，分为强制性标准和推荐性标准两类。强制性标准是保障人体健康、人身、财产安全的国家标准和法律及行政法规规定强制执行的标准，其他标准则是推荐性标准。

《标准化法》规定，强制性标准，必须执行，不符合强制性标准的产品，禁止生产、销售和进口；推荐性标准，国家鼓励企业自行采用。

3. 按标准在标准系统中的地位和作用来分，分为基础标准和一般标准两类。

基础标准是指一定范围内作为其他标准的基础并普遍使用的标准，具有广泛的指导意义，例如《计算机信息系统 安全保护等级划分准则》（GB 17859-1999）为基础标准。相对于基础标准的其他标准，则称为一般标准。

4. 按标准化对象在生产过程中的作用来分，则分为产品标准，原材料标准，零部件标准，工艺和工艺装备标准，设备维修标准，检验和试验方法标准，检验、测量和试验设备标准，搬运、贮存、包装、标识标准等。

5. 按标准的性质来分，则分为技术标准、管理标准和工作标准。

（1）技术标准：对标准化领域中需要协调统一的技术事项所制定的标准。包括基础技术标准、产品标准、工艺标准、检测试验方法标准，以及安全、卫生、环保标准等；

（2）管理标准：对标准化领域中需要协调统一的管理事项所制定的标准。包括管理基础标准、技术管理标准、经济管理标准、行政管理标准、生产经营管理标准等；

（3）工作标准：对工作的责任、权利、范围、质量要求、程序、效果、检查方法、考核办法所制定的标准。包括部门工作标准和岗位（个人）工作标准。

三、信息安全标准

为充分发挥企业、科研机构、检测机构、高等院校、政府部门、用户等方面专家的作用，引导产学研各方面共同推进网络安全标准化工作，经国家标准化管理委员会（简称“国家标准委”）批准成立全国信息安全标准化技术委员会（简称“信安标委”）。

信安标委是网络安全专业领域从事标准化工作的技术组织，对网络安全国家标准进行统一技术归口，统一组织申报、送审和报批，具体范围包括网络安全技术、机制、服务、管理、评估等领域。

信安标委由国家标准委领导，业务上受中央网络安全和信息化委员会办公室指导。信安标委印章由国家标准委颁发。

截至 2021 年，成立于 2002 年的信安标委，已组织制订网络安全国家标准 332 项，信安标委在制定我国信息安全标准方面做了大量的工作。目前已出台的信息安全保护方面的标准主要包括在国家标准（GB）和公共安全行业标准（CA）中。

四、网络安全等级保护 2.0 标准体系解读

（一）等级保护标准体系

1. 网络安全等级保护 1.0 标准体系。2007 年，《信息安全等级保护管理办法》文件的正式发布，标志着网络安全等级保护 1.0 标准体系（简称“等级保护 1.0”）的正式启动。等级保护 1.0 规定了等级保护需要完成的规定操作，即定级备案、建设整改、等级测评和监督检查，为了指导用户完成等级保护的规定操作，在 2008 年至 2012 年期间陆续发布了等级保护的一些主要标准，构成等级保护 1.0 的标准体系。

等级保护 1.0 的主要标准

标准号	中文标准名称	标准状态	备注
GB 17859-1999	计算机信息系统 安全保护等级划分准则	现行	上位标准
GB/T 22239-2008	信息安全技术 信息系统安全等级保护基本要求	废止	
GB/T 25058-2010	信息安全技术 信息系统安全等级保护实施指南	废止	
GB/T 22240-2008	信息安全技术 信息系统安全保护等级定级指南	废止	
GB/T 25070-2010	信息安全技术 信息系统等级保护安全设计要求	废止	
GB/T 28448-2012	信息安全技术 信息系统安全等级保护测评要求	废止	
GB/T 28449-2012	信息安全技术 信息系统安全等级保护测评过程指南	废止	

2. 网络安全等级保护 2.0 标准体系。2017 年，《网络安全法》的正式实施，标志着网络安全等级保护 2.0 标准体系（简称“等级保护 2.0”）的正式启动。《网络安全法》第 21 条明确规定，国家实行网络安全等级保护制度。

《网络安全法》第 31 条明确规定，国家对一旦遭到破坏、丧失功能或者数据泄露，可能严重危害国家安全、国计民生、公共利益的关键信息基础设施，在网络安全等级保护制度的基础上，实行重点保护。

《网络安全法》第二十一条 国家实行网络安全等级保护制度。网络运营者应当按照网络安全等级保护制度的要求，履行下列安全保护义务，保障网络免受干扰、破坏或者未经授权的访问，防止网络数据泄露或者被窃取、篡改：

（一）制定内部安全管理制度和操作规程，确定网络安全负责人，落实网络安全保护责任；

（二）采取防范计算机病毒和网络攻击、网络侵入等危害网络安全行为的技术措施；

（三）采取监测、记录网络运行状态、网络安全事件的技术措施，并按照规定留存相关的网络日志不少于六个月；

（四）采取数据分类、重要数据备份和加密等措施；

（五）法律、行政法规规定的其他义务。

《网络安全法》第三十一条 国家对公共通信和信息服务、能源、交通、水利、金融、公共服务、电子政务等重要行业和领域，以及其他一旦遭到破坏、丧失功能或者数据泄露，可能严重危害国家安全、国计民生、公共利益的关键信息基础设施，在网络安全等级保护制度的基础上，实行重点保护。关键信息基础设施的具体范围和安全保护办法由国务院制定。

国家鼓励关键信息基础设施以外的网络运营者自愿参与关键信息基础设施保护体系。

上述要求为网络安全等级保护赋予了新的含义，重新调整和修订等级保护 1.0，配合《网络安全法》的实施和落地，指导用户按照网络安全等级保护制度的新要求，履行网络安全保护义务的意义重大。

随着信息技术的发展，等级保护对象已经从狭义的信息系统，扩展到网络基础设施、云计算平台/系统、大数据平台/系统、物联网、工业控制系统、采用移动互联技术的系统等，基于新技术和新手段提出新的分等级的技术防护机制和完善的管理手段是等级保护 2.0 必须考虑的内容。关键信息基础设施在网络安全等级保护制度的基础上，实行重点保护，基于等级保护提出的分等级的防护机制和管理手段提出关键信息基础设施的加强保护措施，确保等级保护标准和关键信息基础设施保护标准的顺利衔接也是等级保护 2.0 需要考虑的内容。

《网络安全等级保护条例》（征求意见稿）是等级保护 2.0 标准体系的上位文件，提出总体要求。为加强网络安全等级保护工作，提高网络安全防范能力和水平，维护网络空间主权和国家安全、社会公共利益，保护公民、法人和其他组织的合法权益，促进经济社会信息化健康发展，依据《网络安全法》《中华人民共和国保守国家秘密法》等法律而制定该条例。

《网络安全等级保护条例》（征求意见稿）第一条【立法宗旨与依据】为加强网络安全等级保护工作，提高网络安全防范 能力和水平，维护网络空间主权和国家安全、社会公共利益，保护公民、法人 和其他组织的合法权益，促进经济社会信息化健康发展，依据《中华人民共和国网络安全法》、《中华人民共和国保守国家秘密法》等法律，制定本条例。

等级保护 2.0 的主要标准

标准号	中文标准名称	标准状态	备注
GB 17859-1999	信息安全技术 计算机信息系统 安全保护等级划分准则	现行	上位标准
GB/T 22239-2019	信息安全技术 网络安全等级保护基本要求	现行	代替 GB/T 22239-2008
GB/T 25058-2019	信息安全技术 网络安全等级保护实施指南	现行	代替 GB/T 25058-2010
GB/T 22240-2020	信息安全技术 网络安全等级保护定级指南	现行	代替 GB/T 22240-2008
GB/T 25070-2019	信息安全技术 网络安全等级保护设计技术要求	现行	代替 GB/T 25070-2010
GB/T 28448-2019	信息安全技术 网络安全等级保护测评要求	现行	代替 GB/T 28448-2012
GB/T 28449-2018	信息安全技术 网络安全等级保护测评过程指南	现行	代替 GB/T 28449-2012

关键信息基础设施是经济社会运行的神经中枢，是网络安全的重中之重。《关键信息基础设施保护条例》是关键信息基础设施标准体系的上位文件，提出总体要求。对关键信息基础设施运营者未履行安全保护主体责任、有关主管部门以及工作人员未能依法依规履行职责等情况，明确了处罚、处分、追究刑事责任等处理措施。对实施非法侵入、干扰、破坏关键信息基础设施，危害其安全活动的组织和个人，依法予以处罚。

关键信息基础设施标准体系框架

标准号	中文标准名称	标准状态	备注
GB/T 39204-2022	信息安全技术 关键信息基础设施安全保护要求	现行	
/	信息安全技术 关键信息基础设施安全控制措施	征求意见稿	
/	网络安全技术 关键信息基础设施边界确定方法	征求意见稿	

（二）主要标准的特点和变化

1. 主要特点。

（1）将对象范围由原来的信息系统改为等级保护对象（信息系统、通信网络设施和数据资源等），对象包括网络基础设施（广电网、电信网、专用通信网络等）、云计算平台/系统、大数据平台/系统、物联网、工业控制 系统、采用移动互联技术的系统等。

（2）在等级保护 1.0 的基础上进行了优化，同时针对云计算、移动互联、物联网、工业控制系统及大数据等新技术和新应用领域提出新要求，形成了安全通用要求+新应用安全扩展要求构成的标准要求内容。

（3）采用了“一个中心，三重防护”的防护理念和分类结构，强化了建立纵深防御和精细防御体系的思想。

（4）强化了密码技术和可信计算技术的使用，把可信验证列入各个级别并逐级提出各个环节的主要可信验证要求，强调通过密码技术、可信验证、安全审计和态势感知等建立主动防御体系的期望。

2. 主要变化。

（1）名称修改，使用网络安全等级保护代替信息系统安全等级保护。例如，由《信息安全技术 网络安全等级保护基本要求》（GB/T 22239-2019）代替《信息安全技术 信息系统安全等级保护基本要求》（GB/T 22239-2008）。等级保护对象由原来的信息系统调整为基础信息网络、信息系统（含采用移动互联技术的系统）、云计算平台/系统、大数据应用/平台/资源、物联网和工业控制系统等。

（2）将原来各个级别的安全要求分为安全通用要求和安全扩展要求，其中安全扩展要求包括云计算安全扩展要求、移动互联安全扩展要求、物联网安全扩展要求以及工业控制系统安全扩展要求。安全通用要求是不管等级保护对象形态如何必须满足的要求。

（3）基本要求中各级技术要求修订为“安全物理环境”“安全通信网络”“安全区域边界”“安全计算环境”和“安全管理中心”；各级管理要求修订为“安全管理制度”“安全管理机构”“安全管理人员”“安全建设管理”和“安全运维管理”。

（4）取消了原来安全控制点的 S、A、G 标注，增加一个附录 A“关于安全通用要求和安全扩展要求的选择和使用”，描述等级保护对象的定级结果和安全要求之间的关系，说明如何根据定级的 S、A 结果选择安全要求的相关条款，简化了标准正文部分的内容。增加附录 C 描述等级保护安全框架和关键技术、增加附录 D 描述云计算应用场景、附录 E 描述移动互联应用场景、附录 F 描述物联网应用场景、附录 G 描述工业控制系统应用场景、附录 H 描述大数据应用场景。

（三）主要标准的框架和内容

1. 框架结构。《信息安全技术 网络安全等级保护基本要求》（GB/T 22239-2019）、《信息安全技术网络安全等级保护设计技术要求》（GB/T 25070-2019）、《信息安全技术 网络安全等级保护测评要求》（GB/T 28448-2019）三个标准采取了统一的框架结构。

安全通用要求细分为技术要求和管理要求。其中技术要求包括“安全物理环境”、“安全通信网络”“安全区域边界”“安全计算环境”和“安全管理中心”；管理要求包括“安全管理制度”“安全管理机构”“安全管理人员”“安全建设管理”和“安全运维管理”。

2. 安全通用要求。安全通用要求针对共性化保护需求提出，无论等级保护对象以何种形式出现，需要根据安全保护等级实现相应级别的安全通用要求。安全扩展要求针对个性化保护需求提出，等级保护对象需要根据安全保护等级、使用的特定技术或特定的应用场景实现安全扩展要求。等级保护对象的安全保护需要同时落实安全通用要求和安全扩展要求提出的措施。

（1）安全物理环境。安全物理环境是针对物理机房提出的安全控制要求。主要对象为物理环境、物理设备和物理设施等；涉及的安全控制点包括物理位置的选择、物理访问控制、防盗窃和防破坏、防雷击、防火、防水和防潮、防静电、温湿度控制、电力供应和电磁防护。

（2）安全通信网络。安全通信网络是针对通信网络提出的安全控制要求。主要对象为广域网、城域网和局域网等；涉及的安全控制点包括网络架构、通信传输和可信验证。

（3）安全区域边界。安全区域边界是针对网络边界提出的安全控制要求。主要对象为系统边界和区域边界等；涉及的安全控制点包括边界防护、访问控制、入侵防范、恶意代码防范、安全审计和可信验证。

（4）安全计算环境。安全计算环境是针对边界内部提出的安全控制要求。主要对象为边界内部的所有对象，包括网络设备、安全设备、服务器设备、终端设备、应用系统、数据对象和其他设备等；涉及的安全控制点包括身份鉴别、访问控制、安全审计、入侵防范、恶意代码防范、可信验证、数据完整性、数据保密性、数据备份与恢复、剩余信息保护和个人信息保护。

（5）安全管理中心。安全管理中心是针对整个系统提出的安全管理方面的技术控制要求，通过技术手段实现集中管理；涉及的安全控制点包括系统管理、审计管理、安全管理和集中管控。

（6）安全管理制度。安全管理制度是针对整个管理制度体系提出的安全控制要求，涉及的安全控制点包括安全策略、管理制度、制定和发布以及评审和修订。

（7）安全管理机构。安全管理机构是针对整个管理组织架构提出的安全控制要求，涉及的安全控制点包括岗位设置、人员配备、授权和审批、沟通和合作以及审核和检查。

（8）安全管理人员。安全管理人员是针对人员管理提出的安全控制要求，涉及的安全控制点包括人员录用、人员离岗、安全意识教育和培训以及外部人员访问管理。

（9）安全建设管理。安全建设管理是针对安全建设过程提出的安全控制要求，涉及的安全控制点包括定级和备案、安全方案设计、安全产品采购和使用、自行软件开发、外包软件开发、工程实施、测试验收、系统交付、等级测评和服务供应商管理。

（10）安全运维管理。安全运维管理是针对安全运维过程提出的安全控制要求，涉及的安全控制点包括环境管理、资产管理、介质管理、设备维护管理、漏洞和风险管理、网络和系统安全管理、恶意代码防范管理、配置管理、密码管理、变更管理、备份与恢复管理、安全事件处置、应急预案管理和外包运维管理。

3. 安全扩展要求。安全扩展要求是采用特定技术或特定应用场景下的等级保护对象需要增加实现的安全要求。包括以下四方面：

（1）云计算安全扩展要求，是针对云计算平台提出的安全通用要求之外额外需要实现的安全要求。主要内容包括“基础设施的位置”“虚拟化安全保护”“镜像和快照保护”“云计算环境管理”和“云服务商选择”等。

（2）移动互联安全扩展要求，是针对移动终端、移动应用和无线网络提出的安全要求，与安全通用要求一起构成针对采用移动互联技术的等级保护对象的完整安全要求。主要内容包括“无线接入点的物理位置”“移动终端管控”“移动应用管控”“移动应用软件采购”和“移动应用软件开发”等。

（3）物联网安全扩展要求，是针对感知层提出的特殊安全要求，与安全通用要求一起构成针对物联网的完整安全要求。主要内容包括“感知节点的物理防护”“感知节点设备安全”“网关节点设备安全”“感知节点的管理”和“数据融合处理”等。

（4）工业控制系统安全扩展要求，主要是针对现场控制层和现场设备层提出的特殊安全要求，它们与安全通用要求一起构成针对工业控制系统的完整安全要求。主要内容包括“室外控制设备防护”“工业控制系统网络架构安全”“拨号使用控制”“无线使用控制”和“控制设备安全”等。

思考练习

问题：《标准化法》第2条明确规定“标准”包括哪些？

参考答案

拓展学习

拓展学习

学习单元二 《计算机信息系统 安全保护等级划分准则》（GB 17859-1999）

学习目的

1. 了解《计算机信息系统 安全保护等级划分准则》（GB 17859-1999）的概念、术语和定义。

2. 掌握《计算机信息系统 安全保护等级划分准则》（GB 17859-1999）主要内容。

知识要点

一、《计算机信息系统 安全保护等级划分准则》概述

《计算机信息系统 安全保护等级划分准则》（GB 17859-1999）（简称《等级划分准则》）属于强制性国家标准，由国家质量技术监督局于 1999 年 9 月 13 日发布，2001 年 1 月 1 日实施。

（一）主要目的

1. 为计算机信息系统安全法规的制定和执法部门的监督检查提供依据。

2. 为安全产品的研制提供技术支持。

3. 为安全系统的建设和管理提供技术指导。

（二）适用范围

《等级划分准则》适用计算机信息系统安全保护技术能力等级的划分。计算机信息系统安全保护能力随着安全保护等级的增高，逐渐增强。《等级划分准则》规定了计算机系统安全保护能力的五个等级。

1. 第一级：用户自主保护级。

2. 第二级：系统审计保护级。

3. 第三级：安全标记保护级。

4. 第四级：结构化保护级。

5. 第五级：访问验证保护级。

二、《计算机信息系统 安全保护等级划分准则》所涉及术语的定义

1. 计算机信息系统（computer information system）。计算机信息系统是由计算机及其相关的和配套的设备、设施（含网络）构成的，按照一定的应用目标和规则对信息进行采集、加工、存储、传输、检索等处理的人机系统。

2. 计算机信息系统可信计算基（trusted computing base of computer information system，TCB）。即计算机系统内保护装置的总体，包括硬件、固件、软件和负责执行安全策略的组合体。它建立了一个基本的保护环境并提供一个可信计算系统所要求的附加用户服务。

3. 客体（object）。即信息的载体。

4. 主体（subject）。即引起信息在客体之间流动的人、进程或设备等。

5. 敏感标记（sensitivity label）。即表示客体安全级别并描述客体数据敏感性的一组信息，可信计算基中把敏感标记作为强制访问控制决策的依据。

6. 安全策略（security policy）。即有关管理、保护和发布敏感信息的法律、规定和实施细则。

7. 信道（channel）。即系统内的信息传输路径。

8. 隐蔽信道（covert channel）。即允许进程以危害系统安全策略的方式传输信息的通信信道。

9. 访问监控器（reference monitor）。即监控主体和客体之间授权访问关系的部件。

三、《计算机信息系统 安全保护等级划分准则》五个等级的具体划分准则

（一）第一级：用户自主保护级

本级的计算机信息系统可信计算基通过隔离用户与数据，使用户具备自主安全保护的能力。它具有多种形式的控制能力，对用户实施访问控制，即为用户提供可行的手段，保护用户和用户组信息，避免其他用户对数据的非法读写与破坏。

本级的计算机信息系统应具备以下三个方面的安全保护能力：

1. 自主访问控制。计算机信息系统可信计算基定义和控制系统中命名用户对命名客体的访问。实施机制（如访问控制表）允许命名用户以用户和（或）用户组的身份规定并控制客体的共享；阻止非授权用户读取敏感信息。

2. 身份鉴别。计算机信息系统可信计算基初始执行时，首先要求用户标识自己的身份，并使用保护机制（如口令）来鉴别用户的身份，阻止非授权用户访问用户身份鉴别数据。

3. 数据完整性。计算机信息系统可信计算基通过自主完整性策略，阻止非授权用户修改或破坏敏感信息。

（二）第二级：系统审计保护级

与用户自主保护级相比，本级的计算机信息系统可信计算基实施了粒度更细的自主访问控制，它通过登录规程、审计安全性相关事件和隔离资源，使用户对自己的行为负责。

本级的计算机信息系统应具备以下五个方面的安全保护能力：

1. 自主访问控制。计算机信息系统可信计算基定义和控制系统中命名用户对命名客体的访问。实施机制（如访问控制表）允许命名用户以用户和（或）用户组的身份规定并控制客体的共享；阻止非授权用户读取敏感信息。控制访问权限扩散。自主访问控制机制根据用户指定方式或默认方式，阻止非授权用户访问客体。访问控制的粒度是单个用户。没有存取权的用户只允许由授权用户指定对客体的访问权。

2. 身份鉴别。计算机信息系统可信计算基初始执行时，首先要求用户标识自己的身份，并使用保护机制（如口令）来鉴别用户的身份；阻止非授权用户访问用户身份鉴别数据。通过为用户提供唯一标识、计算机信息系统可信计算基能够使用户对自己的行为负责。计算机信息系统可信计算基还具备将身份标识与该用户所有可审计行为相关联的能力。

3. 客体重用。在计算机信息系统可信计算基的空闲存储客体空间中，对客体初始指定、分配或再分配一个主体之前，撤销该客体所含信息的所有授权。当主体获得对一个已被释放的客体的访问权时，当前主体不能获得原主体活动所产生的任何信息。

4. 审计。计算机信息系统可信计算基能创建和维护受保护客体的访问审计跟踪记录，并能阻止非授权的用户对它访问或破坏。

计算机信息系统可信计算基能记录下述事件：使用身份鉴别机制；将客体引入用户地址空间（例如：打开文件、程序初始化）；删除客体；由操作员、系统管理员或（和）系统安全管理员实施的动作，以及其他与系统安全有关的事件。对于每一事件，其审计记录包括：事件的日期和时间、用户、事件类型、事件是否成功。对于身份鉴别事件，审计记录包含的来源（例如：终端标识符）；对于客体引入用户地址空间的事件及客体删除事件，审计记录包含客体名。

对不能由计算机信息系统可信计算基独立分辨的审计事件，审计机制提供审计记录接口，可由授权主体调用。这些审计记录区别于计算机信息系统可信计算基独立分辨的审计记录。

5. 数据完整性。计算机信息系统可信计算基通过自主完整性策略，阻止非授权用户修改或破坏敏感信息。

（三）第三级：安全标记保护级

本级的计算机信息系统可信计算基具有系统审计保护级所有功能。此外，还提供有关安全策略模型、数据标记以及主体对客体强制访问控制的非形式化描述；具有准确地标记输出信息的能力；消除通过测试发现的任何错误。

本级的计算机信息系统应具备如下七个方面的安全保护能力：

1. 自主访问控制。计算机信息系统可信计算基定义和控制系统中命名用户对命名客体的访问。实施机制（如访问控制表）允许命名用户以用户和（或）用户组的身份规定并控制客体的共享；阻止非授权用户读取敏感信息。控制访问权限扩散。自主访问控制机制根据用户指定方式或默认方式，阻止非授权用户访问客体。访问控制的粒度是单个用户。没有存取权的用户只允许由授权用户指定对客体的访问权。

2. 强制访问控制。计算机信息系统可信计算基对所有主体及其所控制的客体（如进程、文件、段、设备）实施强制访问控制。为这些主体及客体指定敏感标记，这些标记是等级分类和非等级分类的组合，它们是实施强制访问控制的依据。计算机信息系统可信计算基支持两种或两种以上成分组成的安全级。计算机信息系统可信计算基控制的所有主体对客体的访问应满足：仅当主体安全级中的等级分类高于或等于客体安全级中的等级分类，且主体安全级中的非等级类别包含了客体安全级中的全部非等级类别，主体才能读客体；仅当主体安全级中的等级分类低于或等于客体安全级中的等级分类，且主体安全级中的非等级类别包含于客体安全级中的非等级类别，主体才能写一个客体。计算机信息系统可信计算基使用身份和鉴别数据，鉴别用户的身份，并保证用户创建的计算机信息系统可信计算基外部主体的安全级和授权受该用户的安全级和授权的控制。

3. 标记。计算机信息系统可信计算基应维护与主体及其控制的存储客体（如进程、文件、段、设备）相关的敏感标记。这些标记是实施强制访问的基础。为了输入未加安全标记的数据，计算机信息系统可信计算基向授权用户要求并接受这些数据的安全级别，且可由计算机信息系统可信计算基审计。

4. 身份鉴别。计算机信息系统可信计算基初始执行时，首先要求用户标识自己的身份，并使用保护机制（如口令）来鉴别用户的身份；阻止非授权用户访问用户身份鉴别数据。通过为用户提供唯一标识、计算机信息系统可信计算基能够使用户对自己的行为负责。计算机信息系统可信计算基还具备将身份标识与该用户所有可审计行为相关联的能力。

5. 客体重用。在计算机信息系统可信计算基的空闲存储客体空间中，对客体初始指定、分配或再分配一个主体之前，撤销该客体所含信息的所有授权。当主体获得对一个已被释放的客体的访问权时，当前主体不能获得原主体活动所产生的任何信息。

6. 审计。计算机信息系统可信计算基能创建和维护受保护客体的访问审计跟踪记录，并能阻止非授权的用户对它访问或破坏。

计算机信息系统可信计算基能记录下述事件：使用身份鉴别机制；将客体引入用户地址空间（如打开文件、程序初始化）；删除客体；由操作员、系统管理员或（和）系统安全管理员实施的动作，以及其他与系统安全有关的事件。对于每一事件，其审计记录包括：事件的日期和时间、用户、事件类型、事件是否成功。对于身份鉴别事件，审计记录包含的来源（如终端标识符）；对于客体引入用户地址空间的事件及客体删除事件，审计记录包含客体名。

对不能由计算机信息系统可信计算基独立分辨的审计事件，审计机制提供审计记录接口，可由授权主体调用。这些审计记录区别于计算机信息系统可信计算基独立分辨的审计记录。

7. 数据完整性。计算机信息系统可信计算基通过自主完整性策略，阻止非授权用户修改或破坏敏感信息。

（四）第四级：结构化保护级

本级的计算机信息系统可信计算基建立于一个明确定义的形式化安全策略模型之上，它要求将第三级系统中的自主和强制访问控制扩展到所有主体与客体。此外，还要考虑隐蔽通道。本级的计算机信息系统可信计算基必须结构化为关键保护元素和非关键保护元素。计算机信息系统可信计算基的接口也必须明确定义，使其设计与实现能经受更充分的测试和更完整的复审。加强了鉴别机制；支持系统管理员和操作员的职能；提供可信设施管理；增强了配置管理控制。系统具有相当的抗渗透能力。

本级的计算机信息系统应具备如下九个方面的安全保护能力：

1. 自主访问控制。计算机信息系统可信计算基定义和控制系统中命名用户对命名客体的访问。实施机制（例如：访问控制表）允许命名用户以用户和（或）用户组的身份规定并控制客体的共享；阻止非授权用户读取敏感信息。并控制访问权限扩散。自主访问控制机制根据用户指定方式或默认方式，阻止非授权用户访问客体。访问控制的粒度是单个用户。没有存取权的用户只允许由授权用户指定对客体的访问权。

2. 强制访问控制。计算机信息系统可信计算基对所有主体及其所控制的客体（如进程、文件、段、设备）实施强制访问控制。为这些主体及客体指定敏感标记，这些标记是等级分类和非等级分类的组合，它们是实施强制访问控制的依据。计算机信息系统可信计算基支持两种或两种以上成分组成的安全级。计算机信息系统可信计算基控制的所有主体对客体的访问应满足：仅当主体安全级中的等级分类高于或等于客体安全级中的等级分类，且主体安全级中的非等级类别包含了客体安全级中的全部非等级类别，主体才能读客体；仅当主体安全级中的等级分类低于或等于客体安全级中的等级分类，且主体安全级中的非等级类别包含于客体安全级中的非等级类别，主体才能写一个客体。计算机信息系统可信计算基使用身份和鉴别数据，鉴别用户的身份，并保证用户创建的计算机信息系统可信计算基外部主体的安全级和授权受该用户的安全级和授权的控制。

3. 标记。计算机信息系统可信计算基应维护与主体及其控制的存储客体（如进程、文件、段、设备）相关的敏感标记。这些标记是实施强制访问的基础。为了输入未加安全标记的数据，计算机信息系统可信计算基向授权用户要求并接受这些数据的安全级别，且可由计算机信息系统可信计算基审计。

4. 身份鉴别。计算机信息系统可信计算基初始执行时，首先要求用户标识自己的身份，并使用保护机制（如口令）来鉴别用户的身份；阻止非授权用户访问用户身份鉴别数据。通过为用户提供唯一标识、计算机信息系统可信计算基能够使用户对自己的行为负责。计算机信息系统可信计算基还具备将身份标识与该用户所有可审计行为相关联的能力。

5. 客体重用。在计算机信息系统可信计算基的空闲存储客体空间中，对客体初始指定、分配或再分配一个主体之前，撤销该客体所含信息的所有授权。当主体获得对一个已被释放的客体的访问权时，当前主体不能获得原主体活动所产生的任何信息。

6. 审计。计算机信息系统可信计算基能创建和维护受保护客体的访问审计跟踪记录，并能阻止非授权的用户对它访问或破坏。

计算机信息系统可信计算基能记录下述事件：使用身份鉴别机制；将客体引入用户地址空间（如打开文件、程序初始化）；删除客体；由操作员、系统管理员或（和）系统安全管理员实施的动作，以及其他与系统安全有关的事件。对于每一事件，其审计记录包括：事件的日期和时间、用户、事件类型、事件是否成功。对于身份鉴别事件，审计记录包含的来源（如终端标识符）；对于客体引入用户地址空间的事件及客体删除事件，审计记录包含客体名。

对不能由计算机信息系统可信计算基独立分辨的审计事件，审计机制提供审计记录接口，可由授权主体调用。这些审计记录区别于计算机信息系统可信计算基独立分辨的审计记录。

7. 数据完整性。计算机信息系统可信计算基通过自主完整性策略，阻止非授权用户修改或破坏敏感信息。

8. 隐蔽信道分析。系统开发者应彻底搜索隐蔽存储信道，并根据实际测量或工程估算确定每一个被标识信道的最大带宽。

9. 可信路径。对用户的初始登录和鉴别，计算机信息系统可信计算基在它与用户之间提供可信通信路径。该路径上的通信只能由该用户初始化。

（五）第五级：访问验证保护级

本级的计算机信息系统可信计算基满足访问监控器需求。访问监控器仲裁主体对客体的全部访问。访问监控器本身是抗篡改的；必须足够小，能够分析和测试。为了满足访问监控器需求，计算机信息系统可信计算基在其构造时，排除那些对实施安全策略来说并非必要的代码；在设计和实现时，从系统工程角度将其复杂性降低到最小程度。支持安全管理员职能；扩充审计机制，当发生与安全相关的事件时发出信号；提供系统恢复机制。系统具有很高的抗渗透能力。

本级的计算机信息系统应具备以下十个方面的安全保护能力：

1. 自主访问控制。计算机信息系统可信计算基定义和控制系统中命名用户对命名客体的访问。实施机制（例如：访问控制表）允许命名用户以用户和（或）用户组的身份规定并控制客体的共享；阻止非授权用户读取敏感信息。控制访问权限扩散。自主访问控制机制根据用户指定方式或默认方式，阻止非授权用户访问客体。访问控制的粒度是单个用户。没有存取权的用户只允许由授权用户指定对客体的访问权。

2. 强制访问控制。计算机信息系统可信计算基对所有主体及其所控制的客体（如进程、文件、段、设备）实施强制访问控制。为这些主体及客体指定敏感标记，这些标记是等级分类和非等级类别的组合，它们是实施强制访问控制的依据。计算机信息系统可信计算基支持两种或两种以上成分组成的安全级。计算机信息系统可信计算基控制的所有主体对客体的访问应满足：仅当主体安全级中的等级分类高于或等于客体安全级中的等级分类，且主体安全级中的非等级类别包含了客体安全级中的全部非等级类别，主体才能读客体；仅当主体安全级中的等级分类低于或等于客体安全级中的等级分类，且主体安全级中的非等级类别包含于客体安全级中的非等级类别，主体才能写一个客体。计算机信息系统可信计算基使用身份和鉴别数据，鉴别用户的身份，并保证用户创建的计算机信息系统可信计算基外部主体的安全级和授权受该用户的安全级和授权的控制。

3. 标记。计算机信息系统可信计算基应维护与主体及其控制的存储客体（如进程、文件、段、设备）相关的敏感标记。这些标记是实施强制访问的基础。为了输入未加安全标记的数据，计算机信息系统可信计算基向授权用户要求并接受这些数据的安全级别，且可由计算机信息系统可信计算基审计。

4. 身份鉴别。计算机信息系统可信计算基初始执行时，首先要求用户标识自己的身份，并使用保护机制（如口令）来鉴别用户的身份；阻止非授权用户访问用户身份鉴别数据。通过为用户提供唯一标识、计算机信息系统可信计算基能够使用户对自己的行为负责。计算机信息系统可信计算基还具备将身份标识与该用户所有可审计行为相关联的能力。

5. 客体重用。在计算机信息系统可信计算基的空闲存储客体空间中，对客体初始指定、分配或再分配一个主体之前，撤销该客体所含信息的所有授权。当主体获得对一个已被释放的客体的访问权时，当前主体不能获得原主体活动所产生的任何信息。

6. 审计。计算机信息系统可信计算基包含能够监控可审计安全事件发生与积累的机制，当超过阈值时，能够立即向安全管理员发出报警。并且，如果这些与安全相关的事件继续发生或积累，系统应以最小的代价中止它们。

7. 数据完整性。计算机信息系统可信计算基通过自主完整性策略，阻止非授权用户修改或破坏敏感信息。

8. 隐蔽信道分析。系统开发者应彻底搜索隐蔽存储信道，并根据实际测量或工程估算确定每一个被标识信道的最大带宽。

9. 可信路径。对用户的初始登录和鉴别，计算机信息系统可信计算基在它与用户之间提供可信通信路径。该路径上的通信只能由该用户初始化。

10. 可信恢复。计算机信息系统可信计算基提供过程和机制，保证计算机信息系统失效或中断后，可以进行不损害任何安全保护性能的恢复。

思考练习

问题：《计算机信息系统 安全保护等级划分准则》规定了计算机信息系统安全保护能力的五个等级分别是什么？

参考答案

拓展学习

拓展学习

学习单元三　《信息安全技术 信息系统安全管理要求》（GB/T 20269-2006）

学习目的

1. 了解《信息安全技术 信息系统安全管理要求》（GB/T 20269-2006）的概念、术语和定义。

2. 掌握《信息安全技术 信息系统安全管理要求》（GB/T 20269-2006）主要内容。

知识要点

一、《信息安全技术 信息系统安全管理要求》概述

《信息安全技术 信息系统安全管理要求》（GB/T 20269-2006）（简称《信安管理要求》）是现行标准，是推荐性国家标准，由中华人民共和国国家质量监督检验检疫总局、中国国家标准化管理委员会于2006年5月31日发布，2006年12月1日实施。

信息安全等级保护从与信息系统安全相关的物理层面、网络层面、系统层面、应用层面和管理层面对信息和信息系统实施分等级安全保护。管理层面贯穿于其他层面之中，是其他层面实施分等级安全保护的保证。

《信安管理要求》对信息和信息系统的安全保护提出了分等级安全管理的要求，阐述了安全管理要素及其强度，并将管理要求落实到信息安全等级保护所规定的五个等级上，有利于对安全管理的实施、评估和检查。

安全等级越高，发生的安全技术费用和管理成本越高，从而预期能够抵御的安全威胁越大，建立起安全信心越强，使用信息系统的风险越小。

《信安管理要求》以安全管理要素作为描述安全管理要求的基本组件。安全管理要素是指，为实现信息系统安全等级保护所规定的安全要求，从管理角度应采取的主要控制方法和措施。根据《等级划分准则》对安全保护等级的划分，不同的安全保护等级会有不同的安全管理要求，可以体现在管理要素的增加和管理强度的增强两方面。对于每个管理要素，根据特定情况分别列出不同的管理强度，最多分为5级，最少可不分级。在具体描述中，除特别声明之外，一般高级别管理强度的描述都是在对低级别描述基础之上进行的。

信息系统是指由计算机及其相关和配套的设备、设施构成的，按照一定的应用目标和规则对信息进行存储、传输、处理的系统或者网络；信息是指在信息系统中存储、传输、处理的数字化信息。

《信安管理要求》涉及信息系统的管理者包括国家机关、事业单位、厂矿企业、公司、集团等各种类型和不同规模的组织机构，以下统称为“组织机构”。

信息系统在技术上采取何种安全机制应根据相关技术标准确定，《信安管理要求》仅提出保证这些安全机制实施的管理要求。与技术密切的管理是技术实现的组成部分，如果信息系统根据具体业务及其安全需求未采用该技术，则不需要相应的安全管理要求。对与管理描述难以分开的技术要求会出现在管理要求中，具体执行需要参照相关技术标准。对于涉及国家秘密的信息和信息系统的保密管理，应按照国家有关保密的管理规定和相关标准执行。

二、《信息安全技术 信息系统安全管理要求》的术语和定义

《等级划分准则》确立的术语和定义适用于《信安管理要求》。

1. 完整性（integrity），包括数据完整性和系统完整性。数据完整性表征数据所具有的特性，即无论数据形式作何变化，数据的准确性和一致性均保持不变的程度；系统完整性表征系统在防止非授权用户修改或使用资源和防止授权用户不正确地修改或使用资源的情况下，系统能履行其操作目的的品质。

2. 可用性（availability）。即表征数据或系统根据授权实体的请求可被访问与使用程度的安全属性。

3. 访问控制（access control）。即按确定的规则，对实体之间的访问活动进行控制的安全机制，能防止对资源的未授权使用。

4. 安全审计（security audit）。即按确定规则的要求，对与安全相关的事件进行审计，以日志方式记录必要信息，并作出相应处理的安全机制。

5. 鉴别信息（authentication information）。即用以确认身份真实性的信息。

6. 敏感性（sensitivity）。即表征资源价值或重要性的特性，也可能包含这一资源的脆弱性。

7. 风险评估（risk assessment）。即通过对信息系统的资产价值/重要性、信息系统所受到的威胁以及信息系统的脆弱性进行综合分析，对信息系统及其处理、传输和存储的信息的保密性、完整性和可用性等进行科学识别和评价，确定信息系统安全风险的过程。

8. 安全策略（security policy）。主要指为信息系统安全管理制定的行动方针、路线、工作方式、指导原则或程序。

三、《信息安全技术 信息系统安全管理要求》的主要内容

（一）适用范围

《信安管理要求》依据《等级划分准则》的五个安全保护等级的划分，规定了信息系统安全所需要的各个安全等级的管理要求。《信安管理要求》适用于按等级化要求进行的信息系统安全的管理。

（二）信息系统安全管理的一般要求

信息系统安全管理的一般要求包括信息系统安全管理的内容、信息系统安全管理的原则两个方面。

1. 信息系统安全管理的内容。信息系统安全管理是对一个组织机构中信息系统的生存周期全过程实施符合安全等级责任要求的管理，包括：

（1）落实安全管理机构及安全管理人员，明确角色与职责，制定安全规划。

（2）开发安全策略。

（3）实施风险管理。

（4）制定业务持续性计划和灾难恢复计划。

（5）选择与实施安全措施。

（6）保证配置、变更的正确与安全。

（7）进行安全审计。

（8）保证维护支持。

（9）进行监控、检查，处理安全事件。

（10）安全意识与安全教育。

（11）人员安全管理等。

2. 信息系统安全管理的原则。

（1）基于安全需求原则：组织机构应根据其信息系统担负的使命，积累的信息资

产的重要性，可能受到的威胁及面临的风险分析安全需求，按照信息系统等级保护要求确定相应的信息系统安全保护等级，遵从相应等级的规范要求，从全局上恰当地平衡安全投入与效果。

（2）主要领导负责原则：主要领导应确立其组织统一的信息安全保障的宗旨和政策，负责提高用户的安全意识，组织有效安全保障队伍，调动并优化配置必要的资源，协调安全管理工作与各部门工作的关系，并确保其落实、有效。

（3）全员参与原则：信息系统所有相关人员应普遍参与信息系统的安全管理，并与相关方面协同、协调，共同保障信息系统安全。

（4）系统方法原则：按照系统工程的要求，识别和理解信息安全保障相互关联的层面和过程，采用管理和技术结合的方法，提高实现安全保障的目标的有效性和效率。

（5）持续改进原则：安全管理是一种动态反馈过程，贯穿整个安全管理的生存周期，随着安全需求和系统脆弱性的时空分布变化，威胁程度的提高，系统环境的变化以及对系统安全认识的深化等，应及时地将现有的安全策略、风险接受程度和保护措施进行复查、修改、调整以至提升安全管理等级，维护和持续改进信息安全管理体系的有效性。

（6）依法管理原则：信息安全管理工作主要体现为管理行为，应保证信息系统安全管理主体合法、管理行为合法、管理内容合法、管理程序合法。对安全事件的处理，应由授权者适时发布准确一致的有关信息，避免带来不良的社会影响。

（7）分权和授权原则：对特定职能或责任领域的管理功能实施分离、独立审计等实行分权，避免权力过分集中所带来的隐患，以减小未授权的修改或滥用系统资源的机会。任何实体（如用户、管理员、进程、应用或系统）仅享有该实体需要完成其任务所必须的权限，不应享有任何多余权限。

（8）选用成熟技术原则：成熟的技术具有较好的可靠性和稳定性，采用新技术时要重视其成熟的程度，并应首先局部试点然后逐步推广，以减少或避免可能出现的失误。

（9）分级保护原则：按等级划分标准确定信息系统的安全保护等级，实行分级保护；对多个子系统构成的大型信息系统，确定系统的基本安全保护等级，并根据实际安全需求，分别确定各子系统的安全保护等级，实行多级安全保护。

（10）管理与技术并重原则：坚持积极防御和综合防范，全面提高信息系统安全防护能力，立足国情，采用管理与技术相结合，管理科学性和技术前瞻性结合的方法，保障信息系统的安全性达到所要求的目标。

（11）自保护和国家监管结合原则：对信息系统安全实行自保护和国家保护相结合。组织机构要对自己的信息系统安全保护负责，政府相关部门有责任对信息系统的安全进行指导、监督和检查，形成自管、自查、自评和国家监管相结合的管理模式，提高信息系统的安全保护能力和水平，保障国家信息安全。

思考练习

问题：信息系统安全管理的内容包括哪些？

参考答案

拓展学习

拓展学习

学习单元四 《信息安全技术 信息系统通用安全技术要求》（GB/T 20271-2006）

学习目的

1. 了解《信息安全技术 信息系统通用安全技术要求》（GB/T 20271-2006）的概念、术语和定义。

2. 掌握《信息安全技术 信息系统通用安全技术要求》（GB/T 20271-2006）主要内容。

知识要点

一、《信息安全技术 信息系统通用安全技术要求》概述

《信息安全技术 信息系统通用安全技术要求》（GB/T 20271-2006）（简称《信安技术要求》）是推荐性国家标准，由中华人民共和国国家质量监督检验检疫总局、中国国家标准化管理委员会于 2006 年 5 月 31 日发布，2006 年 12 月 1 日实施。

《信安技术要求》依据《等级划分准则》的五个安全保护等级的划分，规定了信息系统安全所需要的安全技术的各个安全等级要求。

《信安技术要求》适用于按等级化要求进行的安全信息系统的设计和实现，对按等级化要求进行的信息系统安全的测试和管理可参照使用。

《信安技术要求》主要从信息系统的安全保护等级划分的角度，说明为实现《等级划分准则》中每一个安全保护等级的安全功能要求应采取的安全技术措施，以及各安全保护等级的安全功能在具体实现上的差异。

一个复杂、大型/巨大型信息系统，可以由若干个分系统或子系统组成。无论从全系统、分系统或子系统的角度，信息系统一般由支持软件运行的硬件系统（含计算机硬件系统和网络硬件系统）、对系统资源进行管理和为用户使用提供基本支持的系统软件（含计算机操作系统软件、数据库管理系统软件和网络协议软件和管理软件）、实现信息系统应用功能的应用系统软件等组成。这些硬件和软件共同协作运行，实现信息系统的整体功能。从安全角度，组成信息系统各个部分的硬件和软件都应有相应的安全功能，确保在其所管辖范围内的信息安全和提供确定的服务。这些安全功能分别是：确保硬件系统安全的物理安全，确保数据网上传输、交换安全的网络安全，确保操作系统和数据库管理系统安全的系统安全（含系统安全运行和数据安全保护），确保应用软件安全运行的应用系统安全（含应用系统安全运行和数据安全保护）。这四个层面的安全，再加上为保证其安全功能达到应有的安全性而必须采取的管理措施，构成了实现信息系统安全的五个层面的安全。其实，在这五个层面中，许多安全功能和实现机制都是相同的。比如，身份鉴别、审计、访问控制、保密性保护、完整性保护等，在每一层都有体现，并有相应的安全要求。本标准对这些安全功能的描述是从安全技术的角度进行的，每一个安全技术的要求（含功能要求和保证要求）具有普遍的适用性，比如，对身份鉴别的描述既适用于操作系统，也适用于网络系统、数据库管理系统和应用系统。这种按安全要素对安全技术要求进行描述的方法，具有简洁、清晰的优点。

信息安全技术等级和信息系统安全等级是两个既有联系又不相同的概念。《信安技术要求》是对不同安全等级的信息安全技术要求的描述。信息系统安全的等级是根据信息系统所采用的安全技术，参照信息安全技术等级确定的，而实现信息系统安全的所需要的安全技术是根据信息系统的安全需求确定的。

二、《信息安全技术 信息系统通用安全技术要求》的术语和定义

在《等级划分准则》之中确立的，以及下列术语和定义适用于《信安技术要求》。

1. 信息系统安全（security of information system）。即信息系统所存储、传输和处理的信息的保密性、完整性和可用性的表征。

2. 信息系统通用安全技术（common security technology of information system）。即实现各种类型的信息系统安全所普遍适用的安全技术。

3. 信息系统安全子系统（security subsystem of information system，SSOIS）。即信息系统内安全保护装置的总称，包括硬件、固件、软件和负责执行安全策略的组合体。它建立了一个基本的信息系统安全保护环境，并提供安全信息系统所要求的附加用户服务。按照《等级划分准则》对可信计算基（TCB）的定义，SSOIS 就是信息系统的 TCB。

4. 安全要素（security element）。即《信安技术要求》中的安全功能技术要求和安全保证技术要求所包含的安全内容的组成成分。

5. 安全功能策略（security function policy，SFP）。即为实现 SSOIS 安全要素要求的功能所采用的安全策略。

6. 安全功能（security function）。即为实现安全要素的要求，正确实施相应安全功能策略所提供的功能。

7. 安全保证（security assurance）。即为确保安全要素的安全功能达到要求的安全性目标所采取的方法和措施。

8. SSOIS 安全策略（SSOIS security policy，SSP）。即对 SSOIS 中的资源进行管理、保护和分配的一组规则。一个 SSOIS 中可以有一个或多个安全策略。

9. SSOIS 安全功能（SSOIS security function，SSF）。即正确实施 SSOIS 安全策略的全部硬件、固件、软件所提供的功能。每一个安全策略的实现，组成一个 SSOIS 安全功能模块。一个 SSOIS 的所有安全功能模块共同组成该 SSOIS 的安全功能。

10. SSF 控制范围（SSF scope of control，SSC）。即 SSOIS 的操作所涉及的主体和客体的范围。

11. 用户标识（user identification）。用户标识用来标明用户的身份，确保用户在系统中的唯一性和可辨认性。一般以用户名称和用户标识符（UID）来标明系统中的用户。用户名称和用户标识符都是公开的明码信息。

12. 用户鉴别（user authentication）。即用特定信息对用户身份的真实性进行确认。用于鉴别的信息一般是非公开的、难以仿造的。

13. 安全属性（security attribute）。即用于实施安全策略，与主体、客体相关的信息。对于自主访问控制，安全属性包括确定主、客体访问关系的相关信息；对于采用多级安全策略模型的强制访问控制，安全属性包括主、客体的标识信息和安全标记信息。

14. 自主访问控制（discretionary access control）。即 由客体的所有者主体自主地规定其所拥有客体的访问权限的方法。有访问权限的主体能按授权方式对指定客体实施访问，并能根据授权，对访问权限进行转移。

15. 强制访问控制（mandatory access control）。即 由系统根据主、客体所包含的敏感标记，按照确定的规则，决定主体对客体访问权限的方法。有访问权限的主体能按授权方式对指定客体实施访问。敏感标记由系统安全员或系统自动地按照确定的规则进行设置和维护。

三、《信息安全技术 信息系统通用安全技术要求》的主要内容

（一）安全功能技术要求

安全功能技术要求包括物理安全、运行安全、数据安全三个方面。具体要求如下表所示。

表 1　安全功能技术要求

物理安全	环境安全、设备安全 、记录介质安全
运行安全	风险分析、信息系统安全性检测分析、信息系统安全监控、安全审计、信息系统边界安全防护、备份与故障恢复、恶意代码防护、信息系统的应急处理、可信计算和可信连接技术
数据安全	身份鉴别、抗抵赖、自主访问控制、标记、强制访问控制、用户数据完整性保护、用户数据保密性保护、数据流控制、可信路径、密码支持

（二）安全保证技术要求

安全保证技术要求包括 SSOIS 自身安全保护、SSOIS 设计和实现、SSOIS 安全管理

三个方面。具体要求如下表所示。

表 2　安全保证技术要求

SSOIS 自身安全保护	SSF 物理安全保护、SSF 运行安全保护、SSF 数据安全保护、SSOIS 资源利用、SSOIS 访问控制
SSOIS 设计和实现	配置管理、分发和操作、开发、文档要求、生存周期支持、测试 、脆弱性评定
SSOIS 安全管理	SSF 功能的管理、安全属性的管理、SSF 数据的管理、安全角色的定义与管理、SSOIS 安全机制的集中管理

(三) 信息系统安全技术分等级要求

信息系统安全技术分等级要求包括五级，它们分别是第一级用户自主保护级、第二级系统审计保护级、第三级安全标记保护级、第四级结构化保护级、第五级访问验证保护级。具体要求如下表所示。

表 3　信息系统安全技术分等级要求

等级	保护级	保护内容
第一级	用户自主保护级	物理安全、运行安全、数据安全、SSOIS 自身安全保护、SSOIS 设计和实现、SSOIS 安全管理
第二级	系统审计保护级	
第三级	安全标记保护级	
第四级	结构化保护级	
第五级	访问验证保护级	

思考练习

问题：简述信息安全技术等级和信息系统安全等级的区别与联系。

参考答案

拓展学习

拓展学习

学习单元五　《信息安全技术 网络安全等级保护基本要求》（GB/T 22239-2019）

学习目的

1. 了解《信息安全技术 网络安全等级保护基本要求》（GB/T 22239-2019）的概念、术语和定义。

2. 掌握《信息安全技术 网络安全等级保护基本要求》（GB/T 22239-2019）主要内容。

知识要点

一、《信息安全技术 网络安全等级保护基本要求》概述

《信息安全技术 网络安全等级保护基本要求》（GB/T 22239-2019）（简称《网安保护要求》）由中华人民共和国国家质量监督检验检疫总局、中国国家标准化管理委员会于 2019 年 5 月 10 日发布，2019 年 12 月 1 日实施。

《网安保护要求》规定了网络安全等级保护的第一级到第四级等级保护对象的安全通用要求和安全扩展要求。《网安保护要求》适用于指导分等级的非涉密对象的安全建设和监督管理。对第五级等级保护对象的安全要求不在本标准中描述。

《网安保护要求》是推荐性国家标准，代替《信息安全技术 信息系统安全等级保护基本要求》(GB/T 22239-2008)，主要变化如下：

1. 标准名称变更为《信息安全技术 网络安全等级保护基本要求》；

2. 调整分类为安全物理环境、安全通信网络 、安全区域边界、安全计算环境、安全管理中心、安全管理制度、安全管理机构、安全管理人员、安全建设管理、安全运维管理；

3. 调整各个级别的安全要求为安全通用要求、云计算安全扩展要求、移动互联安全扩展要求、物联网安全扩展要求和工业控制系统安全扩展要求。

二、《信息安全技术 网络安全等级保护基本要求》的术语和定义

1. 网络安全（cybersecurity）。即通过采取必要措施，防范对网络的攻击、侵入、干扰、破坏和非法使用以及意外事故，使网络处于稳定可靠运行的状态，以及保障网络数据的完整性、保密性、可用性的能力。

2. 安全保护能力（security protection ability）。即能够抵御威胁、发现安全事件以及在遭到损害后能够恢复先前状态等的程度。

3. 云计算（cloud computing）。即通过网络访问可扩展的、灵活的物理或虚拟共享资源池，并按需自助获取和管理资源的模式。其中资源实例包括服务器、操作系统、网络、软件、应用和存储设备等。

4. 云服务商（cloud service provider）。即云计算服务的供应方。其中云服务商管理、运营、支撑云计算的计算基础设施及软件，通过网络交付云计算的资源。

5. 云服务客户（cloud service customer）。即为使用云计算服务同云服务商建立业务关系的参与方。

6. 云计算平台/系统（cloud computing platform/system）。即云服务商提供的云计算基础设施及其上的服务软件的集合。

7. 虚拟机监视器（hypervisor）。即运行在基础物理服务器和操作系统之间的中间软件层，可允许多个操作系统和应用共享硬件。

8. 宿主机（host machine）。即运行虚拟机监视器的物理服务器。

9. 移动互联（mobile communication）。即采用无线通信技术将移动终端接入有线网络的过程。

10. 移动终端（mobile device）。即在移动业务中使用的终端设备，包括智能手机、平板电脑、个人电脑等通用终端和专用终端设备。

11. 无线接入设备（wireless access device）。即采用无线通信技术将移动终端接入有线网络的通信设备。

12. 无线接入网关（wireless access gateway）。即部署在无线网络与有线网络之间，对有线网络进行安全防护的设备。

13. 移动应用软件（mobile application）。即针对移动终端开发的应用软件。

14. 移动终端管理系统（mobile device management system）。即用于进行移动终端设备管理、应用管理和内容管理的专用软件，包括客户端软件和服务端软件。

15. 物联网（internet of things，IoT）。即将感知节点设备通过互联网等网络连接起来构成的系统。

16. 感知节点设备（sensor node）。即对物或环境进行信息采集和/或执行操作，并能联网进行通信的装置。

17. 感知网关节点设备（sensor layer gateway）。即将感知节点所采集的数据进行汇总、适当处理或数据融合，并进行转发的装置。

18. 工业控制系统（industrial control system，ICS）。工业控制系统是一个通用术语，它包括多种工业生产中使用的控制系统，包括监控和数据采集系统（SCADA）、分布式控制系统（DCS）和其他较小的控制系统，如可编程逻辑控制器（PLC），现已广泛应用在工业部门和关键基础设施中。

三、《信息安全技术 网络安全等级保护基本要求》的缩略语

AP	无线访问接入点	Wireless Access Point
CPU	中央处理器	Central Processing Unit
DCS	集散控制系统	Distributed Control System
DDoS	拒绝服务	Distributed Denial of Service
ERP	企业资源计划	Enterprise Resource Planning
FTP	文件传输协议	File Transfer Protocol
HMI	人机界面	Human Machine Interface

续表

IaaS	基础设施即服务	Infrastructure-as-a-Service
ICS	工业控制系统	Industrial Control System
IoT	物联网	Internet of Things
IP	互联网协议	Internet Protocol
IT	信息技术	Information Technology
MES	制造执行系统	Manufactoring Execution System
PaaS	平台即服务	Platform-as-a-Service
PLC	可编程逻辑控制器	Programmable Logic Controller
RFID	射频识别	Radio Frequency Identification
SaaS	软件即服务	Software-as-a-Service
SCADA	数据采集与监视控制系统	Supervisory Control And Data Acquisition system
SSID	服务集标识	Service Set Identifier
TCB	可信计算基	Trusted Computing Base
USB	通用串行总线	Universal Serial Bus
WEP	有线等效加密	Wired Equivalent Privacy
WPS	WiFi 保护设置	WiFi Protected Setup

四、《信息安全技术 网络安全等级保护基本要求》的主要内容

（一）等级保护对象

等级保护对象是指网络安全等级保护工作中的对象，通常是指由计算机或者其他信息终端及相关设备组成的按照一定的规则和程序对信息进行收集、存储、传输、交换、处理的系统，主要包括基础信息网络、云计算平台/系统、大数据应用/平台/资源、物联网、工业控制系统和采用移动互联技术的系统等。等级保护对象根据其在国家安全、经济建设、社会生活中的重要程度，遭到破坏后对国家安全、社会秩序、公共利益以及公民、法人和其他组织的合法权益的危害程度等，由低到高被划分为五个安全保护等级。保护对象的安全保护等级确定方法见《信息安全技术 网络安全等级保护定级指南》。

（二）不同级别的安全保护能力

不同级别的等级保护对象应具备的基本安全保护能力如下。

第一级安全保护能力：应能够防护免受来自个人的、拥有很少资源的威胁源发起的恶意攻击、一般的自然灾难，以及其他相当危害程度的威胁所造成的关键资源损害，在自身遭到损害后，能够恢复部分功能。

第二级安全保护能力：应能够防护免受来自外部小型组织的、拥有少量资源的威

胁源发起的恶意攻击、一般的自然灾难，以及其他相当危害程度的威胁所造成的重要资源损害，能够发现重要的安全漏洞和处置安全事件，在自身遭到损害后，能够在一段时间内恢复部分功能。

第三级安全保护能力：应能够在统一安全策略下防护免受来自外部有组织的团体、拥有较为丰富资源的威胁源发起的恶意攻击、较为严重的自然灾难，以及其他相当危害程度的威胁所造成的主要资源损害，能够及时发现、监测攻击行为和处置安全事件，在自身遭到损害后，能够较快恢复绝大部分功能。

第四级安全保护能力：应能够在统一安全策略下防护免受来自国家级别的、敌对组织的、拥有丰富资源的威胁源发起的恶意攻击、严重的自然灾难，以及其他相当危害程度的威胁所造成的资源损害，能够及时发现、监测发现攻击行为和安全事件，在自身遭到损害后，能够迅速恢复所有功能。

第五级安全保护能力：最高级别的安全防护标准。

（三）安全通用要求和安全扩展要求

由于业务目标的不同、使用技术的不同、应用场景的不同等因素，不同的等级保护对象会以不同的形态出现，表现形式包括基础信息网络、信息系统（包含采用移动互联等技术的系统）、云计算平台/系统、大数据平台/系统、物联网、工业控制系统等。形态不同的等级保护对象面临的威胁有所不同，安全保护需求也会有所差异。为了便于实现对不同级别的和不同形态的等级保护对象的共性化和个性化保护，等级保护要求分为安全通用要求和安全扩展要求。

安全通用要求针对共性化保护需求提出，等级保护对象无论以何种形式出现，必须根据安全保护等级实现相应级别的安全通用要求；安全扩展要求针对个性化保护需求提出，需要根据安全保护等级和使用的特定技术或特定的应用场景选择性实现安全扩展要求。安全通用要求和安全扩展要求共同构成了对等级保护对象的安全要求。

思考练习

问题：《网安保护要求》的等级保护对象是什么？

参考答案

拓展学习

拓展学习

学习单元六　《信息安全技术 网络安全等级保护定级指南》（GB/T 22240-2020）

学习目的

1. 了解《信息安全技术 网络安全等级保护定级指南》（GB/T 22240-2020）的概念、术语和定义。

2. 掌握《信息安全技术 网络安全等级保护定级指南》（GB/T 22240-2020）主要内容。

知识要点

一、《信息安全技术 网络安全等级保护定级指南》概述

《信息安全技术 网络安全等级保护定级指南》（GB/T 22240-2020）（简称《网安定级指南》），由国家市场监督管理总局、国家标准化管理委员会 2020 年 4 月 28 日发布，于 2020 年 11 月 1 日实施。

《网安定级指南》是推荐性国家标准，代替《信息安全技术 信息系统安全等级保护定级指南》（GB/T 22240-2008）。《网安定级指南》给出了非涉及国家秘密的等级保护对象的安全保护等级定级方法和定级流程，适用于指导网络运营者开展非涉及国家秘密的等级保护对象的定级工作。

二、《信息安全技术 网络安全等级保护定级指南》的术语和定义

《网安定级指南》与《信息安全技术 信息系统安全等级保护定级指南》（GB/T 22240-2008）相比，修改了等级保护对象、信息系统的定义，增加了网络安全、通信网络设施、数据资源的术语和定义。

1. 网络安全（cybersecurity）。即通过采取必要措施，防范对网络的攻击、侵入、干扰、破坏和非法使用以及意外事故，使网络处于稳定可靠运行的状态，以及保障网络数据的完整性、保密性、可用性的能力。

2. 等级保护对象（target of classified protection）。即网络安全等级保护工作直接作用的对象。等级保护对象主要包括信息系统、通信网络设施和数据资源等。

3. 信息系统（information system）。即应用、服务、信息技术资产或其他信息处理组件。信息系统通常由计算机或者其他信息终端及相关设备组成，并按照一定的应用

目标和规则进行信息处理或过程控制。

4. 通信网络设施（network infrastructure）。即为信息流通、网络运行等起基础支撑作用的网络设备设施。主要包括电信网、广播电视传输网和行业或单位的专用通信网等。

5. 数据资源（data resources）。即具有或预期具有价值的数据集合。数据资源多以电子形式存在。

三、《信息安全技术 网络安全等级保护定级指南》的定级原理及流程

（一）安全保护等级

等级保护对象的安全保护等级分为以下五级：

第一级，等级保护对象受到破坏后，会对公民、法人和其他组织的合法权益造成损害，但不损害国家安全、社会秩序和公共利益。

第二级，等级保护对象受到破坏后，会对公民、法人和其他组织的合法权益产生严重损害，或者对社会秩序和公共利益造成损害，但不损害国家安全。

第三级，等级保护对象受到破坏后，会对社会秩序和公共利益造成严重损害，或者对国家安全造成损害。

第四级，等级保护对象受到破坏后，会对社会秩序和公共利益造成特别严重损害，或者对国家安全造成严重损害。

第五级，等级保护对象受到破坏后，会对国家安全造成特别严重损害。

（二）定级要素

1. 等级保护对象的定级要素包括：

（1）受侵害的客体；

（2）对客体的侵害程度。

2. 受侵害的客体。等级保护对象受到破坏时所侵害的客体包括以下三个方面：

（1）公民、法人和其他组织的合法权益；

（2）社会秩序、公共利益；

（3）国家安全。

3. 对客体的侵害程度。等级保护对象受到破坏后对客体造成侵害的程度归结为以下三种：

（1）造成一般损害；

（2）造成严重损害；

（3）造成特别严重损害。

（三）定级要素与安全保护等级的关系

定级要素之中受侵害的客体和对客体的侵害程度与安全保护等级的关系，如表4所示。

表 4　定级要素与安全保护等级的关系

受侵害的客体	对客体的侵害程度		
	一般损害	严重损害	特别严重损害
公民、法人和其他组织的合法权益	第一级	第二级	第二级
社会秩序、公共利益	第二级	第三级	第四级
国家安全	第三级	第四级	第五级

通过定级要素与安全保护等级的关系表可以发现，公民、法人和其他组织的合法权益对客体的侵害程度在第一级、第二级，最高达到第二级；社会秩序、公共利益对客体的侵害程度在第二级、第三级、第四级，最高达到第四级；国家安全对客体的侵害程度在第三级、第四级、第五级，最高达到第五级。国家安全可能的侵害程度最高。

（四）定级流程

《网安定级指南》修改了定级流程。等级保护对象定级工作的一般流程，包括确定定级对象、初步确定等级、专家评审、主管部门核准、备案审核，如图 1 所示。

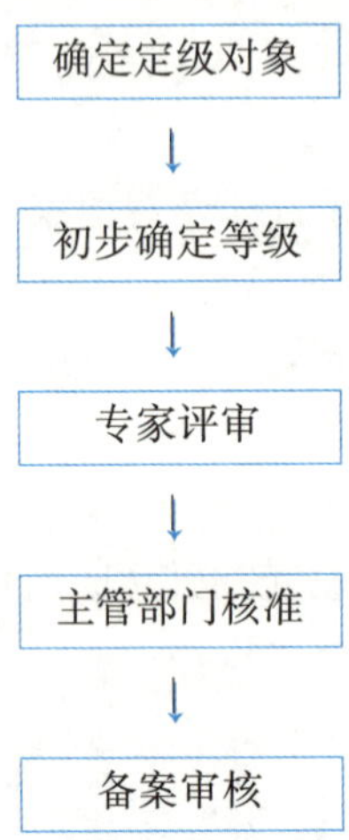

图 1　等级保护对象定级工作一般流程

四、《信息安全技术 网络安全等级保护定级指南》的确定定级对象

除了云计算平台/系统、物联网、工业控制系统、采用移动互联技术的系统等信息系统之外，增加了通信网络设施和数据资源的定级对象确定方法。

（一）通信网络设施

对于电信网、广播电视传输网等通信网络设施，宜根据安全责任主体、服务类型或服务地域等因素将其划分为不同的定级对象。

当安全责任主体相同时，跨省的行业或单位的专用通信网可作为一个整体定级对象；当安全责任主体不同时，需根据安全责任主体和服务区域划分为若干个定级对象。

（二）数据资源

数据资源可独立定级。当安全责任主体相同时，大数据、大数据平台/系统宜作为一个整体对象定级；当安全责任主体不同时，大数据应独立定级。

五、《信息安全技术 网络安全等级保护定级指南》的确定安全保护等级

《网安定级指南》增加了特定定级对象定级说明。

安全保护等级初步确定为第二级及以上的，定级对象的网络运营者需组织网络安全专家和业务专家对定级结果的合理性进行评审，并出具专家评审意见。有行业主管（监管）部门的，还需将定级结果报请行业主管（监管）部门核准，并出具核准意见。最后，网络运营者按照相关管理规定，将定级结果提交公安机关进行备案审核。审核不通过，其网络运营者需组织重新定级；审核通过后最终确定定级对象的安全保护等级。

对于通信网络设施、云计算平台/系统等定级对象，需根据其承载或将要承载的等级保护对象的重要程度确定其安全保护等级，原则上不低于其承载的等级保护对象的安全保护等级。

对于数据资源，综合考虑其规模、价值等因素，及其遭到破坏后对国家安全、社会秩序、公共利益以及公民、法人和其他组织的合法权益的侵害程度确定其安全保护等级。涉及大量公民个人信息以及为公民提供公共服务的大数据平台/系统，原则上其安全保护等级不低于第三级。

思考练习

问题：《网安定级指南》等级保护对象定级工作的一般流程包括哪些内容？

参考答案

拓展学习

拓展学习

学习单元七　《信息安全技术 关键信息基础设施安全保护要求》（GB/T 39204-2022）

学习目的

1. 了解《信息安全技术 关键信息基础设施安全保护要求》（GB/T 39204-2022）

的概念、术语和定义。

2. 掌握《信息安全技术 关键信息基础设施安全保护要求》(GB/T 39204-2022)主要内容。

知识要点

一、《信息安全技术 关键信息基础设施安全保护要求》概述

《信息安全技术 关键信息基础设施安全保护要求》(GB/T 39204-2022)(简称《关基保护要求》)由国家市场监督管理总局、国家标准化管理委员会2022年10月12日发布,于2023年5月1日实施。

《关基保护要求》是推荐性国家标准,是我国关键信息基础设施安全保护的总纲性标准,也是我国首个发布的关键信息基础设施安全保护标准,对指导我国关键信息基础设施安全保护工作,具有重大价值和深远意义。

2016年,国家标准化管理委员会联合印发《关于加强国家网络安全标准化工作的若干意见》,明确提出开展关键信息基础设施保护急需重点标准研制,全国信息安全标准化技术委员会组织开展了关键信息基础设施安全标准体系研究,提出关键信息基础设施安全标准体系框架和标准明细表,同时按照"急用先行"的原则开展了重点标准的研制。全国信息安全标准化技术委员会通过对《关键信息基础设施安全保护条例》进行标准化需求分析,围绕关键信息基础设施安全保障体系建设各维度,在已有国家网络安全标准的基础上,从关键信息基础设施的保护要求、控制措施、边界识别、保障指标、应急体系、检查评估,以及供应链安全、数据安全、信息共享、监测预警等方面系统推进标准研制工作,共同构建科学性、系统性、实用性的标准体系框架,用标准筑牢关键信息基础设施安全保障体系建设的基础。

二、《信息安全技术 关键信息基础设施安全保护要求》的主要内容

为落实《网络安全法》《关键信息基础设施安全保护条例》关于保护关键信息基础设施运行安全的要求,在国家网络安全等级保护制度基础上,借鉴我国相关部门在重要行业和领域开展网络安全保护工作的成熟经验,吸纳国内外在关键信息基础设施安全保护方面的举措,结合我国现有网络安全保障体系等成果,从分析识别、安全防护、检测评估、监测预警、主动防御、事件处置等方面,提出关键信息基础设施安全保护要求,采取必要措施保护关键信息基础设施业务连续运行,及其重要数据不受破坏,切实加强关键信息基础设施安全保护。

(一)适用范围

《关基保护要求》是我国关键信息基础设施安全保护的总纲性标准,本标准在国家网络安全等级保护制度基础上,借鉴我国相关部门在重要行业和领域开展网络安全保护工作的成熟经验,吸纳国内外在关键信息基础设施安全保护方面的举措,结合我国现有网络安全保障体系等成果,从分析识别、安全防护、检测评估、监测预警、主动防御、事件处置等方面,提出关键信息基础设施安全保护要求,采取必要措施保护关键信息基础设施业务连续运行,及其重要数据不受破坏,切实加强关键信息基础设施安全保护。

《关基保护要求》提出了关键信息基础设施分析识别、安全防护、检测评估、监测预警、主动防御、事件处置等方面的安全控制措施，适用于指导运营者对关键信息基础设施进行全生存周期安全保护，也可供关键信息基础设施安全保护的其他相关方参考使用。

（二）术语和定义

1. 关键信息基础设施（critical information infrastructure）。包括公共通信和信息服务、能源、交通、水利、金融、公共服务、电子政务、国防科技工业等重要行业和领域，以及其他一旦遭到破坏、丧失功能或者数据泄露，可能严重危害国家安全、国计民生、公共利益的重要网络设施、信息系统等。

2. 供应链（supply chain）。即将多个资源和过程联系在一起，并根据服务协议或其他采购协议建立连续供应关系的组织系列。其中每一组织充当需方、供方或双重角色。

3. 关键业务链（critical business chain）。即组织的一个或多个相互关联的业务构成的关键业务流程。

（三）基本原则

《关基保护要求》提出，关键信息基础设施安全保护应在网络安全等级保护制度基础上，实行重点保护，同时应遵循三个基本原则：

1. 以关键业务为核心的整体防控。关键信息基础设施安全保护以保护关键业务为目标，对业务所涉及的一个或多个网络和信息系统进行体系化安全设计，构建整体安全防控体系。

2. 以风险管理为导向的动态防护。根据关键信息基础设施所面临的安全威胁态势进行持续监测和安全控制措施的动态调整，形成动态的安全防护机制，及时有效地防范应对安全风险。

3. 以信息共享为基础的协同联防。积极构建相关方广泛参与的信息共享、协同联动的共同防护机制，提升关键信息基础设施应对大规模网络攻击能力。

（四）主要内容及活动

关键信息基础设施安全保护包括分析识别、安全防护、检测评估、监测预警、主动防御、事件处置六个方面。

1. 分析识别：围绕关键信息基础设施承载的关键业务，开展业务依赖性识别、关键资产识别、风险识别等活动。本活动是开展安全防护、检测评估、监测预警、主动防御、事件处置等活动的基础。

2. 安全防护：根据已识别的关键业务、资产、安全风险，在安全管理制度、安全管理机构、安全管理人员、安全通信网络、安全计算环境、安全建设管理、安全运维管理等方面实施安全管理和技术保护措施，确保关键信息基础设施的运行安全。

3. 检测评估：为检验安全防护措施的有效性，发现网络安全风险隐患，应建立相应的检测评估制度，确定检测评估的流程及内容等，开展安全检测与风险隐患评估，分析潜在安全风险可能引发的安全事件。

4. 监测预警：建立并实施网络安全监测预警和信息通报制度，针对发生的网络安全事件或发现的网络安全威胁，提前或及时发出安全警示。建立威胁情报和信息共享机制，落实相关措施，提高主动发现攻击能力。

5. 主动防御：以应对攻击行为的监测发现为基础，主动采取收敛暴露面、捕获、溯源、干扰和阻断等措施，开展攻防演习和威胁情报工作，提升对网络威胁与攻击行为的识别、分析和主动防御能力。

6. 事件处置：运营者对网络安全事件进行报告和处置，并采取适当的应对措施，恢复由于网络安全事件而受损的功能或服务。

（五）主动防御

1. 收敛暴露面。收敛暴露面要求包括：

（1）应识别和减少互联网和内网资产的互联网协议地址、端口、应用服务等暴露面，压缩互联网出口数量。

（2）应减少对外暴露组织架构、邮箱账号、组织通信录等内部信息，防范社会工程学攻击。

（3）不应在公共存储空间（如代码托管平台、文库、网盘等云平台或云服务）存储可能被攻击者利用的技术文档（如网络拓扑图、源代码、互联网协议地址规划、核心技术文档等）。

2. 攻击发现和阻断。攻击发现和阻断要求包括：

（1）应分析网络攻击的方法、手段，针对拒绝服务攻击等各类攻击，采取有针对性的防护策略和技术措施，制定总体技术应对方案。

（2）应针对监测发现的攻击活动，分析攻击路线、攻击目标，设置多道防线，采取捕获、干扰、阻断、封控、加固等多种技术手段、切断攻击路径，快速处置网络攻击。

（3）应及时对网络攻击活动开展溯源取证，对攻击者进行画像，为案件侦查、事件调查、完善防护策略和措施提供支持。

（4）应系统全面地分析网络攻击意图、技术与过程，进行关联分析与还原，并以此改进安全保护策略，并加以落实。

3. 攻防演练。攻防演练要求包括：

（1）应围绕关键业务的可持续运行设定演练场景，定期组织开展攻防演练，关键信息基础设施跨组织、跨地域运行的，组织或参加实网攻防演练。在不适合开展实网攻防演练场景下，采取沙盘推演的方式进行攻防演练。

（2）应将关键信息基础设施核心供应链、紧密上下游产业链等业务相关单位纳入演练范畴。

（3）应针对攻防演练中发现的安全问题及风险进行及时整改，消除结构性、全局性风险。

4. 威胁情报。威胁情报要求包括：

（1）应建立本部门、本单位网络威胁情报共享机制，组织联动上下级单位，开展威胁情报搜集、加工、共享、处置。

（2）应建立外部协同网络威胁情报共享机制，与权威网络威胁情报机构开展协同联动，实现跨行业领域网络安全联防联控。

拓展学习

拓展学习

学习单元八　信息安全国际标准

学习目的

1. 了解信息安全国际标准组织的相关内涵。
2. 掌握 ISO/IEC 信息安全相关国际标准的主要内容。

知识要点

一、信息安全国际标准组织

国际标准体系是一套被广泛接受和采用的标准组织结构，为各个行业和领域提供了一种共同的框架和基准，提高产品和服务的质量，促进技术创新和发展。国际标准体系主要的制定、领导和管理组织是 ISO/IEC。

（一）ISO

ISO（International Organization for Standardization，国际标准化组织）成立于 1947 年 2 月 23 日，是制定全世界工商业国际标准的国际标准建立机构。ISO 总部设于瑞士日内瓦，现有 165 个会员国。该组织定义为非政府组织，官方语言是英语、法语和俄语。参加者包括各会员国的国家标准机构和主要公司。ISO 与负责电子设备标准的 IEC 密切合作。

（二）IEC

IEC（International Electrotechnical Commission，国际电工委员会）是世界上最早的国际标准化组织，主要负责有关电气工程和电子工程领域中的国际标准化工作。

1906 年 6 月 26 日，来自 12 个国家的代表在比利时布鲁塞尔举行了会议，正式成立了 IEC。目前有超过 130 个国家参与国际电工委员会，其中 67 个国家是成员，另外 69 个国家则是以非正式成员的身份加入其分支机构。国际电工委员会的总部最初位于伦敦，1948 年搬到了瑞士日内瓦。

（三）IEEE

IEEE（Institute of Electrical and Electronics Engineers，电气电子工程师学会）是一个于 1963 年 1 月 1 日建立的国际性电子技术与电子工程师协会，亦是世界上最大的专业技术组织之一，拥有来自 175 个国家的 42 万会员。目前 IEEE 在工业界所定义的标准有着极大的影响。

除设立于美国纽约市的总部以外，IEEE 亦在全球 150 多个国家拥有分会，并且还有 35 个专业学会及 2 个联合会。其每年均会发表多种杂志、学报、书籍，亦举办至少 300 次的专业会议。

（四）CEN

CEN（欧洲标准委员会，Comité Européen de Normalisation）是一个公共标准组织，其使命为透过提供有效的基建与研发、维护和发表一致标准和规范的相关人员和机构，以促进环球贸易中欧洲单一市场乃至整个欧洲大陆经济。

CEN 成立于 1961 年，其 34 成员国共同在各范畴中制定欧洲标准（EN），以建立商品和服务的欧洲共同市场，并使欧洲在全球经济中定位。CEN 被欧盟、欧洲自由贸易联盟和英国正式认可为欧洲的标准机构；其他欧洲的官方标准机构包括欧洲电工技术标准委员会（CENELEC）和欧洲电信标准协会（ETSI）。

（五）ANSI

ANSI（American National Standards Institute，美国国家标准学会）是负责制定美国国家标准的非营利组织。美国国家标准学会授权标准起草机构按照一系列规范编写标准草案。由此产生的候选文献通过 ANSI 审核批准后成为美国国家标准。美国国家标准学会是国际标准化组织和国际电工委员会的成员。

美国五家行业标准学会于 1918 年 10 月 19 日成立 AESC（美国工程标准委员会），1928 年改为 ASA（美国标准协会）。1966 年 8 月改组为 USASI（美利坚合众国标准组织）。1969 年 10 月 6 日改为 ANSI（美国国家标准学会）。

二、ISO/IEC 信息安全相关国际标准

ISO/IEC 是国际标准化组织（ISO）与国际电工委员会（IEC）的合作机构，致力于制定和推广各种标准，包括信息安全标准。信息安全标准旨在帮助组织和个人确保其信息资产的机密性、完整性和可用性，以及确保信息处理活动的合法性、合规性和有效性。

随着人们对微处理器的安全性提出质疑，以及欧盟的通用数据保护条例等重大网络安全举措于 2018 年生效，新版 ISO/IEC 27000 系列标准适时推出。

ISO/IEC 27000 系列标准（ISO/IEC 27000 family Information security management，信息安全管理系统标准族）中有十几个标准。ISO/IEC 27000 系列标准提供了对标准如何配合的理解：包括它们的范围、角色、功能以及相互关系。

为了规范电子数据取证工作，近年来，ISO/IEC JTC 1（1 号技术联合委员会）下属的 SC27（27 号委员会）编制了一系列电子数据取证相关标准，并将该领域的系列标准归入了 ISO/IEC 27000 系列标准。

我国部分企业也都通过相关标准认证。例如：中国电信的小翼管家已经通过 ISO/IEC 27018-2019、ISO/IEC 27001：2013 信息安全管理体系认证。

需要注意的是：ISO/IEC 的国际标准以数字表示，如“ISO/IEC 27002：2022”的“27002”是标准号码，“2022”是出版年份。

ISO/IEC 制定的常见信息安全标准包括：

1. ISO/IEC 27000：2018（Information technology-Security techniques-Information security management systems-Overvies and Vocabulary）《信息技术—安全技术—信息安全管理体系概述和术语》。

ISO/IEC 27000：2018 概述了信息安全管理体系（ISMS）以及 ISO/IEC 27001 标准系列中常用的术语和定义。该标准旨在适用于从跨国企业到中小企业的所有类型和规模的组织，它于 2018 年 2 月发布，是现行标准，对政府机构或非盈利组织具有同样的价值。

ISO/IEC 27000：2018，提供了 ISMS 标准族中所涉及的通用术语及基本原则，是 ISMS 标准族中最基础的标准之一，该标准用于协调 ISMS 标准族中不同标准之间术语的协调和统一。

2. ISO/IEC 27001：2022（Information security，cybersecurity and privacy protection—Information security management systems—Requirements）《信息安全、网络安全和隐私保护—信息安全管理体系—要求》。

ISO/IEC 27001：2022 规定了在组织范围内建立、实施、维护和持续改进信息安全管理系统的要求，旨在帮助组织保护其信息资产的机密性、完整性和可用性。

该标准提供了一个综合性框架，使组织能够根据其特定的信息安全需求和风险制定适当的措施和流程。标准包括范围确定、风险评估和管理、控制措施、监控和持续改进、合规性等关键要素。

ISO/IEC 27001：2022 标准的实施能够帮助组织建立一个系统化、持续改进的信息安全管理体系，有助于提高组织对信息安全风险的管理能力，增强信息资产的保护能力，提升组织的可信度和竞争力。

3. ISO/IEC 27002：2022（Information security，cybersecurity and privacy protection—Information security controls）《信息安全、网络安全和隐私保护—信息安全控制》。

ISO/IEC 27002：2022 从信息安全的诸多方面，总结了一百多项信息安全控制措施，不仅提供了一个全面的信息安全控制框架，还为组织提供了实施信息安全管理体系的最佳实践和指南。这有助于组织保护其信息资产，提高信息安全管理的有效性和效率。

ISO/IEC 27002：2022 从什么是信息安全、为什么需要信息安全、如何建立安全要求和选择控制等问题入手，循序渐进从 11 个方面提出了 39 个信息安全控制目标和 133 个控制措施。每一个具体控制措施，ISO/IEC 27002：2022 还给出了详细的实施方面的信息，以方便使用标准的用户使用。

4. ISO/IEC 27005：2022（Information security，cybersecurity and privacy protection—Guidance on managing information security risks）《信息安全、网络安全和隐私保护—管理信息安全风险的指南》。

ISO/IEC 27005：2022 提供了一套指导原则和方法，用于帮助组织识别、评估和应对信息安全风险。该标准旨在为组织建立和维护一个系统化的信息安全风险管理流程，以确保信息资产得到充分保护，并最大程度地降低信息安全风险对组织的影响。

ISO/IEC 27005：2022 标准主要包括风险管理框架、风险评估、风险评估、风险应对、监控和审查等内容。

ISO/IEC 27005：2022 标准的实施能够帮助组织建立一个系统化、持续改进的信息安全风险管理流程，有助于识别和评估潜在的信息安全风险，并采取适当的措施加以管理。通过有效的信息安全风险管理，组织可以更好地保护其信息资产，提高其抵御信息安全威胁的能力。

5. ISO/IEC 27018：2019（Information technology—Security techniques—Code of practice for protection of personally identifiable information（PII）in public clouds acting as PII processors）《信息技术—安全技术—在执行个人身份信息 PII 处理的公共云中保护个人身份信息（PII）的行为准则》。

ISO/IEC 27018：2019 又被称为云隐保护认证，是为实施保护个人识别信息（PII）的措施确立了公认的控制目标、控制措施和指南。

ISO/IEC 27018：2019 主要针对云服务商对云中个人数据的安全防护的国际标准认证，旨在为云个人身份信息处理者提供一套实务守则，以保护公共云中的个人身份信息（PII）不受侵犯，是目前国际上最权威、最严格、也是最被广泛接受和应用的信息安全体系认证。

思考练习

问题：ISO/IEC 27002：2022 的主要内容是什么？

参考答案

拓展学习

拓展学习

思政园地

标准是经济活动和社会发展的技术支撑，是国家治理体系和治理能力现代化的基础性制度。[1]

以习近平新时代中国特色社会主义思想为指导，深入贯彻党的十九大和十九届二中、三中、四中、五中全会精神，按照统筹推进"五位一体"总体布局和协调推进"四个全面"战略布局要求，坚持以人民为中心的发展思想，立足新发展阶段、贯彻新发展理念、构建新发展格局，优化标准化治理结构，增强标准化治理效能，提升标准国际化水平，加快构建推动高质量发展的标准体系，助力高技术创新，促进高水平开放，引领高质量发展，为全面建成社会主义现代化强国、实现中华民族伟大复兴的中国梦提供有力支撑。

2024 年 3 月 18 日，市场监管总局会同中央网信办、国家发展改革委等 18 部门联合印发《贯彻实施〈国家标准化发展纲要〉行动计划（2024—2025 年）》（以下简称《行动计划》），就 2024 年至 2025 年贯彻实施《国家标准化发展纲要》（以下简称《纲要》）提出具体任务，要求各地区各部门结合实际认真贯彻落实。

2021 年，党中央、国务院印发《纲要》，为服务经济社会高质量发展和推进标准化自身发展提供了根本遵循。目前《纲要》提出的 2025 年四方面发展目标均已取得积极进展，为继续扎实推动《纲要》深入实施，制定了第二轮行动计划。本轮《行动计划》锚定 2025 年发展目标，紧扣《纲要》对"十四五"时期标准化发展的总体部署，以重点工作为牵引，由点及面推动《纲要》贯彻实施向纵深推进。

《行动计划》采用重点任务逐一列条的方式，结构安排上与《纲要》框架内容相对应，分三个板块，共三十五条。第一板块围绕标准化服务发展，从加强标准化与科技创新互动、提升现代化产业标准化水平、完善绿色发展标准化保障、推进城乡建设和社会建设标准化发展、实施标准国际化跃升工程等方面提出了强化关键技术领域标准攻关、推动产品和服务消费标准升级、加快产业创新标准引领、健全碳达峰碳中和标准体系、实施乡村振兴标准化行动、健全稳步扩大标准制度型开放机制等重点任务。第二板块围绕标准化自身发展，从深化标准化改革创新、夯实标准化发展基础两方面，提出了提升标准供给质量、加强标准试验验证、强化标准化技术机构支撑、加强多层次标准化人才队伍建设等任务要求。第三板块是组织实施，从加强组织领导、加强政策支持等方面提出具体措施。[2]

模块小结

标准是经济活动和社会发展的技术支撑，是国家基础性制度的重要方面。标准化在推进国家治理体系和治理能力现代化中发挥着基础性、引领性作用。新时代推动高质量发展、全面建设社会主义现代化国家，迫切需要进一步加强标准化工作。

本模块阐述了信息安全相关标准要求，明确了信息安全标准主要内容，分析信息

---

〔1〕《中共中央 国务院印发〈国家标准化发展纲要〉》，载中华人民共和国中央人民政府网，https：//www. gov. cn/zhengce/2021-10/10/content_5641727. htm，最后访问日期：2025 年 1 月 8 日。

〔2〕"十八部门联合印发《贯彻实施〈国家标准化发展纲要〉行动计划（2024—2025 年）》"，载国家市场监督管理总局网，https：//www. samr. gov. cn/xw/zj/art/2024/art_2e6bf0e38a7548289d9a5 36c3deb1073. html，最后访问日期：2025 年 1 月 8 日。

安全标准相关典型案例。本模块主要介绍与信息安全技术相关的标准，这些标准主要有：

- 《计算机信息系统 安全保护等级划分准则》（GB 17859-1999）
- 《信息安全技术 信息系统安全管理要求》（GB/T 20269-2006）
- 《信息安全技术 信息系统通用安全技术要求》（GB/T 20271-2006）
- 《信息安全技术 网络安全等级保护定级指南》（GB/T 22240-2020）
- 《信息安全技术 网络安全等级保护基本要求》（GB/T 22239-2019）
- 《信息安全技术 关键信息基础设施安全保护要求》（GB/T 39204-2022）
- ISO/IEC 信息安全相关国际标准

拓展思考

1. 如何基于新标准形成安全解决方案？
2. 如何基于新标准开展等级保护测评？
3. 如何基于新标准找到开展网络安全等级保护工作的新思路和新方法。

参考文献

1. 陈忠文主编:《信息安全标准与法律法规》，武汉大学出版社 2017 年版。

2. 周世杰等编著:《信息安全标准与法律法规》，科学出版社 2012 年版。

3. 黄波、刘洋洋主编：《信息安全法律法规汇编与案例分析》，清华大学出版社 2012 年版。

4. 朱明编著:《信息安全法教程》，中国林业出版社 2005 年版。

5. 麦永浩、袁翔珠:《信息安全法教程》，武汉大学出版社 2003 年版。

6. 夏冰主编:《网络空间安全与关键信息基础设施安全》，电子工业出版社 2020 年版。

7. 夏冰主编:《网络安全法和网络安全等级保护 2.0》，电子工业出版社 2017 年版。

8. 程啸:《个人信息保护法理解与适用》，中国法制出版社 2021 年版。

9. 秦强编:《网络空间不是法外之地》，人民日报出版社 2020 年版。

10. 中国法制出版社编:《中华人民共和国公安法律法规全书：含规章及法律解释：2021 年版》，中国法制出版社 2021 年版。

11. 刘新宇编著:《中华人民共和国个人信息保护法重点解读与案例解析》，中国法制出版社 2021 年版。

12. 刘新宇编著:《数据保护：合规指引与规则解析》，中国法制出版社 2020 年版。

13. 最新法律文件解读丛书编选组编:《行政与执行法律文件解读：总第 184 辑》，人民法院出版社 2020 年版。

14. 韩菲主编:《新媒体运营：法律的规制与保护》，法律出版社 2022 年版。

15. 中国法制出版社编：《最新〈个人信息保护法〉100 问》，中国法制出版社 2021 年版。

16. 司法部编:《中华人民共和国新法规汇编 2020 第 7 辑（总第 281 辑）》，中国法制出版社 2020 年版。

17. 刘念:《基于社会工程学的攻击方法及其防范研究》，载《科学与财富》2020 年第 35 期。

18. 刘念、陈雪松、谈洪磊主编:《计算机网络攻击与防护（活页式）》，华中科技大学出版社 2023 年版。

19. 刘念、陈雪松、谈洪磊主编:《信息技术导论（活页式）》，华中科技大学出版社 2023 年版。

20. 赵彦、江虎、胡乾威编著：《互联网企业安全高级指南》，机械工业出版社2016年版。

21. ［美］Christopher Hadnagy：《社会工程：安全体系中的人性漏洞》，陆道宏、杜娟、邱璟译，人民邮电出版社2013年版。

22. ［美］米特尼克：《反欺骗的艺术——世界传奇黑客的经历分享》，潘爱民译，清华大学出版社2014年版。

23. 张剑主编：《网络安全意识提升》，电子科技大学出版社2017年版。

参考文献（网络文献）

1.《习近平：没有网络安全就没有国家安全》，载中华人民共和国国家互联网信息办公室网，http://www.cac.gov.cn/2018-12/27/c_1123907720.htm，最后访问日期：2025 年 1 月 8 日。

2.《习近平：没有网络安全就没有国家安全》，载求是网，http://www.qstheory.cn/zhuanqu/2021-10/10/c_1127943608.htm，最后访问日期：2025 年 1 月 8 日。

3.《习近平：互联网不是法外之地》，载 http://www.qstheory.cn/zhuanqu/2021-10/13/c_1127952040.htm，最后访问日期：2025 年 1 月 8 日。

4.《〈信息安全导论〉：引导学子守护网络安全"边疆"》，载 https://news.uestc.edu.cn/?n=UestcNews.Front.DocumentV2.ArticlePage&Id=78345，最后访问日期：2025 年 1 月 8 日。

5.《融入思想政治的网络空间安全前沿技术教学探索》，载 https://www.secrss.com/articles/13256，最后访问日期：2025 年 1 月 8 日。

6.《我国已组织制定网络安全国家标准 332 项》，载 http://cpc.people.com.cn/n1/2021/1028/c64387-32266677.html，最后访问日期：2025 年 1 月 8 日。

7.《计算机信息系统安全保护等级划分准则》，载 https://openstd.samr.gov.cn/bzgk/gb/newGbInfo?hcno=814B9ED6130F17C4B53EF6AA98BCD5A7，最后访问日期 2025 年 1 月 8 日。

8.《最全解读！等保 2.0 于 12 月 1 日正式实施（附原文）》，载 https://zhuanlan.zhihu.com/p/94855002，最后访问日期：2025 年 1 月 8 日。

9.《信息安全等级保护管理办法》，载 https://www.trs.gov.cn/zwgk/zfxxgkzl/fdzdgknr/zcwj/flfg/202208/t20220815_76094504.html，最后访问日期：2025 年 1 月 8 日。

10.《司法部法律法规规章》，载 http://www.moj.gov.cn/pub/sfbgw/flfggz/flfggzbmgz/，最后访问日期：2025 年 1 月 8 日。

11.《国家法律法规数据库》，载 https://flk.npc.gov.cn/index.html，最后访问日期：2025 年 1 月 8 日。

12.《司法部、网信办、工业和信息化部、公安部负责人就〈关键信息基础设施安全保护条例〉答记者问》，载 http://www.cac.gov.cn/2021-08/17/c_1630790666071035.htm，最后访问日期：2025 年 1 月 8 日。

13.《专家解读：〈关键信息基础设施安全保护条例〉的内容精要、基本原则与实施建议》，载 http://www.cac.gov.cn/2021-09/01/c_1632086525184906.htm，最后访问日期：

2025 年 1 月 8 日。

14.《俞克群:落实关键信息基础设施安全保护制度,筑牢国家网络安全屏障》,载 http://www.cac.gov.cn/2021-08/17/c_1630790667738045.htm,最后访问日期:2025 年 1 月 8 日。

15.《李克强签署国务院令公布〈关键信息基础设施安全保护条例〉》,载 https://www.gov.cn/premier/2021-08/17/content_5631710.htm,最后访问日期:2025 年 1 月 8 日。

16.《严厉打击危害关键信息基础设施安全违法犯罪活动》,载 http://legalinfo.moj.gov.cn/pub/sfbzhfx/zhfxfzzx/fzzxyw/202108/t20210825_435904.html,最后访问日期:2025 年 1 月 8 日。

17.《国务院政策吹风会:加强关键信息基础设施安全保护》,载 https://www.gov.cn/zhengce/2021-08/25/content_5633196.htm,最后访问日期:2025 年 1 月 8 日。

18.《专家解读:构建政企协同新机制,维护关键信息基础设施安全》,载 http://www.cac.gov.cn/2021-09/02/c_1632170524261200.htm,最后访问日期:2025 年 1 月 8 日。

19.《中华人民共和国国务院令第 588 号》,载 https://www.gov.cn/flfg/2011-01/17/content_1786304.htm,最后访问日期:2025 年 1 月 8 日。

20. 寿步:《技术保护,界限何在——从 KV300 软件逻辑炸弹案说起》,载 https://tech.sina.com.cn/it/e/2001-12-23/97046.shtml,最后访问日期:2025 年 1 月 8 日。

21. 寿步:《在正版软件中设置破坏性程序的案例——〈软件网络和知识产权——从实务到理论〉》,载 http://www.law-lib.com/flsz/sz_view.asp? no=1198,最后访问日期:2025 年 1 月 8 日。

22. 姜奇平:《技术保护措施的滥用和危害——〈我呼吁——入世后中国首次立法论战〉》,载 http://www.law-lib.com/flsz/sz_view.asp? no=1200,最后访问日期:2025 年 1 月 8 日。

23.《再再谈王某民硬盘逻辑炸弹(真正的逻辑锁)完结!》,载 https://www.52pojie.cn/thread-844097-1-1.html,最后访问日期:2025 年 1 月 8 日。

24.《逻辑炸弹攻击(Logic Bomb Attack)全解析:概念、危害、迹象、案例、防御》,载 https://www.51cto.com/article/718421.html,最后访问日期:2025 年 1 月 8 日。

25.《江某公司称:〈逻辑锁〉并非〈逻辑炸弹〉》,载光明数字报,https://epaper.gmw.cn/gmrb/html/1997-07/31/nw.D110000gmrb_1997 0731_1-05.htm,最后访问日期:2025 年 1 月 8 日。

26.《李强签署国务院令公布〈未成年人网络保护条例〉》,载 https://www.gov.cn/yaowen/liebiao/202310/content_6911333.htm,最后访问日期:2025 年 1 月 8 日。

27.《司法部、国家网信办有关负责人就〈未成年人网络保护条例〉答记者问》,载 http://www.moj.gov.cn/pub/sfbgw/zcjd/202310/t20231024_488321.html,最后访问日期:2025 年 1 月 8 日。

28.《〈网络安全审查办法〉答记者问》,载 http://www.cac.gov.cn/2022-01/04/c_1642894602460572.htm,最后访问日期:2025 年 1 月 8 日。

29.《专家解读:新版〈网络安全审查办法〉发布实施,重在压实平台运营者网络安全主体责任》,载 http://www.cac.gov.cn/2022-01/06/c_1643071 228899247.htm,最后访问日期:2025 年 1 月 8 日。

30.《专家解读:实施赴国外上市网络安全审查,保障国家安全》,http://www.cac.gov.cn/2022-01/07/c_1643156531667098.htm,最后访问日期:2025 年 1 月 8 日。

31.《新修订的〈网络安全审查办法〉为网络安全做"加法"》,载 http://www.cac.gov.cn/2022-02/16/c_1646636868663639.htm,最后访问日期:2025 年 1 月 8 日。

32.《网络安全审查办公室关于对"滴某出行"启动网络安全审查的公告》,载 http://www.cac.gov.cn/2021-07/02/c_1626811521011934.htm,最后访问日期:2025 年 1 月 8 日。

33.《关于下架"滴某出行"App 的通报》,载 http://www.cac.gov.cn/2021-07/04/c_1627016782176163.htm,最后访问日期:2025 年 1 月 8 日。

34.《关于下架"滴某企业版"等 25 款 App 的通报》,载 http://www.cac.gov.cn/2021-07/09/c_1627415870012872.htm,最后访问日期:2025 年 1 月 8 日。

35.《国家互联网信息办公室等七部门进驻滴某出行科技有限公司开展网络安全审查》,载 http://www.cac.gov.cn/2021-07/16/c_1628023601191804.htm,最后访问日期:2025 年 1 月 8 日。

36.《网络安全审查办公室关于对"运满满""货车帮""BOSS 直聘"启动网络安全审查的公告》,载 http://www.cac.gov.cn/2021-07/05/c_16270713 28950274.htm,最后访问日期:2025 年 1 月 8 日。

37.《BOSS 直聘、满帮集团回应被审查,专家:数据安全执法成为新常态》,载 https://www.guancha.cn/ChanJing/2021_07_05_597037.shtml,最后访问日期:2025 年 1 月 8 日。

38.《网络安全审查办法》,载 http://www.cac.gov.cn/2022-01/04/c_164289460218 2845.htm,最后访问日期:2025 年 1 月 8 日。

39.《国家互联网信息办公室对知网(CNKI)依法作出网络安全审查相关行政处罚》,载 http://www.cac.gov.cn/2023-09/06/c_1695654024248502.htm,最后访问日期:2025 年 1 月 8 日。

40.《网络安全审查办公室对某网启动网络安全审查》,载 http://www.cac.gov.cn/2022-06/24/c_1657686783575480.htm,最后访问日期:2025 年 1 月 8 日。

41.《国家互联网信息办公室有关负责人就对滴某全球股份有限公司依法作出网络安全审查相关行政处罚的决定答记者问》,载 http://www.cac.gov.cn/2022-07/21/c_1660021534364976.htm,最后访问日期:2025 年 1 月 8 日。

42.《〈数据出境安全评估办法〉答记者问》,载 http://www.cac.gov.cn/2022-07/07/c_1658811536800962.htm,最后访问日期:2025 年 1 月 8 日。

43.《网络安全等级保护 2.0 标准解读》,载 https://www.mps.gov.cn/n6557563/c7369073/content.html,最后访问日期:2025 年 1 月 8 日。

44.《公安部出台指导意见进一步健全完善国家网络安全综合防控体系》,载 https://www.gov.cn/xinwen/2020-09/22/content_5546104.htm,最后访问日期:2025 年 1 月 8 日。

45.《网络安全等级保护条例（征求意见稿）》，载 https://imc. ahnu. edu. cn/info/1407/4455. htm，最后访问日期：2025 年 1 月 8 日。

46.《信息安全等级保护管理办法（试行）（六章）》，载 http://www. itsec. gov. cn/fgbz/xgfg/200610/t20061012_15247. html，最后访问日期：2025 年 1 月 8 日。

47.《公安部等通知印发〈信息安全等级保护管理办法〉》，载 https://www. gov. cn/gzdt/2007-07/24/content_694380. htm，最后访问日期：2025 年 1 月 8 日。

48.《党的十九大以来网络法治典型案事例》，载 https://www. spp. gov. cn/spp/zdgz/202111/t20211119_535923. shtml，最后访问日期：2025 年 1 月 8 日。

49.《〈网络安全法〉的立法定位、立法框架和制度设计》，载 http://www. npc. gov. cn/zgrdw/npc/lfzt/rlyw/2016-11/21/content_2002310. htm，最后访问日期：2025 年 1 月 8 日。

50.《网络安全法的法律责任有哪些》，载 https://www. findlaw. cn/160800/article_39071. html，最后访问日期：2025 年 1 月 8 日。

51.《〈中华人民共和国网络安全法〉解读》，载 http://jgswj. zj. gov. cn/art/2023/8/3/art_1229561472_2485438. html，最后访问日期：2025 年 1 月 8 日。

52.《国家互联网信息办公室对滴某全球股份有限公司依法作出网络安全审查相关行政处罚的决定》，载 http://www. cac. gov. cn/2022-07/21/c_1660021534306352. htm，最后访问日期：2025 年 1 月 8 日。

53.《国家互联网信息办公室有关负责人就对滴某全球股份有限公司依法作出网络安全审查相关行政处罚的决定答记者问》，载 http://www. cac. gov. cn/2022-07/21/c_1660021534364976. htm，最后访问日期：2025 年 1 月 8 日。

54.《国家网信办依法约谈处罚豆某网》，载 http://www. cac. gov. cn/2021-12/02/c_1640043205326056. htm，最后访问日期：2025 年 1 月 8 日。

55.《国家网信办依法约谈处罚新某某博》，载 http://www. cac. gov. cn/2021-12/14/c_1641080795548173. htm，最后访问日期：2025 年 1 月 8 日。

56.《国家互联网信息办公室对某网依法作出网络安全审查相关行政处罚》，载 http://www. cac. gov. cn/2023-09/06/c_1695654024248502. htm，最后访问日期：2025 年 1 月 8 日。

57.《网信部门依法查处“某克”、“网某 CC”破坏网络生态违法案件》，载 http://www. cac. gov. cn/2023-10/30/c_1700323940777319. htm，最后访问日期：2025 年 1 月 8 日。

58.《〈网络安全法〉施行四周年实践观察（三）：执法情况及典型处罚案例》，载 http://www. hanlinglaw. com/Cn/Index/pageView/catid/8/id/10. html，最后访问日期：2025 年 1 月 8 日。

59.《重庆查处违反〈网络安全法〉案件》，载 http://www. cac. gov. cn/2017-08/08/c_1121444995. htm，最后访问日期：2025 年 1 月 8 日。

60.《专家解读：〈数据安全法〉为全球数据安全治理贡献中国智慧和中国方案》，载 http://www. cac. gov. cn/2021-06/15/c_1625341228851523. htm，最后访问日期：2025 年 1 月 8 日。

61.《关于〈中华人民共和国数据安全法〉的解读》，载 https://www.fengyang.gov.cn/public/161055528/1110403395.html，最后访问日期：2025 年 1 月 8 日。

62.《违反〈数据安全法〉相关规定的法律责任》，载 https://china.findlaw.cn/lawyers/article/d923190.html，最后访问日期：2025 年 1 月 8 日。

63.《〈中华人民共和国数据安全法〉解读》，载 http://www.e-gov.org.cn/article-182828.html，最后访问日期：2025 年 1 月 8 日。

64.《多个适用〈数据安全法〉的行政处罚案例》，载 https://www.thepaper.cn/newsDetail_forward_22866040，最后访问日期：2025 年 1 月 8 日。

65. 张勇：《以数据安全前置法为法益参照系认定数据犯罪》，载 https://www.spp.gov.cn/spp/llyj/202207/t20220721_566129.shtml，最后访问日期：2025 年 1 月 8 日。

66.《8 章 74 条，个人信息保护法来了！权威解读十大亮点》，载 http://www.cac.gov.cn/2021-08/21/c_1631141677655320.htm，最后访问日期：2025 年 1 月 8 日。

67. 程啸：《全面保护个人信息权益的重要法律》，载 http://www.cac.gov.cn/2021-08/25/c_1631491543035763.htm，最后访问日期：2025 年 1 月 8 日。

68.《个人信息保护检察公益诉讼典型案例》，载 https://www.spp.gov.cn/spp/xwfbh/wsfbt/202303/t20230330_609756.shtml#2，最后访问日期：2025 年 1 月 8 日。

69.《浙江关于闪修侠等 87 款 App 违法违规收集使用个人信息情况的通报》，载 http://www.cac.gov.cn/2021-12/14/c_1641080798914299.htm，最后访问日期：2025 年 1 月 8 日。

70.《检察机关依法惩治侵犯公民个人信息犯罪典型案例》，载 https://www.spp.gov.cn/spp/xwfbh/wsfbt/202212/t20221207_594915.shtml#2，最后访问日期：2025 年 1 月 8 日。

71.《最高检发布检察机关个人信息保护公益诉讼典型案例——斩断个人信息侵权与电信网络诈骗之间的利益链条》，载 https://www.spp.gov.cn/spp/xwfbh/wsfbt/202104/t20210422_516357.shtml#1，最后访问日期：2025 年 1 月 8 日。

72.《公安部公布 2021 年侵犯个人信息十大典型案例》，载 https://news.cctv.com/2022/01/08/ARTIRskd2CU5gDFx3MO3uJ9M220108.shtml，最后访问日期：2025 年 1 月 8 日。

73.《国家网信办依法集中查处一批侵犯个人信息合法权益的违法违规 App》，载 http://www.cac.gov.cn/2022-11/03/c_1669106604621340.htm，最后访问日期：2025 年 1 月 8 日。

74.《两高关于办理侵犯公民个人信息刑事案件适用法律若干问题的解释》，载 https://www.spp.gov.cn/zdgz/201705/t20170510_190149.shtml，最后访问日期：2025 年 1 月 8 日。

75.《关于防范和打击电信网络诈骗犯罪的通告》，载 https://www.gov.cn/xinwen/2016-09/23/content_5111245.htm，最后访问日期：2025 年 1 月 8 日。

76.《关于办理电信网络诈骗等刑事案件适用法律若干问题的意见（全文）》，载 https://www.spp.gov.cn/zdgz/201612/t20161221_176278.shtml，最后访问日期：2025 年 1

月8日。

77.《最高人民法院、最高人民检察院、公安部关于办理电信网络诈骗等刑事案件适用法律若干问题的意见(二)》,载 http://gongbao.court.gov.cn/Details/73693aa15d5327050d7f19a51529aa.html,最后访问日期:2025年1月8日。

78.《人民法院依法惩治电信网络诈骗犯罪工作情况暨典型案例新闻发布会》,载 https://www.court.gov.cn/zixun/xiangqing/371111.html,最后访问日期:2025年1月8日。

79.《最高法发布依法惩治电信网络诈骗犯罪工作情况从严惩处是"首要原则",打击跨境诈骗是"重中之重"》,载 http://syhn.lncourt.gov.cn/article/detail/2022/12/id/7060217.shtml,最后访问日期:2025年1月8日。

80.《人民法院依法惩治电信网络诈骗犯罪及其关联犯罪典型案例》,载 https://www.chinacourt.org/article/detail/2022/09/id/6899414.shtml,最后访问日期:2025年1月8日。

81.《最高法相关部门负责人就人民法院依法惩治电信网络诈骗犯罪工作情况暨典型案例答记者问》,载 https://www.chinacourt.org/article/detail/2022/09/id/6899403.shtml,最后访问日期:2025年1月8日。

82.《依法而治,推动反电信网络诈骗工作深入健康发展》,载 https://news.cpd.com.cn/yw_30937/1222/t_1062112.html,最后访问日期:2025年1月8日。

83.《四部门联合编写《〈中华人民共和国反电信网络诈骗法〉释义与适用》,相关同志撰写署名导读文章》,载 https://wap.miit.gov.cn/xwdt/gxdt/art/2022/art_97b1f176cf13451cbefc6e80120dac09.html,最后访问日期:2025年1月8日。

84.《一图看懂新通过的反电信网络诈骗法(附专家解读)》,载 http://www.zgsr.gov.cn/wjw/gzdt/202209/97c5f70aaa084e60bf9cca35e299489d.shtml,最后访问日期:2025年1月8日。

85.《"10.18"特大跨境电信网络诈骗案宣判》,载 http://legalinfo.moj.gov.cn/pub/sfbzhfx/zhfxfzzx/fzzxrdtj/202106/t20210621_427976.html,最后访问日期:2025年1月8日。

86.《"10.18"特大跨境电信网络诈骗案今日宣判》,载 https://www.thepaper.cn/newsDetail_forward_13163232,最后访问日期:2025年1月8日。

87.《人民法院依法惩治电信网络诈骗犯罪及其关联犯罪典型案例》,载 https://www.chinacourt.org/article/detail/2022/09/id/6899414.shtml,最后访问日期:2025年1月8日。

88.《检察机关依法惩治电信网络诈骗及其关联犯罪典型案例》,载 https://www.spp.gov.cn/xwfbh/dxal/202311/t20231130_635225.shtml,最后访问日期:2025年1月8日。

89.《公安机关打击治理电信网络诈骗违法犯罪获显著成效》,载 https://www.gov.cn/xinwen/2023-01/02/content_5734607.htm,最后访问日期:2025年1月8日。

90.《最高人民检察院、公安部联合挂牌督办5起特大跨境电信网络诈骗犯罪案件》,载 https://www.spp.gov.cn/xwfbh/wsfbt/202204/t20220412_553759.shtml#1,最后访问日

期:2025 年 1 月 8 日。

91.《最高检公安部联合挂牌督办第二批 3 起特大跨境电信网络诈骗犯罪案件》,载 https://www.spp.gov.cn/zdgz/202212/t20221213_595451.shtml,最后访问日期:2025 年 1 月 8 日。

92.《最高检、公安部启动第三批 5 起特大跨境电信网络诈骗犯罪案件联合挂牌督办》,载 https://www.spp.gov.cn/spp/xwfbh/wsfbt/202309/t20230912_627903.shtml#1,最后访问日期:2025 年 1 月 8 日。

93.《国家网信办曝光一批电信网络诈骗典型案例》,载 http://www.cac.gov.cn/2022-04/14/c_1651546285887220.htm,最后访问日期:2025 年 1 月 8 日。

94.《合力打击协同治理虚假征信类诈骗,全力守护人民群众财产安全——最高检公安部联合发布虚假征信类诈骗典型案例及防范建议》,载 https://www.spp.gov.cn/spp/xwfbh/wsfbt/202301/t20230119_599532.shtml,最后访问日期:2025 年 1 月 8 日。

95.《人民法院依法惩治电信网络诈骗犯罪及其关联犯罪典型案例》,载 https://www.chinacourt.org/article/detail/2022/09/id/6899414.shtml,最后访问日期:2025 年 1 月 8 日。

96.《〈中华人民共和国国家安全法〉解读》,载 https://www.shantou.gov.cn/stszcwyh/zwgk/zcfg/content/post_1936112.html,最后访问日期:2025 年 1 月 8 日。

97.《披露要案细节:国家安全就是安邦基石》,载 https://jtyst.henan.gov.cn/2022/10-31/2631835.html,最后访问日期:2025 年 1 月 8 日。

98.《国家安全机关公布多起典型案例》,载 https://www.gov.cn/xinwen/2022-04/16/content_5685561.htm,最后访问日期:2025 年 1 月 8 日。

99.《最高法发布平安中国建设第一批典型案例》,载 https://www.chinacourt.org/article/detail/2021/12/id/6466259.shtml,最后访问日期:2025 年 1 月 8 日。

100.《三起涉国家安全典型案例》,载 https://pdszhfy.hncourt.gov.cn/public/detail.php?id=1465,最后访问日期:2025 年 1 月 8 日。

101.《国家安全机关公布多起典型案例》,载 https://www.gov.cn/xinwen/2022-04/16/content_5685561.htm,最后访问日期:2025 年 1 月 8 日。

102. 陈兴良:《网络犯罪的刑法应对》,载 https://liangxing.swupl.edu.cn/xslt/fzx/2020-06-02/284445.htm,最后访问日期:2025 年 1 月 8 日。

103. 刘仁文、金磊:《互联网时代破坏生产经营的刑法理解》,载 https://www.spp.gov.cn/llyj/201705/t20170509_190072.shtml,最后访问日期:2025 年 1 月 8 日。

104.《中华人民共和国刑法修正案(十二)》,载 https://www.gov.cn/yaowen/liebiao/202312/content_6923386.htm,最后访问日期:2025 年 1 月 8 日。

105.《〈刑法修正案(九)〉视野下的网络犯罪》,载 https://www.lawyers.org.cn/info/1f6b00ba69e44dd6af8d7506d95eb555,最后访问日期:2025 年 1 月 8 日。

106.《人大法工委解读〈刑法修正案九〉网络信息犯罪》,载 https://www.66law.cn/laws/134995.aspx,最后访问日期:2025 年 1 月 8 日。

107.《"熊猫烧香"案详析》,载 https://www.chinacourt.org/article/detail/2008/05/

id/302961. shtml,最后访问日期:2025 年 1 月 8 日。

108.《司法鉴定中心对传播“熊猫烧香”网络病毒犯罪嫌疑人计算机硬盘进行电子数据司法鉴定案》,载 http://alk. 12348. gov. cn/Detail? dbID = 56&dbName = SJYW&sysID = 14350,最后访问日期:2025 年 1 月 8 日。

109.《第九批指导性案例:李某龙破坏计算机信息系统案(检例第 33 号)》,载 https://www. spp. gov. cn/spp/jczdal/201710/t20171017_202593. shtml,最后访问日期:2025 年 1 月 8 日。

110.《指导案例 104 号:李森、何利民、张锋勃等人破坏计算机信息系统案》,载 https://splcgk. court. gov. cn/gzfwww//qwal/qwalDetails? id = ff8080816c22fc85016cd5febc250dde,最后访问日期:2025 年 1 月 8 日。

111.《公诉人详解徐某某被电信诈骗致死案办案历程》,载 https://www. spp. gov. cn/zdgz/201706/t20170627_194085. shtml,最后访问日期:2025 年 1 月 8 日。

112.《“徐某某被电信诈骗案”一审宣判,陈某辉获无期徒刑》,载 https://www. court. gov. cn/zixun-xiangqing-53152. html,最后访问日期:2025 年 1 月 8 日。

113.《“徐某某被电信诈骗案”今宣判,7 名被告人一审均认罪》,载 https://www. chinacourt. org/article/detail/2017/07/id/2927987. shtml,最后访问日期:2025 年 1 月 8 日。

114.《“徐某某被电信诈骗案”一审宣判,主犯陈某辉被判无期》,载 https://www. thepaper. cn/newsDetail_forward_1736452,最后访问日期:2025 年 1 月 8 日。

115.《防范金融投资诈骗典型案例》,载 https://www. spp. gov. cn/spp/xwfbh/wsfbt/202310/t20231024_631622. shtml#2,最后访问日期:2025 年 1 月 8 日。

116.《中华人民共和国刑法释义:第 246 条》,载 https://china. findlaw. cn/bianhu/xingshifagui/xingfa/93659. html,最后访问日期:2025 年 1 月 8 日。

117.《“两高”明确!“隔空猥亵”未成年人属猥亵儿童罪或者强制猥亵罪》,载 https://news. cctv. com/2023/05/27/ARTIdkgsefGv84FRocT2TV4Y230527. shtml,最后访问日期:2025 年 1 月 8 日。

118.《最高人民法院发布第 35 批指导性案例》,载 https://www. court. gov. cn/zixun-xiangqing-384401. html,最后访问日期:2025 年 1 月 8 日。

119.《指导性案例 192 号:李某祥侵犯公民个人信息刑事附带民事公益诉讼案》,载 https://www. pkulaw. com/gac/f4b18d978bc0d1c74a181227d1b7b5b7435a3a4beee821f0bdfb. html,最后访问日期:2025 年 1 月 8 日。

120.《侵犯公民个人信息犯罪典型案例》,载 https://www. spp. gov. cn/spp/zxjy/qwfb/201801/t20180131_362951. shtml,最后访问日期:2025 年 1 月 8 日。

121.《2021 年 2 月 8 日外交部发言人汪文斌主持例行记》,载 https://www. mfa. gov. cn/web/wjdt_674879/fyrbt_674889/202102/t20210208_9710917. shtml,最后访问日期:2025 年 1 月 8 日。

122.《2022 年 8 月 12 日外交部发言人汪文斌主持例行记者会》,载 https://www. mfa. gov. cn/web/wjdt_674879/fyrbt_674889/202208/t20220812_10742450. shtml,最后访问日期:2025 年 1 月 8 日。

123.《2023 年 10 月 11 日外交部发言人汪文斌主持例行记者会》，载 https://www.mfa.gov.cn/fyrbt_673021/202310/t20231011_11159382.shtml，最后访问日期：2025 年 1 月 8 日。

124.《央视资深女主持，向境外非法提供国家秘密，成某案件说明了什么？》，载 https://jtyst.henan.gov.cn/2022/04-22/2437006.html，最后访问日期：2025 年 1 月 8 日。

125.《盘点：2022 全球窃密泄密事件》，载 https://sthjt.fujian.gov.cn/ztzl/gjaqjbmxcjy/jzcm/202301/t20230131_6101285.htm，最后访问日期：2025 年 1 月 9 日。

126.《检察机关依法惩治危害国家安全犯罪典型案例》，载 https://www.spp.gov.cn/xwfbh/wsfbt/202204/t20220416_554500.shtml#1，最后访问日期：2025 年 1 月 9 日。

127.《第十八批指导性案例》，载 https://www.spp.gov.cn/spp/jczdal/202004/t20200408_458415.shtml，最后访问日期：2025 年 1 月 9 日。

128.《指导性案例告诉你——如何办理破坏计算机信息系统犯罪案件》，载 https://www.spp.gov.cn/spp/llyj/202108/t20210807_526020.shtml，最后访问日期：2025 年 1 月 9 日。

129.《检察机关加强未成年人网络保护综合履职典型案例》，载 https://www.spp.gov.cn/spp/xwfbh/wsfbh/202305/t20230531_615886.shtml，最后访问日期：2025 年 1 月 9 日。

130.《检察机关依法惩治涉网络黑恶犯罪典型案例》，载 https://www.spp.gov.cn/spp/xwfbh/wsfbt/202212/t20221230_597178.shtml#2，最后访问日期：2025 年 1 月 9 日。

131.《最高法审议并原则通过侵犯公民个人信息罪司法解释》，载 https://www.court.gov.cn/zixun/xiangqing/37912.html，最后访问日期：2025 年 1 月 9 日。

132.《"两高"首次就打击侵犯公民个人信息犯罪出台司法解释》，载 www.cac.gov.cn/2017-05/09/c_1120944204.htm，最后访问日期：2025 年 1 月 9 日。

133. 李新奇：《侵犯公民个人信息罪中涉案数额如何认定》，载 https://www.spp.gov.cn/spp/llyj/202111/t20211109_534843.shtml，最后访问日期：2025 年 1 月 9 日。

134. 周加海、邹涛、喻海松：《〈关于办理侵犯公民个人信息刑事案件适用法律若干问题的解释〉的理解与适用》，载 https://china.findlaw.cn/lawyers/article/d566789.html，最后访问日期：2025 年 1 月 9 日。

135. 徐隽：《最高法、最高检首次就打击侵犯公民个人信息犯罪出台司法解释》，载 https://www.spp.gov.cn/zdgz/201705/t20170510_190160.shtml，最后访问日期：2025 年 1 月 9 日。

136. 徐日丹：《《关于办理侵犯公民个人信息刑事案件适用法律若干问题的解释》解读》，载 https://www.spp.gov.cn/zdgz/201705/t20170510_190150.shtml，最后访问日期：2025 年 1 月 9 日。

137.《最高人民法院、最高人民检察院关于办理侵犯公民个人信息刑事案件适用法律若干问题的解释》，载 https://www.tlzhengzhou.jcy.gov.cn/sitesources/zztlfy/page_pc/gzdt/flfg/articlef2ed45301cd841ac99057796937baecb.html，最后访问日期：2025 年 1 月 9 日。

138. 宋鹏、杨金玲:《“帮助”信息网络犯罪活动的界定与甄别》,载 https://www.spp.gov.cn/spp/llyj/202104/t20210421_516210.shtml,最后访问日期:2025 年 1 月 9 日。

139.《最高人民法院、最高人民检察院关于办理利用互联网、移动通讯终端、声讯台制作、复制、出版、贩卖、传播淫秽电子信息刑事案件具体应用法律若干问题的解释》,载 http://www.cac.gov.cn/2004-09/30/c_126472347.htm,最后访问日期:2025 年 1 月 9 日。

140.《最高人民法院、最高人民检察院关于办理利用互联网、移动通讯终端、声讯台制作、复制、出版、贩卖、传播淫秽电子信息刑事案件具体应用法律若干问题的解释(二)》,载 http://www.cac.gov.cn/2010-02/03/c_126472261.htm,最后访问日期:2025 年 1 月 9 日。

141.《最高人民法院关于审理侵害信息网络传播权民事纠纷案件适用法律若干问题的规定》,载 http://www.cac.gov.cn/2014-10/11/c_1112781468.htm,最后访问日期:2025 年 1 月 9 日。

142.《最高人民法院、最高人民检察院〈关于办理利用信息网络实施诽谤等刑事案件适用法律若干问题的解释〉》,载 http://www.cac.gov.cn/2013-09/07/c_133142246.htm,最后访问日期:2025 年 1 月 9 日。

143.《最高人民法院关于审理利用信息网络侵害人身权益民事纠纷案件适用法律若干问题的规定》,载 http://www.cac.gov.cn/2014-10/11/c_11127 81753.htm,最后访问日期:2025 年 1 月 9 日。

144.《最高人民法院最高人民检察院关于办理非法利用信息网络、帮助信息网络犯罪活动等刑事案件适用法律若干问题的解释》,载 http://www.cac.gov.cn/2019-10/25/c_1573534999086260.htm,最后访问日期:2025 年 1 月 9 日。

145.《刑法解释:第二百六十六条【诈骗罪定义、量刑】》,载 https://china.findlaw.cn/bianhu/xingfaquanwen/zmjs/12400.html,最后访问日期:2025 年 1 月 9 日。

146.《刑法解释:第二百六十五条【依照盗窃罪的规定定罪处罚】》,载 https://china.findlaw.cn/bianhu/xingfaquanwen/zmjs/12403.html,最后访问日期:2025 年 1 月 9 日。

147.《刑法的三个基本原则是什么》,载 https://www.66law.cn/laws/189471.aspx,最后访问日期:2025 年 1 月 9 日。

148.《“两高意见”的法律性质探析》,载 https://mp.weixin.qq.com/s/e0bE2 anSoHzHWqCuPPYSFg,最后访问日期:2025 年 1 月 9 日。

149.《最高人民法院、最高人民检察院关于办理诈骗刑事案件具体应用法律若干问题的解释》,载 http://gongbao.court.gov.cn/Details/237391917228 c62a82943bc9c9af1c.html? sw=%E8%AF%88%E9%AA%97,最后访问日期:2025 年 1 月 9 日。

150.《两高关于办理侵犯公民个人信息刑事案件适用法律若干问题的解释》,载 https://www.spp.gov.cn/zdgz/201705/t20170510_190149.shtml,最后访问日期:2025 年 1 月 9 日。

151.《关于防范和打击电信网络诈骗犯罪的通告》,载 https://www.gov.cn/xinwen/2016-09/23/content_5111245.htm,最后访问日期:2025 年 1 月 9 日。

152.《“两高一部”出台〈意见〉规范电信网络诈骗犯罪法律适用对电信网络诈骗犯罪被告人严格适用缓刑》，载 https://www.spp.gov.cn/xwfbh/wsfbt/201612/t20161220_176259.shtml#1，最后访问日期：2025 年 1 月 9 日。

153.《关于办理电信网络诈骗等刑事案件适用法律若干问题的意见（全文）》，载 https://www.spp.gov.cn/zdgz/201612/t20161221_176278.shtml，最后访问日期：2025 年 1 月 9 日。

154.《“两高一部”发布〈关于办理电信网络诈骗等刑事案件适用法律若干问题的意见（二）〉》，载 https://www.spp.gov.cn/spp/xwfbh/wsfbt/202106/t20210622_522041.shtml#1，最后访问日期：2025 年 1 月 9 日。

155.《最高法、最高检、公安部出台〈关于办理电信网络诈骗等刑事案件适用法律若干问题的意见（二）〉——严惩跨境犯罪 突出打击“两卡”犯罪 加强办案程序性保障》，载 https://www.court.gov.cn/zixun/xiangqing/310361.html，最后访问日期：2025 年 1 月 9 日。

156.《“两高一部”发布《关于办理电信网络诈骗等刑事案件适用法律若干问题的意见（二）》》，载 https://www.spp.gov.cn/xwfbh/wsfbt/202106/t20210622_522041.shtml#1，最后访问日期：2025 年 1 月 9 日。

157.《“两高一部”相关部门负责人就〈关于办理电信网络诈骗等刑事案件适用法律若干问题的意见（二）〉答记者问》，载 https://gat.xizang.gov.cn/zwgk_3249/zcjd_220/202106/t20210624_248091.html，最后访问日期：2025 年 1 月 9 日。

158.《最高检印发〈人民检察院办理网络犯罪案件规定〉（全文）》，载 https://www.spp.gov.cn/spp/xwfbh/wsfbh/202101/t20210125_507446.shtml，最后访问日期：2025 年 1 月 9 日。

159.《教育部关于印发《高等学校课程思政建设指导纲要》的通知》，载 https://www.gov.cn/zhengce/zhengceku/2020-06/06/content_5517606.htm，最后访问日期：2025 年 1 月 9 日。

160.《法治兴则国家兴（中国式现代化面对面⑧）——如何理解在法治轨道上全面建设社会主义现代化国家？》，载 http://www.moj.gov.cn/pub/sfbgw/zwgkztzl/2023zt/20230414xxgcztjy/yw20230414/202309/t20230922_486701.html，最后访问日期：2025 年 1 月 9 日。

161.《学习贯彻习近平法治思想》，载 https://www.chinacourt.org/article/subjectdetail/id/MzAwNMgtMoABAA.shtml，最后访问日期：2025 年 1 月 9 日。

162. 麦永浩、向大为：《熊猫烧香病毒取证鉴定技术研究》，载 http://netinfo-security.org/CN/abstract/abstract2587.shtml，最后访问日期：2025 年 1 月 9 日。

163. 王建亮：《“熊猫烧香”案详析》，载 https://www.chinacourt.org/article/detail/2008/05/id/302961.shtml，最后访问日期：2025 年 1 月 9 日。

164. 董宏达：《“熊猫烧香”病毒案告破后的思考》，载 https://www.chinacourt.org/article/detail/2007/02/id/235706.shtml，最后访问日期：2025 年 1 月 9 日。

165.《司法鉴定中心对传播“熊猫烧香”网络病毒犯罪嫌疑人计算机硬盘进行电子数

据司法鉴定案》，载 http://alk. 12348. gov. cn/Detail？dbID = 56&dbName = SJYW&sysID = 14350，最后访问日期：2025 年 1 月 9 日。

166.《国家互联网应急中心开通 WannaCry 勒索病毒感染数据免费查询服务》，载 http://www. cac. gov. cn/2019-05/05/c_1124448983. htm，最后访问日期：2025 年 1 月 9 日。

167.《国家互联网应急中心开通 WannaCry 勒索病毒感染数据免费查询服务》，载 https://www. cert. org. cn/publish/main/9/2019/20190429160302635538577/20190429160302635538577_. html，最后访问日期：2025 年 1 月 9 日。

168.《病毒分析之 WannaCry 勒索病毒》，载 https://www. 52pojie. cn/thread-1573058-1-1. html，最后访问日期：2025 年 1 月 9 日。

169.《Microsoft Windows SMB Server 安全更新（4013389）》，载 https://docs. microsoft. com/zh-cn/security-updates/Securitybulletins/2017/ms17-010，最后访问日期：2025 年 1 月 9 日。

170.《勒索病毒 WannaCry 深度技术分析—— 详解传播、感染和危害细节》，载 https://zhuanlan. zhihu. com/p/26935965，最后访问日期：2025 年 1 月 9 日。

171.《西北工业大学遭美国 NSA 网络攻击事件调查报告（之一）》，载 https://www. cverc. org. cn/head/zhaiyao/news20220905-NPU. htm，最后访问日期：2025 年 1 月 9 日。

172.《西北工业大学遭美国 NSA 网络攻击事件调查报告（之二）》，载 https://www. cverc. org. cn/head/zhaiyao/news20220927-NPU2. htm，最后访问日期：2025 年 1 月 9 日。

173.《党的十九大以来网络法治典型案事例》，载 https://www. spp. gov. cn/spp/zdgz/202111/t20211119_535923. shtml，最后访问日期：2025 年 1 月 9 日。

174.《国务院新闻办就〈新时代的中国网络法治建设〉白皮书举行发布会》，载 https://www. gov. cn/xinwen/2023-03/16/content_5747437. htm，最后访问日期：2025 年 1 月 9 日。

175.《公安机关“净网 2022”专项行动成效显著》，载 https://www. gov. cn/xinwen/2023-01/10/content_5736093. htm，最后访问日期：2025 年 1 月 9 日。

176.《国务院新闻办就〈新时代的中国网络法治建设〉白皮书举行发布会》，载 https://www. gov. cn/xinwen/2023-03/16/content_5747437. htm，最后访问日期：2025 年 1 月 9 日。

177.《国务院新闻办公室发布〈新时代的中国网络法治建设〉白皮书》，载 https://www. gov. cn/xinwen/2023-03/16/content_5747003. htm，最后访问日期：2025 年 1 月 9 日。

178.《浅析计算机犯罪及其对刑法的冲击和思考》，载 https://mp. weixin. qq. com/s/km6_xUr4od6Owg3PDyi_nA，最后访问日期：2025 年 1 月 9 日。

179.《党的十九大以来网络法治典型案事例》，载 https://www. spp. gov. cn/spp/zdgz/202111/t20211119_535923. shtml，最后访问日期：2025 年 1 月 9 日。

180.《中央网络安全和信息化领导小组第一次会议召开》，载 https://www. gov. cn/ldhd/2014-02/27/content_2625036. htm，最后访问日期：2025 年 1 月 9 日。

181.《共建向上向善精神家园——我国积极推进网络文明建设》，载 https://www. gov. cn/yaowen/liebiao/202307/content_6892580. htm，最后访问日期：2025 年 1 月 9 日。

182.《共筑网上美好精神家园——我国加强网络文明建设成就综述》，载 https://www.gov.cn/xinwen/2021-11/18/content_5651767.htm，最后访问日期：2025 年 1 月 9 日。

183.《国家互联网信息办公室令第 5 号》，载 https://www.gov.cn/zhengce/zhengceku/2020-11/25/content_5564110.htm，最后访问日期：2025 年 1 月 9 日。

184.《中共中央办公厅、国务院办公厅印发〈关于加强网络文明建设的意见〉》，载 https://www.gov.cn/xinwen/2021-09/14/content_5637195.htm，最后访问日期：2025 年 1 月 9 日。

185.《中国互联网协会发布〈文明上网自律公约〉》，载 https://www.gov.cn/zwhd/2006-04/20/content_258303.htm，最后访问日期：2025 年 1 月 9 日。

186.《中国互联网协会号召广大网民文明办网文明上网》，载 https://www.gov.cn/jrzg/2006-04/13/content_252643.htm，最后访问日期：2025 年 1 月 9 日。

187.《加快建立网络综合治理体系，全面提升治网管网能力水平》，载 http://www.cac.gov.cn/2022-06/08/c_1656303130339484.htm，最后访问日期：2025 年 1 月 9 日。

188.《〈国家网络空间安全战略〉全文》，载 http://www.cac.gov.cn/2016-12/27/c_1120195926.htm，最后访问日期：2025 年 1 月 9 日。

189.《国家网络安全宣传周：培养网络"七种意识"》，载 http://www.cac.gov.cn/2015-06/01/c_1115477017.htm，最后访问日期：2025 年 1 月 9 日。

190.《人民来论：增强意识，共筑网络安全〈防火墙〉》，载 http://opinion.people.com.cn/n1/2023/0910/c1003-40074287.html，最后访问日期：2025 年 1 月 9 日。

191.《建设网络强国 助力民族复兴——以习近平同志为核心的党中央引领网信事业发展述评》，载 https://www.gov.cn/yaowen/liebiao/202307/content_6891738.htm，最后访问日期：2025 年 1 月 9 日。

192.《反华敌对势力渗透拉拢策反内地赴港学生 国家安全机关公布 4 起危害国家安全典型案例》，载 https://www.hncourt.gov.cn/public/detail.php? id=185395，最后访问日期：2025 年 1 月 9 日。

193.《国家网信办曝光一批电信网络诈骗典型案例》，载 http://www.cac.gov.cn/2022-04/14/c_1651546285887220.htm，最后访问日期：2025 年 1 月 9 日。

194.《吴峰等雇用"酒托女"诱使男网友高价消费假冒高档酒水诈骗案》，载 http://xsba.vip/xsal/jsal/jsal201232.htm，最后访问日期：2025 年 1 月 9 日。